中共海南省委宣传部　海南大学共建马克思主义学院项目成果

新中国成立初期
上海旧职员
政治认同研究

（1949—1956）

崔　丹◎著

中国社会科学出版社

图书在版编目（CIP）数据

新中国成立初期上海旧职员政治认同研究：1949—1956 / 崔丹著 . —北京：中国社会科学出版社，2017. 10

ISBN 978-7-5161-9880-3

Ⅰ. ①新… Ⅱ. ①崔… Ⅲ. ①中国共产党-思想政治教育-研究-上海-1949—1956 Ⅳ. ①D261. 1

中国版本图书馆 CIP 数据核字（2017）第 031386 号

出 版 人 赵剑英
责任编辑 任 明
责任校对 石春梅
责任印制 李寡寡

出 版 中国社会科学出版社
社 址 北京鼓楼西大街甲 158 号
邮 编 100720
网 址 http：//www. csspw. cn
发 行 部 010-84083685
门 市 部 010-84029450
经 销 新华书店及其他书店

印刷装订 北京君升印刷有限公司
版 次 2017 年 10 月第 1 版
印 次 2017 年 10 月第 1 次印刷

开 本 710×1000 1/16
印 张 18
插 页 2
字 数 300 千字
定 价 75.00 元

前　言

　　2011 年，崔丹从美丽的海南岛辞职来到上海大学攻读博士学位，本着"取法乎上"的精神，一心一意做学术研究。三年多后，在完成博士论文多次修改的基础上，终于写出了这本 20 余万言的富于创新的书。作为导师，翻阅案头这叠散发着油墨清香的书稿，颇感欣慰。

　　政治认同问题是一个具有重要理论意义和现实意义的课题，又是一个具有相当难度和挑战性的课题，自政治认同这一名词诞生至今，学者们在研究该问题时，除了政治学外，还涉及历史学、哲学、社会学、文化学、人类学等等多个学科，并从"政治文化""政治合法性""政治社会化""社会群体的政治认同""政治认同的国别（或地区）""专门以政治认同为研究对象"等方面出发，对政治认同的概念、特点、资源、功能、建设途径、影响因素等问题做了深入研究和分析，初步构建起了政治认同理论研究的基础与框架。这些研究已积累甚多，达到了相当的高度与深度，并相当程度上成为一种思维定式与固定的方法论，欲跳过这一横杆，委实不易。

　　为此，必须作风踏实、态度严谨、视野开阔，思维活跃，综合运用多学科的研究方法审视与研究问题。作为青年学者，一定要勇于创新。果然，有志者事竟成，在这方面，崔丹博士结合自身思想政治教育的学科背景，以及历史学的研究，以"历史的视野，思政的问题""十字箴言"严格要求自己，最终找到"新中国成立初期上海旧职员政治认同（1949—1956）"这一很有意义且令人耳目一新的选题，并以其勤奋扎实的努力迈出了可喜的一步。

　　纵览全书，我以为最大的特点在于独辟蹊径。作者以社会中间阶层的典型代表——职员为研究对象，将其置于整个国家思想政治教育的大视野中，纳入社会思想政治教育的范畴。通过对新中国成立初期新政权为获取旧职员群体的政治认同而展开的社会改造活动进行考察，不仅可以大致还原它的整个历程，还可以为解读新中国成立初期共产党的执政能力、对社会中间阶层思想政治教育的开展情况，提供一个独特而鲜活的视角；同时，也为进一步丰富、壮大和推动思想政治教育史的研究做出自己的贡献，进而为今天更好地开展思想政治教育，维护社会稳定、促进社会和谐提供有益借鉴和启迪。本书除导言和结论外共设四章，每章的具体研究内容如下：

第一章剖视了新中国成立之初共产党构建旧职员政治认同的缘起。通过对当时该群体的概况及国内政治、经济状况的分析，阐明了获取该群体的政治认同，既是当时国际国内各种复杂因素以及共产党所面临重要任务的必然结果，还与该群体的政治、经济特点，思想动态以及党的政策有关。

第二章、第三章关注的是这一时期共产党为获取旧职员的政治认同所采取的步骤、路径与方式。从宏观上，可将此时党的工作分为"接管"与"改造"两个时期。由于此时国际、国内形势以及共产党面临之具体任务的不同，在"接管"与"改造"两个时期，中共工作的重点和方式是存在一定差异的。"接管"时期，中共本着"争取为主、改造为辅"的原则，在大原则下，通过努力提升政治绩效，满足旧职员的现实利益来获取其政治认同，在此过程中，思想政治教育起到了极其重要的作用；而顺利完成接管任务，进入改造时期后，共产党的工作重心转向了"改造"和"教育"，于是，构建政治认同的方式也更为多元化，主要有宣传教育、群众运动以及制度建设等。在笔者看来，共产党所采取的所有方式，大致可分为"刚性"和"柔性"两种，"柔性"的如教育、疏导、感化、劝慰等，"刚性"的如政策、法令、措施、政治运动等，两者之间呈现出一种互为前提、彼此促进的关系。在具体构建过程中，各种方式并非完全分割开来，而是有机地融合在了一起，其中，思想政治教育和政权强制力自始至终贯穿于构建旧职员政治认同的整个过程；正是在多种方式的共同作用之下，旧职员开始了解、认知共产党，并逐步加深了对新生政权的向心力和认同感，最终他们由旧制度下的小资产阶级分子成长为了社会主义制度下的光荣劳动者，成功步入工人阶级之列。文章深入挖掘史料，选取大量生动案例，在保证文章可信度的基础上努力增强文章的趣味性与可读性。

第四章从旧职员出发，首先，大体勾勒出了作为被构建者的旧职员群体，在面对执政党所进行的一系列改造活动时，其内心所产生的复杂心理活动。大体而言，1949—1956 年间，他们经历了由彷徨与观望（1949 年之前）到接受与认同（1949—1952）再到支持与拥护（1952—1956）这一心路变迁历程。当然，这一划分并不是绝对的，实际上，彷徨中有支持与拥护、支持中也夹杂着彷徨与观望，有的人从认同变为不认同，更多的人则从不认同变为认同，酸甜苦辣，五味杂陈。

其次，职员改造与政治认同本身是个引导的过程，必然有着从抵制、抗拒到逐步认同的变化过程。文章以丰富的史料和分析，分层分类深入研究了在此过程中发生的抗拒性事件，如：频繁发生的自杀性事件；试图从旧职员的立场和角度来看待执政党为构建政治认同所采取的各种措施，揭示底层民众如何以特殊的方式表达自己。通过探索作为"被拯救者"的旧职员对共产党的方针政策的看法和态度，真实将新政权与旧职员之间所发生的冲突与矛盾，再现在此过程中，同时指出，从本质上来讲，这既是现代社会的急遽转型所产生的负面效应，更是"制度"与"生活"相互作用的一种结果，对此，我们应理性历史的看待。

最后，强调了思想政治教育在构建旧职员政治认同过程中所发挥的强力政治社会化功能。并指出，由于人的思想变化是一个潜移默化的过程，因此，即使 1956 年社会主义改造完成，旧职员赖以存在的社会基础不复存在，但对该群体的思想政治教育工作并未结束，只是在内容和重点方面发生了变化而已。

本书引用了大量的第一手档案史料，材料丰富，可读性强。此书较为真切地反映了新中国成立初期，共产党接管、改造旧职员的真实过程，显示出了历史学研究的魅力。但是，由于课题本身具有相当难度和挑战性，加上一些档案材料涉密尚未公开等原因，本书还有值得挖掘和探索的问题，有待进一步深入研究。

期望崔丹博士以此为标杆，再接再厉，在不久的将来读到她的下一本新作。是为序。

忻　平

序于 2017 年 9 月上海大学

目　　录

图表目录

导　言

一　问题的提出

1949 年中华人民共和国宣告成立，中国自此进入了一个全新的历史时期，初掌政权的中国共产党，面临着稳定政权、发展经济以及推行主流意识形态的任务。如何巩固新生政权，维护其政治合法性，进行国家意义上的意识形态整合，是中国共产党着力要解决的重要问题。因此，加强思想政治教育，重建主流意识形态，进行社会改造，以获取社会成员的政治认同，并形成广泛的作为政权统治的社会基础，就成为刻不容缓的最重要任务。

作为国内最为现代化的商贸、经济中心，被称为中国"半壁江山"的上海，新中国成立初期拥有总人口 502.92 万人[①]，其中，主要社会群体分为以下四类：绅商、工人、职员以及知识分子。所谓职员，是指服务于社会科层制机构（包括政治、经济、文化、军事等）中的非体力劳动者[②]，从属于小资产阶级的范畴。非独立、依附性决定了他们不可避免地带有了很强的软弱性与动摇性。一般而言，该群体要求秩序，向往安定，在行为上谨慎处事，政治态度较为温和，他们通常不是独领风骚的政治家，而是渐进的改良者。尽管如此，他们仍然有着非常鲜明的政治倾向，即反对西方殖民侵略，反对日本帝国主义，甚至拥护共产党抗日主张，"在爱国等大是大非问题上他们会有态度，不会没有态度"[③]。

作为受过教育、大多拥有较好职业的社会中间阶层，职员群体具有一

---

① 胡焕庸主编：《中国人口》（上海分册），中国财政经济出版社 1987 年版，第 63 页。

② 关于职员的概念，详见后文"概念界定"部分。

③ 《忻平教授访谈记录》，2006 年 6 月 9 日，转引自连连《萌生：1949 年的上海中产阶级——一项历时社会学的考察》，中国大百科全书出版社 2009 年版，第 389 页。

定社会地位，且多与最先进的生产方式、管理手段紧密相连；他们拥有人身自由，处于社会中端，影响高端、制约低端，是推动社会进步、经济发展与上海现代化进程的重要力量，对维护上海社会的稳定具有重要的作用。因此，能否获取职员群体的支持和拥护便成为关乎共产党政权在上海能否稳定的重要问题，也是社会改造的重要一环。为此，共产党刚柔并济，采取了既包括暴风骤雨式的政治运动又不乏春风化雨般劝慰说服等多种方式，对职员群体实施思想政治教育，力求获得政治认同。

截至1956年社会主义改造完成之时，共产党已基本成功铲除了旧职员群体赖以生存的经济、政治和社会基础，使其成功完成个人身份的转变，成为自食其力，拥护社会主义建设的劳动者。此时，职员群体对社会主义制度的认同在客观上已然形成；经历了十年"文化大革命"，旧职员群体得以存在的思想和精神基础亦不复存在，职员群体的阶层意识完全消除，留给后人的只是回忆中的残影。

本研究以处于社会中间阶层之职员群体为研究对象，将其置于整个国家思想政治教育的大视野中，属于社会思想政治教育的范畴；通过对新中国成立初期新政权为获取旧职员群体的政治认同而展开的社会改造活动进行考察，不仅可以大致还原它的整个历程，还可以为解读新中国成立以来尤其是新中国成立初期共产党的执政效力、对社会中间阶层思想政治教育的开展情况，提供一个独特而鲜活的视角；同时，也为进一步丰富、壮大和推动当代上海思想政治教育史的研究做出一点绵薄的贡献，进而为今天更好地开展思想政治教育、维护社会稳定、促进社会和谐提供有益借鉴和启迪。

客观来讲，新中国成立之初共产党对旧职员实施社会改造，获取其政治认同的过程是一个双向互动的过程，一方面是执政党刚柔并济，运用多种手段尤其是思想政治教育的方式，将旧职员群体塑造成合乎新政权要求的政治倾向和行为模式的过程；另一方面是旧职员不断认知、学习和调适自我，努力适应新政权统治的过程。在这一过程中，有适应与不适应、抗拒与顺从、被动与主动、积极与消极等多种显现，但总体上来说，顺利且成功，这正是对新中国成立初期共产党强力有效思想政治教育效果的一个很好印证。

为了尽可能客观地展现新政权如何开展思想政治教育活动来影响旧职员，以及旧职员如何应对和适应外部世界这一过程，本文试图从多元角度来论述和分析这一历史过程，总结成败经验、寻找历史规律。其中对旧职员群体的特点、政治取向，进行思想政治教育的各种方式，以及在此过程中旧职员的复杂心路变迁历程，将是本研究重点要关注的一些问题。

二　概念界定

明晰概念是观察和研究事物的重要前提。本文关注新中国成立初期上海旧职员的政治认同问题，涉及了"职员""旧人员""旧职员""留用人员""留用职员"等概念。为了更好地开展本研究，有必要首先对以上概念做出简要分析和界定。

（一）职员

"职员"是指服务于社会科层制机构（包括政治、经济、文化、军事等）中的非体力劳动者。政府机关中，上至高级官员下至普通公务员，工厂中的厂长、工程师甚至办公室的实习生，商店里的经理、店员、学徒，银行中从总经理、主任再到办事员，大、中、小学校的教员，报馆里的编辑、记者等，都可称为职员[1]。一般而言，职员是一个较为松散、边界模糊的群体，属于社会中间阶层，又被称为"薪水阶级""写字间阶级""长衫阶级"（long gown class）"沙拉尔曼"（salaryman）"白领阶层""中产阶级""中等社会"。他们大多具有良好的教育背景，拥有专门的知识和技能，具有较强的现代性[2]，从事着一份体面的职业，依靠固定薪资过着小康水平的生活。"价值理性尤其是工具理性是其信奉的人生圭臬与行为指南"[3]，因其人格特点偏向中性、政治态度较为温和，常被视为国家的"政治后卫"[4]，成为稳定社会秩序与促进经济社会发展的社会

---

[1]　忻平：《从上海发现历史：现代化进程中的上海人及其社会生活》（1927—1937），上海人民出版社 1996 年版，第 126 页。

[2]　这种现代性通常是由职员群体的文化程度、职业地位、经济收入、生活方式等因素所共同形塑。详见周晓虹《中国中产阶层调查》，社会科学文献出版社 2005 年版，第 338 页。

[3]　忻平：《从上海发现历史：现代化进程中的上海人及其社会生活》（1927—1937），上海人民出版社 1996 年版，第 126 页。

[4]　"政治后卫"与"消费前卫"是关于中产阶层功能的一对说辞。该阶层在政治上的"后卫姿态"并非与生俱来，它最初是由美国于 19 世纪所形塑的。此处的"后卫"并不意味着中产阶层不拥护执政党的领导，不支持国家经济社会事业的建设和发展，而是指中产阶层对稳定社会、促进经济发展具有重要的积极作用。参见周晓虹《中国中产阶层调查》，社会科学文献出版社 2005 年版，第 14—16 页。

基础。

（二）旧职员

关于旧职员，主要指的是新中国成立前上海各科层制机构（机关、学校、公司等）中留存的职员群体。在笔者看来，它是一个相对的概念，我们可以从广义和狭义两个层面来理解。

旧职员中的"旧"既是一个时间概念，也是一种政治界定。就时间概念而言，所谓"旧"是指以 1949 年新政权的建立为分界点，在此之前，所有服务于社会科层制机构的，不占有生产资料与产权，以获取工薪为谋生手段的非体力劳动者，都属于旧职员的范畴。在此，笔者将其视为广义层面旧职员的定义。

在中国共产党出台的一系列文件中，此处的"旧"蕴藏了浓厚的政治色彩。因此，在界定"旧职员"时，就不能仅仅以时间为分界线，简单套用一般意义上关于职员的界定。根据中国共产党对旧职员的相关材料分析，旧职员主要是指以下几类群体。

第一，原国民党以及国民政府体制内的职员。如：国民党的政府机关、企事业单位（学校、医院、企业等）、新闻出版等机构中的非体力劳动者。第二，与国民政府切身利益密切相关行业或部门中的职员。如：服务于官僚资本主义企业、私立学校、民族资本主义企业中的非体力劳动者。第三，在被国民政府所认可的相关行业供职的非体力劳动者。

以上分类即是狭义层面对于"旧职员"的理解，也是本研究所重点关注的对象，需要进一步说明的是如下三个方面。

第一，本研究中的旧职员不包括外籍职员。第二，题目中的"新中国成立初期"，是指 1949—1956 年，以新中国成立为起始点，直到社会主义改造完成。第三，"上海旧职员"，是强调一个地域性的概念，即曾经在上海工作过，新中国成立后又继续留在上海工作的广大职员群体。第四，新中国成立初期聚集在上海的职员约 51 万人，其中绝大多数为旧职员，其中原国民党、国民政府体制内，以及官僚资本经济、企业中的职员约 20 万人[①]。

之所以将研究群体限定为上海的旧职员，是基于以下考虑：一是作为中国的经济中心、贸易中心，上海聚集的职员人数最多，与工人阶级一

---

① 详见第一章第一节"新中国成立初期上海旧职员群体概况"。

样，人数之多，范围之广，为全国之冠，从而具有较大分析学意义。以此地的职员为样本，更具说服力；二是长期以来，学界对新中国成立后的职员改造研究还不足；三是本文意在研究政治认同，旧职员更具典型性和代表性；四是本研究涉及社会秩序重构，旧职员基本都属于劳动年龄人口，更具有政治、经济意义①；五是旧职员群体规模较大，在新政权获取社会群体政治认同的活动中具有代表性。

（三）旧人员、留用人员与留用职员

在具体研究过程中，笔者发现，在新中国成立初期的档案资料中，与"旧职员"并存的，还有"旧人员""留用人员"与"留用职员"等概念。下面将对其具体含义做一简要分析：

第一，这三个词与"旧职员"一样，都属于比较相对的概念，且带有极强的政治意义。第二，相对于"旧职员"而言，"旧人员"的外延更加宽泛，它不仅包括上层的正义投诚官员，如上海市市长赵祖康，还涵盖了工人、杂役等体力劳动者；而"留用人员"则特指中国共产党在解放上海之后，按照接管城市的既定方针、政策，经过筛选，准许留下，并继续使用的劳动者，其中绝大多数为拥有一技之长的职员，但也不乏工人等体力劳动者。"留用职员"则特指"留用人员"中的"职员"群体。

三　理论基础

理论源于实践，反过来指导实践，理论"不仅是解释性的，而且是规范性的；它不仅是实践性的，而且是超实践性的"②。为了确保本研究的顺利进行，对理论的借鉴和吸收是必不可少的。在本研究的进行过程中，社会分层理论、社会动员理论、政治认同理论始终是贯穿全文的基本理论。事实上，它们之间并非完全割裂开来，孤立存在，而是密切联系，相互作用，内在地呈现了一种依次递进的逻辑关系。具体而言，进行社会分层是为了更有针对性地开展社会动员。社会动员，是古今中外，各国统治阶级在维持政权稳定时，最为常用也是极其有效的一种办法。政治认同则是社会动员追求的终极目标，更是社会动员产生的良性结果；而一旦统治阶级成功获取了社会成员的政治认同之后，也就意味着维持其合法性统

---

① 非劳动年龄人口纯属于赡养（扶养）人口，基本退出或较少参与政治、经济活动。
② 孙正聿：《理论及其与实践的辩证关系》，《光明日报》2009年11月1日。

治的社会基础得以形成。此时，英国法学家 M. J. 维尔所言："一个人一旦把他同某一地区或某个社会集团的利益紧紧联系在一起，以至在那个范围以外他的生活就失去任何真正的意义，那么，他就已经准备在必要时不惜牺牲自己的生命来维护那些利益"①，即有可能成为现实。

（一）社会分层理论

"分层"（stratification）一词最早是地质学的一个概念，其原意是指一层层相连的岩石，经过数千年积累而形成地壳。引进社会学后，其含义发生了变化，一般用来描述不平等的系统结构，反映了各类社会群体之间的关系以及各类资源分布的不平等状态。通俗来讲，"层"指的是社会群体，"分层"即将社会成员分成不同群体，如上层阶级、中层阶级、下层阶级等②。

在吉登斯看来，社会分层（social stratification）是社会群体之间结构化的不平等关系。社会可以被看作等级性的层级体系，拥有特权的人处在体系的上端，没有特权的人处在底端③。李婉（Rhonda F. Levine）认为，社会分层就是社会性资源的不平等分配关系④。从理论上看，社会分层要回答的是"谁得到了什么？""他们为什么得到？"这两个最基本的问题。"由于分化的不断进行，社会存在客观上是有差别不平等的，由此必然形成一种高低有序、等级落差的层次社会。现代城市社会中，由职业、财产、社会地位、教育程度、权力与声望等因素形成的不同社会层次表现得最为典型"⑤。

社会分层是社会学的重要根基，是社会学研究延续不绝的主题之一。自"社会学之父"孔德于 19 世纪 30 年代创立该学科到现在，社会分层问题就一直备受社会学家关注。"从孔德、斯宾塞、马克思、韦伯、涂尔干到帕克、帕森斯、米尔斯、吉登斯、布迪厄、福柯等，几乎每位重要的

---

① ［英］M. J. 维尔：《论美国政治》，王合等译，商务印书馆 1981 年版，第 27 页。

② 李春玲、吕鹏：《社会分层理论》，中国社会科学出版社 2008 年版，第 1 页。

③ Giddens, Anthony. 1997. *Sociology* (3rd ed.). Cambridge：Pdity Press, p. 240.

④ Levine, Rhonda F.. 1998. *Social and Stratification*. New York：Rowmen & Litlefield Publishers, Inc., p. 1.

⑤ 忻平：《从上海发现历史：现代化进程中的上海人及其社会生活》（1927—1937），上海人民出版社 1996 年版，第 105 页。

社会学家都从某个方面阐释了社会分层现象"①。以上研究社会分层问题的社会学家中，最重要、最有影响力的莫过于马克思的阶级理论和韦伯的多元分层思想。

第一，马克思的社会分层理论。

马克思的社会分层理论立足于其唯物史观和批判性观察角度，在分析、论述社会分层问题时，他大多以"阶级"而非"阶层"这个定义来展开。

在马克思看来，社会存在决定社会意识，经济基础决定上层建筑。之所以会出现社会分层现象，是由于人们对于生产资料占有的不同。同时，他还认为，生产资料的不同占有，决定了生存于社会中的人处于不同的层级，不同层级的群体内存在着不可调和的冲突与矛盾。在此，马克思强调社会分层问题时，只注重经济方面的因素，因此，又可将他的社会分层理论看作经济决定性的社会分层理论，它是一元的、单项维度的。

尽管这种经济决定论所造成的一元化、单向度理论倾向，使马克思遭遇了后来许多理论家的批评，但不能因此否认其社会分层理论的重要性。其重要性不仅体现为他的阶级理论对后来的社会分层理论产生了重要影响，而且还表现为对后来所发生的一系列革命事件产生了重大影响。甚至可以说，韦伯和涂尔干等人正是在对马克思早期的著作进行回应的基础上创立起了他们自己的理论。在美国社会分层理论家丹尼斯·吉尔伯特和约瑟夫·卡尔看来，"这之后的绝大多数理论家所做的努力只不过是或者重构或者拒绝马克思的思想"②。

第二，韦伯的社会分层理论。

韦伯参考了马克思关于阶级问题的相关论述，但未将其全盘吸收，而是在吸收了其合理成分之后，成功跳出了马克思仅限于"阶级"谈分层理论的这个圈子。这使得韦伯与马克思的社会分层思想有了很大不同。这种不同主要体现在以下方面。

一是与马克思建构了一个比较系统、连续且完整的阶级分析理论不同，韦伯关于社会分层问题的论述是比较零散、少量的。主要体现在

---

① 李强：《社会分层十讲》（第二版），社会科学文献出版社 2011 年版，第 6 页。

② Deniss Gilbert & Joseph A. Kahl. 1987. *The American Class Structure：A New Synthesis*，Chicago：The Dorsey Press，p. 4.

《阶级、身份与政党》一文中。在此文中，韦伯对阶级以及其他相关概念做了区分与定义，这是马克思的著作中所欠缺的，也是韦伯对社会分层理论的主要贡献之一。事实上，社会分层问题只是附属于韦伯宏大而广泛的社会文化研究思想体系之中的一个很小的部分，韦伯的社会分层理论，是经过安东尼·吉登斯、弗兰克·帕金、西摩·马丁·李普塞特等人的重新阐释，才形成了较为完整、系统的理论体系①。

二是与马克思从批判主义的视角出发研究社会问题不同，韦伯从人文主义的立场出发，坚持"价值中立"原则。他既不强调阶层间的合作，也不突出群体间的冲突，而是本着"客观"的立场，去理解社会分层现象，并努力寻找这种分层背后的原因②。因此，可将韦伯的分层理论视为相对意义上的"价值中立"社会分层理论。正是因为如此，他关于当代资本主义社会和社会分层理论的认知和分析，少了马克思式的强烈情绪、激进色彩和严厉的批判性，显得更为准确、客观且富有预见性③。

三是与马克思从宏观着眼，基于经济决定论所确立的一元分层模式不同，韦伯从微观入手，以市场，即市场竞争力为切入点，成功构建起了以"财产、荣誉、权力"这三个要素为基本向度的多元分层标准体系。这种独具一格的多维分层标准给后来的社会分层理论带来了很多启示。但韦伯的分层标准并非完美无缺，其缺陷主要表现在两个方面：一是三个分层指标各成体系，难以进行比较；二是韦伯从微观视角出发考虑社会分层，缺乏宏观视野。当然，这些缺陷恰恰是其所坚持的人文主义理论取向所造成的。

除了马克思和韦伯以外，涂尔干的功能主义分层思想也不应忽视，他所阐述的分工和职业分层问题也对今天的社会具有很强的现实意义。后人在此基础上，对社会分层理论不断地加以扩充和改造，使得学界对该问题的研究积累了大量的理论和经验式的研究成果。如：戴维·格伦斯基等人提出了构成现代社会分层的基础在于七种重要资源在人群中的不均等分配，即经济资源、政治资源、文化资源、社会资源、声望资源、公民资

---

① 李春玲、吕鹏：《社会分层理论》，中国社会科学出版社 2008 年版，第 33—35 页。

② 谢泉峰：《马克思·韦伯·涂尔干社会分层理论比较》，硕士学位论文，武汉大学，2005年，第 35 页。

③ 李春玲、吕鹏：《社会分层理论》，中国社会科学出版社 2008 年版，第 34—35 页。

源、人力资源①。按照人们所拥有的重要社会资源对其进行分层，已成为社会学界比较一致的看法。事实证明，将社会做分层研究确实是一种比较科学且行之有效的分析方法。

然而，以上分类方式，似乎并不能简单适用于1949—1956年的中国社会。对于初掌政权的中国共产党而言，他们习惯性地在划分社会阶层时，采取经济与政治并重的方式，且大多时候，政治标准远远高于经济标准。鉴于此，社会分层理论虽然有效，但在对新中国成立初期聚集在上海的广大旧职员进行分层时，却遭遇了困难。在强大的政治力量面前，整个社会已处于一种空前的结构分化和整合状态。就旧职员个体而言，没有谁能稳定、常态地处于哪一个阶层，甚至有人的层级归属会出现朝令夕改的怪异现象。因此，在宏观层面上，很难使用较为稳定的社会分层理论对人数众多、情况复杂的旧职员进行准确的划分。因此，本研究决定依据这些旧职员在新中国成立之前，即原国民政府统治时期，其所拥有的经济、政治、文化等方面的资源，来确定其所属层级，并据此揭示处于每个层级旧职员的共同特点②。

（二）社会动员理论③

"动员"一词，最早用于军事领域，一般指战争动员，为战争做足准备。如：《简明大不列颠百科全书》第二卷对"动员"所做的界定："在战时或国家发生其他紧急状况时，组织武装部队积极从事军事行动。就其全部范围来说，动员是指组织一国的全部资源支援军事行动。"④ 作为学术用语，"动员"最早由以色列政治学家S. N. 艾森施塔特于《现代化：对抗与变迁》一书中所提出⑤，不久，学界开始普遍使用。

"社会动员"既是一个社会学概念，又属政治学的一个名词。在西方，学者们一般从现代化的视角出发，来理解、诠释它，并对其做出了广

① 李春玲、吕鹏：《社会分层理论》，中国社会科学出版社2008年版，第6页。

② 关于旧职员群体的阶层划分，详见第一章第一节"分层透视：旧职员的政治面貌及其经济、思想状况"。

③ 此处的"社会动员"与"政治动员"含义相同。在我国，社会动员的主体主要是指党、政府等政治团体。

④ 转引自吴景亭《战争动员》，解放军出版社1988年版，第2页。

⑤ ［以色列］S. N. 艾森施塔特：《现代化：对抗与变迁》，陈育国、张旅平译，中国人民大学出版社1998年版，第2页。

义层面的界定。如"社会动员"一词的创造者美国学者卡尔·多伊奇，他将社会动员看作"人们所承担的绝大多数旧的社会、经济、心理义务受到侵蚀而崩溃的过程；人们获得新的社会化模式和行为模式的过程"①。

在这里，卡尔·多伊奇实际上是强调一种"过程论"，这是一种带有明显导向性的社会过程。在他看来，社会动员就是一种全面变迁的名称。近代以来现代国家与政权多使用的明显政治色彩的社会共识的形成过程，目的是强化统治基础。美国政治学家塞缪尔·亨廷顿在《变化社会中的政治秩序》中认为："社会动员是一个过程，通过它，一连串旧的社会、经济和心理信条全部都受到侵蚀或被放弃，人民转而选择新的社交格局和行为方式。它意味着人民在态度、价值观和期望等方面和传统社会的人们分道扬镳，并向现代社会的人们看齐。"②

与西方学者多从现代化视角出发、从广义层面理解社会动员不同，我国学者对社会动员的理解多是狭义的。他们常常从价值与实践层面出发，将社会动员看作对人力、资源和精神的动员。比较有代表性如吴忠民、郑永廷、孙立平、陈叶纪等。

如：吴忠民认为，"社会动员是指有目的地引导社会成员积极参与重大社会活动的过程"③；郑永廷指出，"所谓社会动员，就是广义的社会影响，也可以称之为社会发动。它是指人们在某些经常、持久的社会因素影响下，其态度、价值观与期望值变化和发展的过程。过去，在革命战争时期，在政治运动中，社会动员就是政治动员，政治动员是发动群众投身革命、英勇奋斗的重要方式。"④ 由此可见，国内学者在使用"社会动员"这一概念时，更倾向于关注人们价值观的变化，这表明我国学者关于社会动员问题的思考，已经触及了现代社会变化的较深层次的文化机制。

尽管中外学者对于"社会动员"的界定和阐释不尽相同，但他们大

---

① ［美］卡尔·多伊奇：《社会动员与政治发展》，《美国政治科学评论》第 55 号，第 501 页。

② ［美］塞缪尔·亨廷顿：《变化社会中的政治秩序》，王冠华等译，生活·读书·新知三联书店 1989 年版，第 31 页。

③ 吴忠民：《渐进模式与有效发展——中国现代化研究》，东方出版社 1999 年版，第 184 页。

④ 郑永廷：《论现代社会的社会动员》，《中山大学学报》（社会科学版）2000 年第 2 期，第 21 页。

都认可社会动员是一个动态发展的概念。在笔者看来，社会动员既是目的，又是一种手段，同时更代表了一个过程。其含义是指国家、政党或政治团体等社会动员的主体，借助或运用灵活多样、通俗易懂的方式或手段，作用于社会动员的客体，自上而下地调动和激发本阶级、集团以及动员客体的积极性和创造性，并引导他们按照动员主体希冀的方向，自发地参与社会活动，以实现动员主体既定目标的行为和过程，从而形成社会共识。

　　进一步探讨，可对社会动员的类别、构成要素以及功能等方面做进一步分析。关于社会动员的类别，依据不同标准可将其做出不同分类，如：以时间为标准，可将社会动员分为传统型和现代型；以动员实施的路径为标准，可将其分为自上而下型和自下而上型；以动员规模或范围为标准，可分为世界性、区域性、国家性、地区性、系统性、行业性社会动员；以目的和内容为标准，可分为经济动员、军事动员、政治动员、文化动员等；以手段和作用方式为标准，又可将其分为物质动员与精神动员两大类①。

　　从构成要素来看，社会动员包括动员主体、动员客体、动员环体、动员介体。就具体方式而言，主要有宣传动员、组织动员、参与动员以及教育动员、引导动员以及示范动员等②。而对于社会动员的功能，主要在于，它不仅有利于实现既定目标，塑造动员主体的权威性，而且有利于唤醒动员客体的意识。

　　在中国，社会动员不仅在革命时期，而且在社会主义建设时期都发挥过巨大作用，自"五四"运动以来的现代化进程史就与社会动员密不可分。从某种意义上来讲，中国共产党的发展史，就是一部社会动员史。早在建党之初，中共就积极依靠社会动员来凝聚力量，获取资源；至民族危亡的关键时刻，共产党再次高举民主主义的旗帜，发动了形式多样的反帝爱国动员活动。从新中国成立伊始就开展的剿匪斗争，再到后来陆续而至的土地改革、镇压反革命、抗美援朝以及社会主义改造等，几乎所有的政

---

① 李德成、郭常顺：《近十年社会动员问题研究综述》，《华东理工大学学报》2011年第6期，第48页。

② 唐明勇、孙晓辉：《危难与应对：新中国视野下的危机事件与社会动员个案研究》，中共党史出版社2010年版，第40—50页。

治运动都无一例外地涉及了社会动员。由此可见，共产党对于依靠社会动员来"获取资源来为政治权威服务"① 这一强力有效方式的主观偏爱，因为是有效的，所以伴随着党史的全过程。现代政党政治、宗教团体也无一例外。

事实上，正是在一次次大规模的群众运动中，普通民众，尤其是广大旧职员们，通过主动或被动参与共产党组织的各项活动，在此过程中，了解了中共的政治纲领与为之努力的方向，认识了中国共产党，并与之展开"亲密"互动。最终，中国共产党的既定目标实现，构建旧职员政治认同的任务也就圆满完成②。

（三）政治认同理论

1. 概念与分类

从词源学来看，"认同"（identity）源于拉丁文 idem（相同 the same）；在哲学和逻辑学中，idem 被译为"同一性"，既表示两事物之间的相同或同一，也表示同一事物在时空跨度中所体现出来的一致性和连贯性。在《辞海》中，认同被解释为"人们在交往过程中为他人的情感和经验所同化，或者自己的感情和经验足以同化别人，彼此之间产生内心的默契"③。哈贝马斯认为，"认同归于相互理解、共享知识、彼此信任、两相符合的主观际相互依存。认同以对可领会性、真实性、真诚性、正确性这些相对应的有效性要求的认可为基础。"④

简而言之，认同是指个体对于自我、组织或社会关系的一种带有肯定性的心理判断。无论对于自我抑或是社会群体，认同都具有非常重要的意义，因为它为人们的行为和价值判断提供了基本的参照。"知道你是谁，就是在道德空间中有方向感；在道德空间中出现的问题是，什么是好的或坏的，什么是值得做的和什么不值得做，什么是对你有意义的和重要的，

---

① ［美］詹姆斯·R. 汤森、布兰特利·沃马克：《中国政治》，顾速、董方译，江苏人民出版社 2004 年版，第 102 页。

② 关于新中国成立初期新中国所开展的一系列政治运动简况，请见《中华人民共和国各种政治运动一览表（1949—1956）》。参见本研究第三章第二节之二"以政治教育为核心的群众运动：获取政治认同的有效途径"。

③ 夏征农：《辞海》，上海辞书出版社 1999 年版，第 1763 页。

④ ［德］尤尔根·哈贝马斯：《交往与社会进化》，张树博译，重庆出版社 1989 年版，第 3 页。

以及什么是浅薄的和次要的。"①

政治认同（political identification）是"认同"问题在政治领域内的延伸与扩展。西方学者一般将政治认同看作对政治体系的一种依附性。如：阿尔蒙德把政治认同归入政治文化的范畴，在他看来，政治认同就是一种政治态度、政治信仰和政治情感。我国学者在界定"政治认同"的概念时，大都借鉴了阿尔蒙德的观点，如闵琦、马振清、李素华等。在闵琦看来，政治认同的核心是关注"一个政治共同体的成员对该政治共同体的支持问题"②。马振清认为，所谓"政治认同"，是指"在政治社会化过程中，人们依据一定的政治态度、政治目标确定自己的身份，把自己看作某一政党的成员、某一阶级的成员、某一政治过程的参与者或某一政治信念的追求者等，并自觉地以组织及过程的要求来规范自己的政治行为，与这个政治组织保持一致，支持这个组织的路线、方针、政策，这就是政治认同"③。

简而言之，"政治认同"就是指人们对现存政治体系产生的一种正向度情感和归属感，它与人们的心理活动密切相关。政治认同的实现是一个极为复杂的过程，它需经历认知、体验、实践等环节，涉及政治认同的环境、主体、客体等要素。依据不同的标准，可将其大致做出以下多元分类。

第一，不认同、虚假认同（危机性认同）、基本认同、高度认同。

从政治认同的效果和程度来看，可将其划分为不认同、虚假认同（危机性认同）、基本认同、高度认同四种形态。

高度认同，是指一个政治共同体的成员对该政治共同体广泛、热情、真诚、极力地支持和拥护，现实政治生活由于价值冲突频发，公民利益多元，"期待在基本问题上达成全体一致，任何时候都是极为罕见的"④，因

---

① ［加拿大］查尔斯·泰勒：《自我的根源：现代认同的形成》，韩震等译，译林出版社2001年版，第38页。

② 闵琦：《中国政治文化——民主政治难产的社会心理因素》，云南人民出版社1989年版，第18页。

③ 马振清：《中国公民政治社会化问题研究》，黑龙江人民出版社2001年版，第110—111页。

④ ［美］约翰·罗尔斯：《政治自由主义》，万俊人译，南京译林出版社2000年版，第417页。

此，极少会出现高度政治认同的状态。于是，基本认同就成了现实政治生活中政治认同的一种常态。

所谓"基本认同"，就是指在一个政治共同体中，成员对该政治共同体基本持一种肯定态度，基本认可现实的政治价值、政治观念以及统治者的统治能力，它是比较普遍和常见的政治认同形式。

虚假认同，又被称为危机性认同，具体包括双重政治人格和政治冷漠，这是程度较低或者说效果不佳的一种政治认同形式，体现了公民对政治生活的一种消极情感。现实政治生活中，危机性政治认同的主要表现即是政治冷漠，我们可从公民的态度和行为两方面来理解政治冷漠，从公民的态度来看，政治冷漠是指公民对现实政治活动的漠视和冷淡；从行为方面来观察，则表现为公民对政治活动参与积极性不高，主动疏远甚至是刻意逃避。

以上三种形态可统一归入政治认同这一大类，由虚假认同（危机性认同）到基本认同最后再到高度认同，其内在呈现一种依次递增的关系。与政治认同相对应，政治不认同则是指政治共同体的成员对该政治共同体的不认可，甚至否定，或者说根本不支持。究其原因，大概是因为人们存活于其间的政治生态环境，无法寻觅到情感和意识上的归属感。一般而言，政治不认同可能会产生两种结果：一是政治不服从，即不服从于现有政治认同的客体①；二是转移目标，认同其他价值观或政治共同体。通常情况下，公民一旦不认同本国政治系统，即有可能会采取非理性的对抗性手段来与政府抗衡。客观来讲，这是统治者最不愿意见到的局面。

第二，本能认同、感性认同（情感）、理性认同（理智认同或认知认同）。

如同人类的认识活动有一个从感性认识上升到理性认识的转变过程一样，政治认同作为人类的一项主体活动，也需要经历一个从感性到理性、

---

① 政治认同的客体，即政治认同的对象，它是多样化的，其中最重要的有国家、政治制度、政党、政治理想、政策等。具体而言，包括以下方面：公民对国家的责任感或爱国意识；公民对执政党的评价；公民对政治体制的态度；公民对社会的忠诚度；公民对社会主义国家的认同；公民对政府是否信任；公民对政治信息的了解；公民对国家现任领导人和主要部门负责人的认知情况；公民对公职人员的评价；公民对加入政治团体的态度；公民对自身权利实现状况的评价；公民对国家符号的认知状况；公民对政治的看法；公民对民主的认知；公民的法治观念等。参见马振清《中国公民政治社会化问题研究》，黑龙江人民出版社 2001 年版，第 116 页。

从本能到情感再到理性的变化过程。根据个体在政治认同形成过程中心理所发生变化的规律，可以将政治认同大致分为本能认同、感性认同（情感）以及理性认同三种形态，它们内在地呈现一种由低到高的逻辑次序。

位于第一层级的是本能认同，它是指人们对政治共同体所具有的下意识的、天然的情感和归属感，通常是由于人的社会性而对周围与自身关系密切事物所产生出的天然认同感，例如对血缘关系的认同、对种族的认同以及对国家的认同等。因为属于感性认同，具有极大的自发性，且存有太多的非理性因素，使得本能认同表现出了很大的非稳定性。

位于第二个层级的是情感认同，它不仅与个人的社会经历有关，更与人们现实利益的满足程度以及个体的政治效能密切相关，具体表现为人们对政治共同体所具有的热爱、信赖乃至自愿追随情感；如对执政党的主动接近，对政治团体的信赖与追随，甚至是"文化大革命"期间全民对毛泽东的极端个人崇拜等。这种认同形式具有非科学性特征，有时会处于盲目状态。

理性认同则是最高层级的政治认同形态，其含义是指在经过理性分析复杂社会关系之后，政治认同的主体对其客体所产生的充分信任和支持心理[①]。理性认同是科学的认同，其认同的内容比较健康、积极，且与人类社会文明进步的发展方向保持一致。

第三，自觉性认同（积极认同）、诱导性认同与强制性认同（消极认同）。

以获得政治认同的途径为准，可将其划分为自觉性认同（积极认同）、诱导性认同以及强制性认同（消极认同）三种形态。

自觉性政治认同是政治认同的主体在个体选择的基础上，出于个人意志而做出的决定，是公民对现存政治共同体所持有的一种积极、能动、稳定的认同状态。其含义是指政治认同的主体根据自己既有的人生阅历、对政治体系的情感体验和认知状况，积极、自觉、能动地对政治共同体所产生的一种承认、认可以及服从心理。通常情况下，这种政治认同伴有政治认同主体对现存政治活动的积极参与发生。其特点在于：一是政治认同主体出于个人意愿，是公民的一种自觉行为；二是这是一种动态的认同形式，它始终处于前进、发展之中，具有与时俱进的特点；三是政治认同的

---

① 张江河：《论利益与政治》，北京大学出版社 2002 年版，第 244—245 页。

对象是政治权威。以上三个特征决定了这种政治认同形式具有较大的稳定性。

认同的基本条件之一即是权威，当人们不会再受他人随意支配，而是完全出于个人信念以及独立判断采取行动，而且有所预知即将采取的行动所可能产生的后果时，那就是一种真正的服从①。然而，在现实政治生活中，这种不受他人意志左右，完全自觉主动，积极认同现存政治体系的情形很难实现。由此决定了诱导性政治认同以及强制性认同的存在成为必要。

诱导性政治认同是指国家或执政党（构建政治认同的主体）以经济、政治利益等为载体，或是运用思想政治教育的方式，引导或诱导社会成员认同现存政治体系。全球化时代西方资本主义国家通过经济利益诱导发展中国家公民，并向其传播、渗透所谓的"普世价值"；各国统治者通过宗教、习俗、伦理等思想教育手段对社会成员所进行的思想控制等，都是非常典型的诱导性政治认同。

而强制性政治认同则是公民在不自觉或不情愿的情况下，因外力作用而产生的顺从或屈从行为，这是一种消极的政治认同，亦是一种静态的政治认同。导致这种情形发生的原因可能在于：一是因为政治认同的主体缺乏或没有对现存政治体系的政治情感体验和政治认知经验；二是政治认同的主体纯粹出于利益（经济的或政治的）的考虑，假意奉承；三是因为个体软弱，而外在力量（制度或暴力措施）巨大无比，由此使得政治认同的主体束手无策②。在卢梭看来，强制力仅仅是一种类似物理性的力量，它不会产生道德；屈从于强制力，并非出于个人的自愿和意志，只是特殊时候的一种必要行为，至多可算明哲保身的明智之举而已③。由此可见，在强制性政治认同中，公民最终服从的是政治权力而非权威，而权威与权力的不同之处就在于它们是否具有正当性。一般而言，公民将权威当作正当的法则予以接受，而权力却并未享有此"特权"。因此，在常人看

---

①　[英] 威廉·葛德文：《政治正义论》（第一卷），何慕李译，商务印书馆 1980 年版，第153 页。

②　[德] 马克斯·韦伯：《经济与社会》（上册），阎克文译，商务印书馆 1998 年版，第240 页。

③　[法] 卢梭：《社会契约论》，何兆武译，商务印书馆 2003 年版，第 9 页。

来，抵制权威则是不合法的，而抵制权力则属于合法行为。这也就导致了强制性政治认同所潜伏的不稳定性。

事实上，政治认同的表现形态是极其复杂、多元的，以上只是简单概括了它的三种最基本类型。在现实的生活中，要严格区分各种类型的政治认同绝非易事，因为它们本身就不是处于截然分离的状态。政治认同对象的多元性和复杂性，致使人们在面对具体对象时，并非只是简单地表现出不认同或者认同这两种非此即彼的态度。同时，政治认同虽然意味着公民对现存政治体系的认同，但这种认同并非是完全整齐划一的，即并非对所有的认同对象表现出完整、同步、一致的认同态度。

2. 特征与功能

作为客观的政治实践活动，政治认同具有其自身的特点，主要体现为复杂性、潜隐性、流变性以及主体间性。

第一，复杂性。

政治认同是政治认同的主体在一定政治生态条件下对政治认同的客体所产生的一种认知、判断、价值认可，进而参与到维系现存政治体系存在的各项政治活动的过程。由于个体受教育水平、人生阅历等的不同，不同认同主体在政治认同方面会呈现一定差异，这种差异不仅表现在他们可能会因个人利益诉求、社会地位的不同而认同不同的对象，而且体现在对待同一认同对象的认知态度和认同程度上。也就是说，纵然是同一认同主体，在面对多种认同对象时，也可能会表现出相异的态度，由此导致了不同政治认同状态复合存在的情况发生。因此，所有政治认同的类型并不是永恒不变的，在一定条件下，一种政治认同状态可能会向其他类型转化。

第二，潜隐性。

政治认同具有潜隐性，想要对其进行确证的认知与观察实在不易。这主要是因为政治认同深藏于社会成员的心底，仅仅是一种政治情感，它没有严密的逻辑结构和非常明显的外在表现，这使得人们很难判断政治认知、政治情感抑或是政治评价的真实性。因此，虽然有时表面看似风平浪静，实则可能已经危机四伏。通常情况下，趋利性的本能会促使人们随时根据自身所处环境不断调适自己的言行举止，很多情况下，人们所表现出来的认同和支持行为并非出自其本意，这有可能会使政治认同以虚假，甚至完全相反的形式呈现出来。于是，政治认同的潜隐性被增强，人们捕捉和把握它的难度也随之增大。

第三，流变性。

流变性也可被看作动态性、时代性、过程性、历史性或阶段性。政治认同是特定历史条件下发生的一种实践活动。在吉登斯看来，认同是人类所创造出来的一个运动的，找不到终点的过程[1]。不论是政治认同的内容，还是认同主体的态度和表现，都是处于历史的变动之中的，传统农耕时代与现代工业社会中的人们，其认同的标准与对象显然已发生了显著变化，究其原因，就在于随着时间的推移、社会的变迁，人们的现实需要发生了变化，这就使得政治认同始终处于流变的过程中。这种流变既体现在认同形式发生了变化，又体现在认同程度和认同方向有了改观，因此，在现实的政治生活中，既有从认同到认同消解、认同危机，甚至是不认同并伴随抗争行为发生的可能；又有从危机消失、认同重现，甚至是愈加牢固的变化的可能，当一个政治体系丧失了有效性与合法性时，公众很可能会由以前对它的认同变为不认同，倘若统治阶级能够及时"悔改"，采取得力措施挽回不利影响，修复公民受伤的情感，公众有可能会重新认同它。作为一种政治情感，政治认同得来艰难，失去却很容易，因此，统治者要相当重视和珍惜这份来之不易的政治情感。

第四，主体间性。

主体间性，又可被称为交互性。它是指在政治认同形成的过程中，认同主体并不是简单地作为一个"输入者"，被动、单向度、静止地接受来自政治体系（或政治认同活动的构建者）"输出"的各种信息，并逐渐趋同与服从认同客体。事实上，认同主体始终以自身的实践活动能动地影响与作用着认同客体。从某种意义上可以说，在政治认同形成的过程中，无论政治体系抑或社会成员，都承担了"输入"与"输出"这两种角色，正是凭借着这两种角色，它们互相作用，彼此影响着。

作为政治生活中一项极其重要的活动，政治认同在本质上是实践的，是人们围绕着一系列现实利益诉求所开展的政治权力与政治权力之间的"较量"过程，更是联系社会成员和政治体系之间的一个纽带，通过这一纽带，统治者与被统治者相互影响，相互作用。这个作用过程是复杂的、潜隐的、流变的，更是凸显主体间性的，在此过程中，政治认同发挥出其特有的、专门的功能和价值。

---

[1]　Barber，Chris. 1995. *Culture Identity & Late Modernity*，London：Sage，p. 233.

　　一是支持功能。政治认同属于政治文化的范畴，它是国家稳定、社会秩序趋于井然的文化心理基础，其支持功能主要体现在它有助于使社会成员产生对现存政治体系的普遍信任和忠诚感，从而使政治体系获取权威性和合法性，实现稳定政治体系的目的；它是“重要的社会黏合剂，哪怕时局艰难，内讧纷起，它也能使政治团体保持自我积聚”①。

　　在现实政治生活中，即使社会成员认同并支持政治系统，每个社会成员对政治系统的这种支持作用也是存在区别的。这正如美国政治学家戴维·伊斯顿经过研究所得出的结论：公民对政治的支持有“散布性支持”与“特定支持”两种。前者是一种深度支持，不需要任何诱因的存在，是公民对政治系统的合法性信仰，又可被称之为一种“无条件的依附”；处于这种支持状态的公民认为，政治系统的典则以及当权者是符合他们内心深处的是非准则和道义原则的，在他们看来，信奉、遵从当权者和典则不仅是适当的，而且是正确的。与“散布性支持”相对应的则是“特定支持”，意指在某种条件下，受到特定因素诱发所促成的支持行为，如对利益的维护和现实需求的满足等②。

　　事实上，在统治者未能获取社会成员足够的政治认同，即他们手中所掌握的认同资源比较有限的情况下，依靠强制性手段，也可以使社会达到“稳定状态”，但这种稳定成本极高，且缺乏生命力，极其脆弱，处于这种社会中的社会成员也只能被视为“臣民”或“顺民”，而非现代意义上的“公民”。

　　二是评价功能。政治认同对政治发展而言，具有一种显著的评价作用，它是社会治理状况良好与否的风向标和感应器，更是衡量政治文明进步程度的一把标尺。人们如何看待他们的政治系统，这一问题是政治文化中的一个重要组成部分。在一个国家里，公民对政治的情感和态度，可能是测试其政治合法与否的重要尺度，也是政治追求和离异的最重要标准③。

---

　　① ［美］R. 道森、普鲁伊特·K. 森：《政治系统和政治社会化》，《世界经济与政治论坛》1998 年第 3 期。

　　② ［美］戴维·伊斯顿：《政治生活的系统分析》，王浦劬等译，华夏出版社1999 年版，第185 页。

　　③ ［美］加布里埃尔·A. 阿尔蒙德等：《公民文化——五个国家的政治态度和民主制》，徐湘林等译，华夏出版社 1989 年版，第 112 页。

在现实政治生活中，如果一个政治共同体中的社会成员不情愿遵从统治者所制定和实施的法律、法规及各项规章制度，无疑会增加统治者治理社会的巨大成本，这是统治者不愿意面对的局面。然而，一旦公民自觉、积极遵守统治者制定的法律、法规及规章制度，并且主观确信应该遵守而并非是出自担心受到惩罚而为之，那么，此时的政治权威就是合法的。如果一个政治共同体中的大多数社会成员都认同了这种权威的合法性，对统治者而言，是极其有利的，因为，这会使他们治理国家和社会的成本大大降低①。

政治稳定的基本前提是政治认同，只有社会成员基本认同了政治统治，他们才有可能进一步支持和拥护现存政治制度、统治者，并珍惜政治秩序，对现存政治共同体形成一种责任感、义务感，甚至是使命感。政治认同有种类、程度之分，社会成员所表现出的政治认同程度是衡量政治发展的标尺，也是政治治理情况的晴雨表和风向标，倘若社会成员的政治认同程度有所下降，那么政治统治有可能出现了些许问题，作为统治者，尤其是执政党，应立即着手研究此现象，尽快找出造成该问题出现的根源，并根据结果调适治国方略，引导和顺应民意，从而确保政治发展走上良性发展的道路。

需要注意的是，政治认同不仅存在程度（量）的不同，还有内容（质）的差异。如果公民认同的内容与人类社会文明进步的方向背道而驰，那么，即使得到再多的人认可，统治者也不能为了"顺应民意"而违背原则；因此，面对政治认同程度下降的现实，统治者一定要认真研究，分析其根源所在，理性辨识这种认同是消极、颓废，与社会进步相悖，还是积极、健康、理性的，否则，一味地为了迎合公众，顺应民意，就很可能会出现托克维尔所言的"多数人的暴政"。

四　研究现状

(一) 关于政治认同

政治认同是"认同"问题在政治领域内的延伸和扩展。尽管政治认

---

① ［美］加布里埃尔·A. 阿尔蒙德、小 G. 宾厄姆·鲍威尔：《比较政治学：体系、过程和政策》，曹沛霖等译，上海译文出版社 1987 年版，第 35—36 页。

同这一术语直到 1960 年才由路辛·派伊（Rushin Pye）首次明确提出①，但实际上，对政治认同思想的关注是随着政治生活的出现而产生，并伴着政治生活的发展而发展的。如：在中国，战国时期孟子就提出了"得民心者得天下"②的论断，由此可见，了解民心民意，获取民意认同对政权的重要性。亚里士多德在研究了城邦政治后，更是提出了"一种政体如果要达到长治久安的目的，必须使全邦各部分（各阶级）的人民都能参加而且怀抱着让它存在和延续的意愿"③的经典表述。此处的"意愿"就是一种政治归属感，即政治认同。同时，他还指出："一条适用于一切政体的公理，一邦之内，愿意维持其政体的部分必须强于反对这一政体的部分"④，唯有如此，才能维持政权的稳定。这一部分就是认可其统治的社会基础，而这种认可则是基于政治认同之上的。当代社会，随着政治认同问题重要性的不断凸显，中西方学者将越来越多的目光聚焦在了它身上。

第一，以"政治文化"为切入点，研究政治认同。

早期学者主要以政治文化为载体，来研究政治认同问题，代表人物有美国政治学家加布里埃尔·A. 阿尔蒙德、西德尼·维巴、小 G. 宾厄姆·鲍威尔、罗森堡姆、曼纽尔·卡斯特以及中国学者闵琦等。

加布里埃尔·A. 阿尔蒙德和西德尼·维巴用实证研究方法，历时五年，对来自英国、德国、意大利、墨西哥以及美国的各 1000 名普通民众的民主与政治参与问题进行了采访。尔后，比较分析了他们的政治态度，并提出了政治文化理论。在他们看来，政治文化是传统、历史记忆、动机、准则、情感和要素结果的倾向，应包括以下内容：认知，即对政治系统的认识和意识；情感，即对政治系统的感觉和态度；评价，即对政治系统的判断⑤。

他们进一步认为，盎格鲁—美利坚式公民文化的特征是在公民对既存权威的服从与公民积极参与政治过程的意愿之间保持一种平衡。英国具有

---

①　路辛·派伊（Rushin Pye）指出，"这一概念主要借鉴了埃里克森（Ericksen 或 Ericson 或 Eriksen）在 1946 年提出的'个人认同'（personal identity）一词。"详见 W. J. M. MacKenzie, *Poltical Identity*, New York：St. Martin's Press。

②　《孟子·离娄上》（第九章）。

③　[古希腊] 亚里士多德：《政治学》，吴寿彭译，商务印书馆 1996 年版，第 88 页。

④　同上书，第 21 页。

⑤　[美] 加布里埃尔·A. 阿尔蒙德、西德尼·维巴：《公民文化——五国的政治态度和民主制》，马殿君、阎华江、郑孝华、黄素娟、梦熊校译，浙江人民出版社 1989 年版，第 2 页。

高度的文化同质性，公众对议会民主制的基本原则形成了广泛的共识，对温和的政府充满敬意，堪称稳定的政治文化的绝佳范例。有鉴于此，阿尔蒙德和维巴提出公民个人与政府机构之间拥有共同的核心价值观和"社会信任"，是奠定成功的公民社会的基础。他们还指出，在一个分裂的政治社会里，为了实现政治认同需要一个个人可以发展共同的政治认同意识的程序，这种认同包含了共同的对政治系统的情感承诺，以及对同胞公民的认同感等。在他看来，人民对本国政治的观感如何，是政治社会学至关重要的问题①。

随后，在与小 G. 宾厄姆·鲍威尔合著的《比较政治学：体系、过程和政策》一书中，阿尔蒙德对东、西方和第三世界 24 个国家的政治体制、政治文化和政治决策的特点进行了分析和比较。试图在各种不同类型的国家中找出具有共同意义的可资比较的概念和标准，进而通过这些概念和标准，运用结构功能主义体系方法去分析评价一个国家的政治体系的实际运行过程，以及在各个层次上所发挥的功能作用。在此过程中，他们从政治体系及其实际作为等方面进一步提出了政治认同的内容问题，这与西方传统的注重法律机构和制度等静态的分析方法相比是别具一格的②。

美国学者罗森堡姆从解读政治文化入手，对政治认同的概念做了详细界定："指一个人感觉他属于什么政治单位（国家、民族、城镇、区域）、地理区域和团体，在某些重要的主观意识上，这是他自己的社会认同的一部分，特别地，这些认同包括那些他感觉要强烈效忠、尽义务或责任的单位和团体。"③

曼纽尔·卡斯特认为："认同是人们意义与经验的来源。当它指涉的是社会行动者时，它是指在文化特质或相关的整套的文化特质的基础上建构意义的过程，而这些文化特质在诸意义的来源中是占有有限位置的。"④

作为较早关注政治认同问题的一名中国学者，闵琦在大量实证调研的

---

① 加布里埃尔·A. 阿尔蒙德、西德尼·维巴：《公民文化——五国的政治态度和民主制》，马殿君、阎华江、郑孝华、黄素娟、梦熊校译，浙江人民出版社 1989 年版，第 4—5 页。

② ［美］美加布里埃尔·A. 阿尔蒙德、小 G. 宾厄姆·鲍威尔等：《比较政治学：体系、过程和政策》，曹沛霖、郑世平、公婷译，东方出版社 2007 年版。

③ ［美］罗森鲍姆：《政治文化》，陈鸿瑜译，桂冠图书有限公司 1984 年版，第 6 页。

④ ［美］曼纽尔·卡斯特：《认同的力量》，夏铸九等译，社会科学文献出版社 2003 年版，第 2 页。

基础上写成了《中国政治文化——民主政治难产的社会心理因素》①，该
书是政治文化领域的一部专著，又被学界视为研究中国公民政治态度的经
典之作。书中第二章专门论述中国公民的政治认同问题，为本研究的顺利
开展提供了很好的思路和借鉴。

　　第二，以"政治合法性"为背景，关注政治认同。

　　关于合法性，西方学界有三种基本理论，有人将之归纳为三种类型：
其一是工具型合法性理论，代表性人物有：马克斯·韦伯、帕森斯、李普
塞特、伊斯顿、阿尔蒙德等。秉持这种观点的人认为政治合法性的获取主
要在于统治者的控制力与作用方式，统治者只有采取恰当的方式，才有可
能促使其民众信仰公共权力。其二是契约型合法性理论，洛克、霍布斯、
卢梭、康德、罗尔斯等是其代表性人物。在他们看来，政治合法性来自由
民众之间的相互约定而形成的公共权力，民众通过社会契约来表达对公共
权力的支持，但在契约形成的背景假设与方式上各学者的观点并不一致。
其三是批判型合法性理论，主要代表人物有葛兰西、卢卡奇、阿尔都塞、
霍克海默、阿多尔诺、马尔库塞、哈贝马斯等。以上学者从社会批判的角
度出发，对西方社会出现的各种导致合法性危机的现象进行反思，尤其是
针对工具型合法性理论，提出重建价值反思的超越型合法性理论。②

　　政治认同与政治合法性相互交织，密切相连。与此同时，二者之间又
存在着明显的区别。一方面，政治认同是政治合法性的前提与基础，它侧
重于民众对政治体系的心理归属及在实践中所采取的支持活动和行为；另
一方面，政治合法性则是在统治者、民众、制度设计、统治手段等诸多因
素综合作用之下所得到的结果。③ 第二次世界大战之后，人们开始反思传
统资本主义国家的发展模式，与此同时，纷纷将目光投向第二次世界大战
后新独立的民族国家。在此大背景下，为了更好地研究这些新生国家的政
权稳定等问题，人们从各个方面、各种角度出发，对国家权力、政府政策
给予了较多关注，并提出合法性要求。这也就是 1960 年前后，为何在美

---

　　①　闵琦：《中国政治文化——民主政治难产的社会心理因素》，云南人民出版社 1989 年版。

　　②　以上关于合法性理论研究类型的划分，参阅郭晓东《重塑价值之维——西方政治合法性
理论研究》，华东师范大学出版社 2007 年版。

　　③　王茂美：《村落社区视野下的少数民族政治认同研究——以云南少数民族为例》，博士学
位论文，复旦大学，2010 年，第 7 页。

国的政治文化和行为主义的研究中，合法性会成为政治认同聚焦之关键的重要原因所在。

当代合法性理论的奠基者韦伯认为"合法性就是指对一种政治秩序或统治的信仰与服从"①。在其研究基础上，美国当代政治学家戴维·伊斯顿（D. Easton）将合法性界定为"相信在合法原则界限内当局的统治权力和成员的服从权利"②。德国哲学社会学者哈贝马斯指出，"合法性意味着某种政治秩序被认可的价值。"③ 行为主义代表人物美国学者李普塞特认为：合法性是指"政治系统使人们产生和坚持现存政治制度是社会的最适宜制度之信仰的能力，也就是说，是政治认同在支撑政治制度的合法性"④。阿尔蒙德把合法性看作一种体系文化，它表现为"对政治体系的认同与对政治秩序的自觉遵守"⑤。夸克认为："合法性是对被统治者与统治者关系的评价，合法性即是对统治权利的承认。"⑥

从以上经典论述不难看出，"信仰""支持""服从""赞同"等带有某种心理倾向的词汇是合法性共同的诉求。据此，我们可以得出：合法性的实质是政治权力能否获得普遍认可，即得到民众普遍的认同。事实上，合法性是有效统治和政治稳定的基础。显然，只有当政府获得人民自愿的拥护时，其统治才更有效力，更能保持政局的稳定。相反，如果统治的合法性受到怀疑乃至否定，政府的动员和贯彻能力将会被削弱，最终导致政治动荡。但是，社会是分阶层的，合法性不是各个阶层平均的。

需要指出的是，部分学者在研究合法性问题时，涉及了危机问题，即合法性危机问题。一般而言，国外学者在分析政治认同危机时，都是从政治合法性危机的角度出发，直接以政治认同危机为分析对象的很少。如：

---

① ［英］弗兰克·帕金：《马克斯·韦伯》，刘东、谢维和译，译林出版社 2011 年版，第 23 页。

② ［美］戴维·伊斯顿：《政治生活的系统分析》，王浦劬译，华夏出版社 1999 年版，第 347 页。

③ ［德］哈贝马斯：《交往与社会进化》，张博树译，重庆出版社 1989 年版，第 184 页。

④ ［美］李普塞特：《政治人：政治的社会基础》，张绍宗译，上海人民出版社 1997 年版，第 55 页。

⑤ ［美］阿尔蒙德等：《比较政治学：体系、过程和政策》，曹沛霖等译，上海译文出版社 1987 年版，第 35—36 页。

⑥ ［法］让-马克·夸克：《合法性与政治》，佟心平等译，中央编译出版社 2002 年版，第 12 页。

美国政治学家卢西恩·派伊认为发展中国家存在着合法性危机，具体包括
"认同危机、合法性危机、贯彻危机、参与危机、整合危机和分配危机
等"①。在哈贝马斯看来，资本主义世界发展到晚期，会出现"经济危机、
合理性危机、合法性危机以及动机危机"的倾向。丹尼尔·贝尔从文化
的角度出发，深入分析和论证了资本主义社会所出现的精神裂变和信仰危
机现象，并指出"信仰问题是现代资本主义国家的真正问题所在"②。塞
缪尔·亨廷顿在考察了亚、非、拉部分国家自第二次世界大战以来的政治
变迁历程后，指出"20世纪90年代出现了全球性的认同危机，未来世界
中国家之间的冲突是不同文明的冲突，是认同的冲突"③。

在中国，胡伟、房正宏、董雅华等学者也从政治合法性的视角出发，
对政治认同问题进行了关注。如：胡伟认为任何国家都难以逃脱合法性危
机的困扰，不论是深层次的合法性危机，还是浅层次的合法性危机，都会
对政治秩序和政治体系带来不利影响，因此，要探寻维系合法性存在的方
法与途径。而提高政治体系的适应能力，以顺应历史发展的趋势则是克服
危机时应遵循的一个最为基本的原则。④

房正宏在深入考察了政治认同、政治合法性与政治稳定三者之间的关
系后指出，社会成员对现存政治体系的认同状况与社会的稳定发展是一种
正相关关系，而政治体系的合法性与其稳定性之间也是如此。政治认同不
仅有助于政治文化的习得和政治参与的扩大，而且有利于维护政治体系的
稳定。而加强政治绩效、社会制度，以及意识形态建设则是促进政治认同
与巩固统治合法性的重要方式⑤。

董雅华分析了思想政治教育与政治认同以及政治体系的维系和发展之
间的关系。他认为，政治社会化是提升公民政治认同的有效手段，在我
国，思想政治教育是政治社会化的核心机制，具体而言，它承担着将政治

---

① 姚建宗：《国外政治发展研究述评》，《政治学研究》1999年第4期，第87页。
② ［美］丹尼尔·贝尔：《资本主义文化矛盾》，赵一凡等译，生活·读书·新知三联书店
1989年版，第67页。
③ ［美］萨缪尔·亨廷顿：《文明的冲突与世界秩序的重建》，周琪、刘绯、张立平、王圆
等译，新华出版社1998年版，第157页。
④ 胡伟：《合法性问题研究：政治学研究新视角》，《政治学研究》1996年第1期。
⑤ 房正宏：《政治认同的合法性价值：分析与建构》，《社会主义研究》2010年第4期，第
142页。

体系的价值和信仰传输和分配给社会成员的重任。而社会成员对政治体系的支持和认同，就是政治体系的合法性①。

第三，从政治社会化的角度来考察政治认同。

很多学者在研究政治社会化问题的同时，关注到了政治认同，代表人物有美国学者格林斯坦、道森、普鲁伊特，以及中国学者马振清等。

在西方，学者们非常重视人们早期所接受的教育，对其政治认识、政治态度的重要影响。并且认为，这种早期所形成的思维定式很难发生改变，因此，纷纷将研究视角聚焦在儿童和青少年身上。

如：格林斯坦在实证调研的基础上完成了《儿童与政治》，其中对处于 9—13 岁儿童的政治发展情况进行了描述和分析。道森和普鲁伊特在《政治社会化》一书中，运用实验的研究方法，对社会成员 5—18 岁，即社会成员由儿童成长为青年期间，其政治意识的成熟过程进行了观察和思考。在他们看来，5—6 岁时，儿童开始意识到政治生活中的某些简单要素，对祖国滋生了一定感情；7—13 时，他们的政治知识见长，对总统有了一定的了解；13—18 岁时，其政治信念和政治态度最终形成②。

中国学者马振清在《中国公民政治社会化问题研究》中，以马克思主义理论为指导，对中国社会变革中的公民政治社会化问题进行了全面的、较为系统的研究。在分析中国公民政治态度的表现方式时，谈到了政治认同，并对政治认同的内容、价值、功能、实现方式、效果，以及障碍因素进行了深刻论证分析③。这是国内较早的一部比较系统阐述政治认同问题的专著，此书的诞生为后来的学者们继续研究这一问题提供了很好的思路和借鉴。

第四，对社会群体的政治认同研究。

部分学者从关注社会不同阶层人士的政治认知、政治态度出发，对农民、工人、大学生、知识分子、少数民族、移民、华人、女性、新兴社会阶层等特定群体的政治认同，甚至个人的政治认同思想等问题进行了宏观

---

① 董雅华：《政治认同：合法性与思想政治教育》，《思想理论教育》2002 年第 3 期，第 7 页。

② 宋迎法：《西方政治教育和政治社会化研究概述》，《国外社会科学》1995 年第 7 期，第 28—29 页。

③ 马振清：《中国公民政治社会化问题研究》，黑龙江人民出版社 2001 年版。

理论分析和微观实证研究。

对农民的研究，代表性人物有中国社会科学院农村发展研究所的于建嵘和湖南师范大学的彭正德等。于建嵘在考察了县乡干部之后，提出了认同国家政治体系、法律法规、政治信仰、政治伦理以及政治人物等问题。[①]

彭正德经过长期潜心研究，完成了一系列关乎农民政治认同问题的相关研究，较为典型的有《生存政治：国家整合中的农民认同》[②]等。该书以1950—1980年的湖南醴陵县为个案，对农民认同的政治态度和政治行为进行了深入的实证考察和分析，旨在探讨当代中国农民的政治认同机制。通过研究，作者发现，当代中国农民政治认同的形成和演变在本质上是农民受生存理性的支配与政治权力进行社会交换互动的过程。本研究为笔者考察新中国成立之初旧职员群体的思想、心理特点及面对新生政权的各种认同与抗争行为提供了一个很好的借鉴与参考。

华东师范大学王健在其硕士论文《建国初期中国共产党获取新解放区农民政治认同的方法——以沪郊土地改革为视角的观察》（1949—1952）[③]中对新中国成立初期中国共产党构建新解放区农民政治认同的背景、意义、方法及效果进行了全景式考察，也为本研究的顺利开展提供了有益参考。

北京大学的刘艾玉，南开大学的邓红、齐凯君对工人的政治认同问题给予了一定关注。刘艾玉从社会学的研究视角出发，通过个案访谈获取了大量资料，并以此为根据，对社会转型期国有企业工人利益受损后可能会发生的行动选择行为进行了深入探讨[④]。邓红、齐凯君则用历史学的研究方法，从"国家政权与民间社会双重互动"的视角出发，对新中国成立初期共产党构建天津搬运工人的政治认同过程进行了全景式描述。通过研究，他们认为，共产党综合运用了关照现实利益，建立工会组织，以及思

①　参见于建嵘《岳村政治：转型期中国乡村政治结构的变迁》，商务印书馆2004年版；《农民组织与新农村建设：理论与实践》，中国农业出版社2007年版；《底层立场》，上海三联书店2011年版等。

②　彭正德：《生存政治：国家整合中的农民认同》，中国社会科学出版社2010年版。

③　王健：《建国初期中国共产党获取新解放区农民政治认同的方法——以沪郊土地改革为视角的观察》（1949—1952），硕士学位论文，华东师范大学，2011年。

④　刘艾玉：《选择：国企变革与工人生存行动》，社会科学文献出版社2005年版。

想政治教育的方式，最终成功获取了工人们的政治认同①。

韩晓峰、张荣珍、郎翠艳等人将研究主体聚焦在了大学生身上②；倪春纳、李沛、文红玉、梁丽萍、卫丽萍等以知识分子为研究对象，研究了其政治认同问题③；王茂美、陈纪、高永久等人则对少数民族的政治认同问题进行了特别关注④；而魏运娟则以移民为研究对象，考察了政党与移民政治认同之间的关系⑤；张传明对1849—1979年美国华人的政治认同变迁过程做了深入描述和分析⑥；许梅从政治、经济、文化三方面着眼，考察了泰国华人政治认同转变的深刻原因⑦；考察妇女政治认同问题的有文红玉、李沛等学者⑧；此外，还有部分学者关注个人的政治认同思想，如高飞的《查尔斯·泰勒的政治认同观研究》、付兰梅的《"过渡人"的国家归属意识寻踪——辜鸿铭的政治认同之一》等。

第五，政治认同的国别（或地区）研究。

部分学者将研究视角转向国际社会，从关注发达国家或发展中国家公

---

①　邓红、齐凯君：《新中国成立之初政治认同的构建——以天津搬运工人为例（1949—1956）》，《河北大学学报》（哲学社会科学版）2014年第2期，第77页。

②　韩晓峰：《大学生政治认同状态模型理论构建与实证研究》，博士学位论文，吉林大学，2006年；张荣珍：《新时期大学生政治认同的探析》，硕士学位论文，贵州师范大学，2008年；郎翠艳：《当前大学生政治认同状况的实证研究——以日照大学城三校为样本》，硕士学位论文，曲阜师范大学，2009年。

③　参见倪春纳《政党、知识分子与思想整合——1958年"交心运动"的政治学分析》，硕士学位论文，南京大学，2011年；李沛、文红玉：《建国初知识分子政治认同的积极转变——以1949—1956年的知识分子为对象》，《理论导刊》2011年第9期；梁丽萍、卫丽萍：《党外知识分子群体的政治认同与政治参与》，《中州学刊》2005年第3期。

④　参见王茂美《村落社区视野下的少数民族政治认同研究——以云南少数民族为例》，博士学位论文，复旦大学，2010年；陈纪、高永久：《"少数民族政治认同"概念的内涵探讨》，《新疆社会科学》（汉文版）2009年第1期；高永久、陈纪：《论社会转型期少数民族政治认同的国家转向》，《广西民族研究》2008年第2期。

⑤　魏运娟：《政党与移民的政治认同——以美国为中心》，硕士学位论文，南京大学，2011年。

⑥　张传明：《冲突、调适与融合：美国华人认同变迁——以加州华人为中心的研究》（1849—1979），硕士学位论文，暨南大学，2006年。

⑦　许梅：《泰国华人政治认同的转变——动因分析》，《东南亚研究》2002年第6期。

⑧　文红玉、李沛：《建国初妇女解放视阈下的政治认同浅析》，《中国特色社会主义研究》2011年第2期。

民的政治认同问题入手，为提升本国公民政治认同程度寻求有益借鉴。如
Transformations of Political Identities in Central-Eastern Europe（*The case of Po-land*）（《中东欧政治认同的转型——以波兰为例》）①；《美国印第安人政治经济和政治民族的适应与认同》②；王庆兵的《发展中国家政党认同比较研究》③；王兴、阮一帆、傅安洲的《德国政治认同教育及其对我国思想政治教育的启示》④；常士闇的《东南亚国家政治认同的转折与政治建构》⑤；陈新丽、冯传禄的《法国政治认同问题研究》⑥；彭慧、陈衍德的《论东南亚地区的经济分化、政治认同与民族关系》⑦；胡锐军的《加拿大多元文化格局中的政治认同及公民角色教育》⑧；李福泉的《黎巴嫩什叶派政治认同解析》⑨；韩志斌的《民族主义建构中的政治认同——伊拉克复兴党民族主义政治实践个案考察》⑩；刘昌明的《论全球化背景下发展中国家政治认同的新趋向》⑪ 等。

　　关于中国台湾地区政治认同问题的研究成果有：陈明实的《甲午战争后台湾儒生的政治认同》⑫；张文生的《两岸政治互信与台湾民众的政

---

　　① 　Tadeusz Buksinski，*Transformations of Political Identities in Central-Eastern Europe*（*The case of Poland*），《社会转型与政治认同国际研讨会论文集》，2011 年。

　　② 　［美］R. 贾文帕：《美国印第安人政治经济和政治民族的适应与认同》，《民族译丛》1987 年第 4 期。

　　③ 　王庆兵：《发展中国家政党认同比较研究》，中国经济出版社 2007 年版。

　　④ 　王兴、阮一帆、傅安洲：《德国政治认同教育及其对我国思想政治教育的启示》，《学校党建与思想教育》2011 年第 35 期。

　　⑤ 　常士闇：《东南亚国家政治认同的转折与政治建构》，《山东大学学报》（哲学社会科学版）2010 年第 5 期。

　　⑥ 　陈新丽、冯传禄：《法国政治认同问题研究》，《法国研究》2012 年第 4 期。

　　⑦ 　彭慧、陈衍德：《论东南亚地区的经济分化、政治认同与民族关系》，《东亚南亚研究》2010 年第 3 期。

　　⑧ 　胡锐军：《加拿大多元文化格局中的政治认同及公民角色教育》，《国家教育行政学院学报》2011 年第 11 期。

　　⑨ 　李福泉：《黎巴嫩什叶派政治认同解析》，《世界民族》2010 年第 1 期。

　　⑩ 　韩志斌：《民族主义建构中的政治认同——伊拉克复兴党民族主义政治实践个案考察》，《世界民族》2006 年第 1 期。

　　⑪ 　刘昌明：《论全球化背景下发展中国家政治认同的新趋向》，《当代世界社会主义问题》2005 年第 2 期。

　　⑫ 　陈明实：《甲午战争后台湾儒生的政治认同》，《教育评论》2011 年第 1 期。

治认同》①；刘红的《台湾南部"政治认同"与和平发展》②；徐克飞的《台湾政治认同的变迁——以民族主义理论为分析框架》③ 等。

第六，专门以政治认同为研究对象的成果。

无论是西方国家还是中国，有一批学者，如 W.J.M.MacKenzie、Anne Norton、Baltimore、Leonie Huddy、Martha A.Ackelsberg、Chantal Mouffe、Tracey Raney、李素华、方旭光、孔德永、薛中国、王波、韩晓峰、郭艳等，专门以政治认同为研究对象，并取得了丰硕成果。

W. J. M. MacKenzie 于 1978 年撰写了 *Political Identity*（《政治认同》）一书，但该书除做了一些概念上的梳理外，诚如作者所承认的，其总体框架缺乏系统性，没有明确的结论性观点，在政治认同理论研究上也没有起到很好的引导作用。

Baltimore、Anne Norton 于 1988 年写了 *Reflection of Political Identity*（《政治认同的反思》），在书中，作者运用大量的笔墨追溯了"认同"与"政治认同"的不同理论来源，指出"政治认同的边界具有流动与变化性，政治认同是建构起来的，其中语言是认同形成的关键，但不是演绎推理的语言，而是变换的、有征服力的、相互抵触的语言才是建构政治认同的关键。只有交流中相互抵触的语言才会致使人们去修正自己，认同也在这样的状况下产生，并指出这在柏拉图式的对话中已显示出来"。④

Leonie Huddy 在 *From Social to Political Identity：A Critical Examination of Social Identity*（《从社会到政治认同：对社会认同理论的批判考察中》）一文中，"把社会认同理论用于解释政治现象，对认同选择的存在性、认同的主观意义、认同的层次、社会与政治认同的稳定性等问题进行了分析。"⑤

Martha A. Ackelsberg 的文章 *Identity Politics，Political Identities：*

---

① 张文生：《两岸政治互信与台湾民众的政治认同》，《台湾研究集刊》2010 年第 6 期。

② 刘红：《台湾南部"政治认同"与和平发展》，《两岸关系》2014 年第 3 期。

③ 徐克飞：《台湾政治认同的变迁——以民族主义理论为分析框架》，硕士学位论文，中央民族大学，2006 年。

④ Anne Norton，Baltimore. *Reflection of Political Identity*，M. D. ：The Johns Hopkins University Press，1988.

⑤ Leonie Huddy. From Social to Political Identity：A Critical Examination of Social Identity，*Political Psychology*，Vol. 22，No. 1（Mar. ，2001），pp. 127–156.

Thoughts toward a Multicultural Politics（《认同政治、政治认同：对多文化政治的思考》），针对当时存在的关于认同、政治认同和多元文化主义的讨论及其所隐含的一般与特殊层面的政治联合的困境，指出"要超越拒绝承认文化差异与政治行为之间具有相关性的自由主义民主观，防止不同文化、种族、阶级等因素的影响而形成稳定的认同，把政治看作一块能把各种差异性构建起来的土地"。[①]

Chantal Mouffe 的论文 *Citizenship and Political Identity*（《公民关系与政治认同》），从公民的角度出发，探讨了构建一种完全的、多元的民主所需的政治认同，提出两个措施来解决公民之间的差异性：把社区政治看作一种散漫的表象而不是经验的事物；要尊重公民关系。[②]

加拿大卡尔加里大学 Tracey Raney 的博士论文 *The Risen of the Civic Citizen：A Comparative Study of Political Identity in the EU and Canada*（《市镇公民的兴起：欧盟和加拿大的政治认同比较研究》）（2005），运用比较和定量分析的方法，考察了欧洲联盟和加拿大在 1981—2003 年的公民政治认同模式，指出在政治认同的形成中公民的参与比政治体制起着更为重要的作用。

中国的李素华、方旭光、孔德永、薛中国、王波、韩晓峰、郭艳等人在其博士学位论文中，分别对以下问题进行了深入研究：政治认同的功能与资源；政治认同的本体论、过程论和关系论；当代中国社会转型时期公民政治认同存在的问题及变化；政治认同的动因、测评维度和政治认同的特点；当代中国政治认同心理机制的现状、存在的问题及成因等[③]。

通过梳理文献可以看出，尽管中西方学者在研究政治认同问题时，其

---

① Martha A. Ackelsberg, Identity Politics, Political Identities: Thoughts toward a Multicultural Politics, Frontiers: *A Jounal of Women Studies*, Vol. 16, No. 1 (1996), pp. 87-100.

② Chantal Mouffe, *Citizenship and Political Identity*, The Identity in Question, October, Vol. 61, (Summer, 1992), pp. 28-32.

③ 参见李素华《对政治认同的功能和资源分析》，博士学位论文，复旦大学，2005 年；方旭光《政治认同的基础理论研究》，博士学位论文，复旦大学，2006 年；孔德永《当代中国社会转型时期的政治认同问题研究》，博士学位论文，山东大学，2006 年；王波《政治认同理论研究》，博士学位论文，国际关系学院，2006 年；薛中国《当代中国政治认同心理机制研究》，博士学位论文，吉林大学，2007 年；韩晓峰《大学生政治认同状态模型理论构建与实证研究》，博士学位论文，吉林大学，2006 年；郭艳《全球化语境下的国家认同》，博士学位论文，中共中央党校，2005 年。

出发点、研究视角，以及侧重点不尽相同，但总体来讲，自政治认同这一名词诞生至今，学者们在研究该问题时，基本涉及了社会学、政治学、文化学、哲学等多个学科，并从"政治文化""政治合法性""政治社会化""社会群体的政治认同""政治认同的国别（或地区）""专门以政治认同为研究对象"等方面出发，对政治认同的概念、特点、资源、功能、建设途径、影响因素等问题做了深入研究和分析，初步构建起了政治认同理论研究的基础与框架。在此过程中，学者们大胆尝试所运用的比较研究法、实验法、实证调研等方法，也为后人继续探索该问题提供了有益借鉴和启示。

（二）关于思想改造

1. 知识分子

第一，著作方面。

比较有影响力的有于风政的《改造——1949 年至 1957 年的知识分子》①，以及崔晓麟的《重塑与思考：1951 年前后高校知识分子思想改造运动研究》②。

前者以知识分子和初为执政党的中共在意识形态领域内存在的冲突与矛盾为线索，粗线条梳理了 1949—1957 年知识分子思想改造的基本情况。关于思想改造运动的目的，作者指出实际上是由毛泽东发动的，他的目的是彻底净化知识分子的思想，建立马克思主义在意识形态领域的一统天下③。在作者看来，这场运动是不成功的，它是"知识分子群体毁灭"的开始④。这本专著是目前为止，学界关于新中国成立初期知识分子思想改造的力作，内容比较宽泛，且选取了较多负面材料，亦有独到见解。

后者将研究对象聚焦于高校知识分子，时间限定在 1951 年。作者较为系统地梳理了 1951 年前后高校开展思想改造的缘起、过程、特点、成效以及影响，并站在时代的高度对这场运动进行了反思与评价。与于风政最大的不同之处在于，崔晓麟基本上对思想改造运动持以肯定态度，在她

---

① 于风政：《改造——1949 年至 1957 年的知识分子》，河南人民出版社 2001 年版。

② 崔晓麟：《重塑与思考：1951 年前后高校知识分子思想改造运动研究》，中共党史出版社 2005 年版。

③ 于风政：《改造——1949 年至 1957 年的知识分子》，河南人民出版社 2001 年版，第 208 页。

④ 同上书，第 612 页。

看来，思想改造"统一了思想，稳定了社会，巩固了中国共产党的执政地位"。虽然运动过程中出现了一些过激行为，对党与知识分子的关系造成不利影响，但总体上是成功的，而且"教训也是一种宝贵的经验"①。

此外，费正清的《剑桥中华人民共和国史》（1949—1965）②与史景迁的《天安门：知识分子与中国革命》③等相关著作也涉及了新中国成立初期的思想改造运动。他们主要对思想改造运动发生的原因进行了探讨，并对其效果进行了初步评价，但并未对其开展过程进行描述和梳理。

第二，论文方面。

比较有代表性的有：蔡达勋、吴彬彬的《建国初期我国知识分子思想改造的历史回顾》④；刘健清的《试论建国初期的知识分子思想改造运动》⑤；谢莹的《建国初期知识分子思想改造运动始末》⑥；刘晓清的《五十年代思想改造运动中知识分子心理变迁及原因》⑦；朱地的《对建国初期知识分子思想改造学习运动的历史考察——评剑桥中华人民共和国史中的一个观点》⑧；郑应洽的《关于建国初期的知识分子思想改造运动》⑨；席富群的《建国初期中国共产党的知识分子政策述论》⑩；谢涛的《1990年代以来关于建国初期知识分子思想改造运动研究综述》⑪；胡清宁的

---

① 崔晓麟：《重塑与思考：1951 年前后高校知识分子思想改造运动研究》，中共党史出版社 2005 年版，第 1—2 页。

② ［美］R. 麦克法夸尔、［美］费正清编：《剑桥中华人民共和国史：革命的中国的兴起》（1949—1965），谢亮生等译，中国社会科学出版社 2007 年版。

③ ［美］史景迁：《天安门：知识分子与中国革命》，尹庆军等译，中央编译出版社 1998 年版。

④ 蔡达勋、吴彬彬：《建国初期我国知识分子思想改造的历史回顾》，《党史教学与研究》1990 年第 2 期。

⑤ 刘健清：《试论建国初期的知识分子思想改造运动》，《中共党史研究》1991 年第 5 期。

⑥ 谢莹：《建国初期知识分子思想改造运动始末》，《党的文献》1997 年第 5 期。

⑦ 刘晓清：《五十年代思想改造运动中知识分子心理变迁及原因》，《浙江学刊》1998 年第 5 期。

⑧ 朱地：《对建国初期知识分子思想改造学习运动的历史考察——评剑桥中华人民共和国史中的一个观点》，《中共党史研究》1998 年第 5 期。

⑨ 郑应洽：《关于建国初期的知识分子思想改造运动》，《暨南学报》1998 年第 4 期。

⑩ 席富群：《建国初期中国共产党的知识分子政策述论》，《史学月刊》1998 年第 5 期。

⑪ 谢涛：《1990 年代以来关于建国初期知识分子思想改造运动研究综述》，《党史研究与教学》2002 年第 5 期。

《解放初期中小学教师的思想学习活动——以江苏地区为中心》①；肖南龙的《西方关于新中国思想改造运动的研究评述》②；崔晓麟的《建国初期知识分子的社会心态及原因分析》③；邱忠信的《建国初期党对知识分子思想政治教育的对策和特点》④；孙丹的《建国初期知识分子思想改造运动研究评述》⑤；孙丽的《山东大学知识分子思想改造运动研究》⑥ 等。

以上文章基本涉及了知识分子思想改造运动发生的背景（原因）、过程（阶段划分）、心理变迁、方法、政策、影响、效果、经验、教训、评价等问题，对本研究的顺利开展具有重要的借鉴意义。

2. 资本家

第一，著作方面。

直接以资本家为研究对象的有：李占才的《十字路口——走还是留：民族资本家在1949》⑦；陆和健的《上海资本家的最后十年》⑧；高仲泰的《红色资本家——荣毅仁》⑨；陈清宇、陈晓红的《上海超级大亨——虞洽卿传》⑩；桑逢康的《最大家族企业的创始人荣宗敬：荣德生传》⑪；罗瑞的《近代金融奇才——周作民传》⑫；赵云声、师俊山的《化学工业的先

---

① 胡清宁：《解放初期中小学教师的思想学习活动——以江苏地区为中心》，《当代史研究》2005 年第 4 期。

② 肖南龙：《西方关于新中国思想改造运动的研究评述》，《当代中国史研究》2003 年。

③ 崔晓麟：《建国初期知识分子的社会心态及原因分析》，《广西社会科学》2003 年第 11 期。

④ 邱忠信：《建国初期党对知识分子思想政治教育的对策和特点》，《社会科学战线》2006 年第 4 期。

⑤ 孙丹：《建国初期知识分子思想改造运动研究评述》，《当代中国史研究》2008 年。

⑥ 孙丽：《山东大学知识分子思想改造运动研究》，硕士学位论文，山东大学，2009 年。

⑦ 李占才：《十字路口——走还是留：民族资本家在1949》，山西人民出版社 2009 年版。

⑧ 陆和健：《上海资本家的最后十年》，甘肃人民出版社 2000 年版。

⑨ 高仲泰：《红色资本家——荣毅仁》，中西书局 2012 年版。

⑩ 赵云声主编，陈清宇、陈晓红：《上海超级大亨——虞洽卿传》，河北人民出版社 1995 年版。

⑪ 赵云声主编，桑逢康：《最大家族企业的创始人荣宗敬：荣德生传》，河北人民出版社 1995 年版。

⑫ 赵云声主编，罗瑞：《近代金融奇才——周作民传》，河北人民出版社 1995 年版。

驱——范旭东传》①；姚抗的《北国工业巨子——周学熙传》② 等。

以上著作基本属于偏向人物传记方面的史料，各位作者就其所关注资本家的基本情况、生平事迹，于新中国成立前后的心理、思想动态以及前途和命运等做了详细记录，这为本研究的顺利开展提供了有益借鉴。

此外，《上海资本主义工商业的社会主义改造》③；《中国资本主义工商业的社会主义改造·上海卷》④；吴序光的《风雨历程：中国共产党认识与处理资本主义和资产阶级问题的历史经验》⑤；王炳林的《中国共产党与私人资本主义》⑥；邹铁力的《中国资本主义工商业的社会主义改造》⑦；李青的《中国共产党对资本主义和非公有制经济的认识与政策》⑧以及李立志的《变迁与重建：1949—1956 年的中国社会》⑨；王树萌、王炎的《新中国思想政治教育史纲》（1949—2009）⑩ 等与资本家思想改造关系密切的一些著作，也不同程度地涉及了思想改造的背景、原因、共产党对资本家的政策、方针、改造过程，特点，经验启示，资本家的思想动态等方面，这对本研究的顺利开展也具有一定的积极作用。

第二，论文方面。

就目前笔者所搜集到的资料来看，论文颇多，但专论资本家思想改造的论文不太多，其中冯筱才、杨奎松等人的论文影响力较大。

冯筱才在《身份、仪式与政治：1956 年后中共对资本家的思想改造》中对 1956 年社会主义改造完成之后，资本家的思想改造问题进行了深入思考和分析。他认为，与对知识分子的思想改造不同，对资本家的改造与

---

① 赵云声、师俊山：《化学工业的先驱——范旭东传》，河北人民出版社 1995 年版。

② 赵云声、姚抗：《北国工业巨子——周学熙传》，河北人民出版社 1995 年版。

③ 《上海资本主义工商业的社会主义改造》，上海人民出版社 1980 年版。

④ 中共上海市委党史研究室、上海市档案馆、中共上海市委统战部：《中国资本主义工商业的社会主义改造·上海卷》，中共党史出版社 1993 年版。

⑤ 吴序光：《风雨历程：中国共产党认识与处理资本主义和资产阶级问题的历史经验》，北京师范大学出版社 2002 年版。

⑥ 王炳林主编：《中国共产党与私人资本主义》，北京师范大学出版社 1995 年版。

⑦ 邹铁力：《中国资本主义工商业的社会主义改造》，中共党史出版社 2003 年版。

⑧ 李青：《中国共产党对资本主义和非公有制经济的认识与政策》，中共党史出版社 2004 年版。

⑨ 李立志：《变迁与重建：1949—1956 年的中国社会》，江西人民出版社 2002 年版。

⑩ 王树萌、王炎：《新中国思想政治教育史纲》（1949—2009），人民出版社 2010 年版。

中共的经济政策密切相关。1956 年后，共产党之所以继续改造资本家，从根本上来讲，这是为了满足共产党推行强制认同，维系执政合法性地位的政治需求。在对资本家改造的过程中，形式大于内容，资本家表面的表态比是否心悦诚服于中共更为重要，此时，资本家的身份仅仅是作为中共政治运用的工具而存在。这是一种实用主义色彩极为浓厚的政治文化①。

　　杨奎松的《1952 年上海"五反"始末》，在考察"五反"运动发生的原因和过程等问题时，涉及了共产党改造资本家的原因、方式，以及在此过程中资本家的思想和心理活动甚至是自杀行为等②。陆和健、师吉金、董宝训、王炳林、马荣久等学者运用社会学、心理学的理论和方法，对处于国民经济恢复时期和社会主义改造时期，资本家的思想和心理状况，给予了关注和研究。如：陆和健在《社会主义改造中上海资本家阶级的思想动态》中，考察了社会主义改造运动之时，上海资本家所经历的复杂心路变迁历程，一般而言，他们大体经历一个"从疑惧、信、服，到真诚拥护，这是一个反复的过程"，由此说明"他们内心的矛盾与苦闷，无奈与挣扎，最后不情愿地走向社会主义"③。

　　师吉金在《1949—1956 年中国民族资产阶级心理之变迁》中，对中国民族资产阶级的心理状况进行了深入分析。经过研究，他认为，新中国成立头七年，民族资产阶级的心理随着中国社会的剧烈变动，发生着巨大的变化。其基本模式为：由新中国成立之初的疑惧，到了解中国共产党政策后的兴奋，再到"五反"运动开始后的惶恐；"五反"之后开始服从共产党，而过渡时期总路线颁布之后，由于担心利益受损，变得犹豫彷徨，直到社会主义"三大改造"结束，集体走上了社会主义道路。④

　　董宝训则以资本主义工商业改造时期的民族资本家为研究对象，对该时期的资本家面对经济利益、政治地位以及价值追求受到全面冲击之时，他们所呈现的各种表现做了深入考察和分析。总体来讲，他们表现出了积

---

　　① 冯筱才：《身份、仪式与政治：1956 年后中共对资本家的思想改造》，《华东师范大学学报》2012 年第 1 期，第 32、38 页。

　　② 杨奎松：《1952 年上海"五反"始末》，《社会科学》2006 年第 4 期。

　　③ 陆和健：《社会主义改造中上海资本家阶级的思想动态》，《华中师范大学学报》（人文社会科学版）2007 年第 2 期，第 88 页。

　　④ 师吉金：《1949—1956 年中国民族资产阶级心理之变迁》，《江西社会科学》2004 年第 1 期，第 30 页。

极响应，但不乏被动顺从和消极顽固抵抗者。在董宝训看来，这是民族资本家适应新生政权政治生态环境的一种无奈、被动的选择①。

这些成果为我们深入了解新中国成立初期民族资本家的思想状况，提供了很好的借鉴和启发。不过，这些研究仅仅单纯反映了其心理变化，而没有把党和政府与资本家之间、资本家与职工之间的互动过程及相互影响体现出来。

此外，部分学者从研究中国共产党与民族资产阶级的政策入手，对新中国成立初期党与民族资产阶级的关系，资本家在社会主义改造时期的心理、思想动态进行了考察，同样对本文的写作有着非常重要的借鉴作用。比较有代表性的有：杨奎松的《建国前后中国共产党对资产阶级政策的演变》②、慕向斌的《1949—1956 年中国共产党民族资本主义政策探析》③、何帅兵的《1949—1956 年中国共产党对民族资产阶级的政策演变及经验教训》④ 等。

与国内学者相比，国外学者更多是从政党政治的角度出发来关注资本家及其思想改造问题。如：美国学者伊利诺伊卫斯理大学的罗其韬在《新民主义：共产党和中间势力之间的关系（1931—1952）》⑤、《中国不可避免的革命：对美国失败与中共的反思》等著作和论文《中国共产党与解放初期的上海资本家》中，分析了中国共产党对民族资产阶级的政策和手段，并做出了肯定的评价。

以《中国共产党与解放初期的上海资本家》为例：在该文中，罗其韬对新中国成立初期中共尤其是陈毅对待资本家的政策和方式持肯定态度，认为共产党："解决了资本家对原材料和市场的需求、管理和所有权以及利润的权益问题，建立了和民族资本家的统一战线"，在此过程中，

---

① 董宝训：《和平赎买与民族资产阶级的社会心态》，《文史哲》2004 年第 4 期，第 61 页。

② 杨奎松：《建国前后中国共产党对资产阶级政策的演变》，《近代史研究》2006 年第 2 期。

③ 慕向斌：《1949—1956 年中国共产党民族资本主义政策探析》，《理论导刊》2006 年第 9 期。

④ 何帅兵：《1949—1956 年中国共产党对民族资产阶级的政策演变及经验教训》，硕士学位论文，中国青年政治学院，2013 年。

⑤ ［美］罗其韬（Thomas Lutze）：《新民主义：共产党和中间势力之间的关系（1931—1952）》，威斯康星大学出版社 1996 年版。

中共的统治地位得以巩固，资本主义也在中国共产党可控范围内发展①。

总体来讲，自 20 世纪 90 年代以来，学界对思想改造问题的关注力度逐步加大。主要表现在，无论是在研究对象的选取、方法的使用，还是史料的挖掘方面都有了新进展。如：学者们除了关注知识分子和资本家的思想改造问题以外，还对其他社会群体，如游民、妓女、小手工业者、私营报业从业者等表现出了极大兴趣，并进行了深入研究。这些成果为拓展笔者的视野，更好地了解当时的社会背景，中国共产党的方针、政策等方面都有很大的帮助。

（三）今后应努力的方向

如上所述，目前学术界在政治认同理论和新中国成立后社会群体的思想改造问题上，已取得丰硕研究成果，这为后人提供了基础，开辟了方向。结合现有研究成果和前人研究实践，笔者认为未来可从以下几个方面去进一步深化研究。

1. 加强理论深度

理论性是进行学术研究的最基本要求，目前学界对职员群体进行研究的成果主要集中在历史学领域。从理论的高度对其政治认同进行诠释论证的却不多，尤其是对新中国成立后职员阶层的政治认同研究不多。政治认同是认同问题在政治学领域的扩展，涉及社会学、心理学、政治学的相关理论知识，本研究需要借鉴以上学科关于认同问题的相关分析和论述，以期能在诸位前人基础上取得新的突破。

2. 拓宽研究视野

研究视野是否开阔直接决定和限制着研究者的行文思路。就目前学界与本研究相关的研究成果而言，大多仅仅局限于对政治认同基本理论，农民、大学生群体政治认同等相关问题的分析和探讨，很少对职员群体尤其是新中国成立初期职员群体政治认同相关问题进行关注。客观来讲，处于社会中间阶层的职员群体在新政权初建时期的生存境遇、经济、思想、政治取向，以及中国共产党如何通过思想政治教育来构建对它们的政治认同等问题，亦是值得我们深入探讨分析的问题。因此，在今后的研究中，应将其一并纳入。

---

① ［美］罗其韬（Thomas Lutze）:《中国共产党与解放初期的上海资本家》,《北京联合大学学报》（人文社会科学版）2013 年第 1 期，第 83 页。

3. 深入挖掘相关史料

所谓史料，是指"人们编纂历史和研究历史所采用的资料。史料的认识和挖掘使用直接决定着相关研究的深度和水平"[①]。本研究将职员群体置于新中国成立初期这一特殊时空背景下，研究其政治认同问题；能否很好地完成研究，很大程度上取决于能否掌握充足、完备的历史资料，从这个角度来说，本文必须借鉴历史学的研究方法，最大限度地挖掘和利用大量史料。

就目前笔者已经接触和掌握的材料而言，至少以下三种类型的资料在今后的研究中还可以发挥更大的作用。一是上海市档案馆珍藏的第一手档案材料；二是新中国成立之初上海各类报纸、杂志的相关报道；三是新中国成立初期围绕各项社会运动的开展，政府或相关机构组织印刷出版的关于各机关文件，企事业单位、个人的经验总结、理论汇编、学习材料等。在今后的研究中，只有深入地挖掘、占有并综合使用这些一手材料，才可能取得更为实质性的突破和进展。

五　研究方法

本文以马克思主义唯物史观作为方法论的指导原则，以客观的历史为研究的基础。主要以社会学、心理学关于认同及政治学中的政治认同理论为分析框架，采用多学科综合历史分析和阶级分析相结合，系统研究、个案研究和比较研究等方法，尝试利用保存的历史档案等一手史料。以中国共产党为获取旧职员政治认同所开展的各项活动为经线，以职员群体在此过程中的经济、思想、政治取向及心路历程变化和与社会之间的互动为纬线，运用政治学、历史学、社会学、教育学、心理学等多学科理论和方法，以社会史的实证研究为基础，通过具体的个案或事件，由点到线到面，把微观、中观、宏观结合起来，全面考察新中国成立初期，新生政权为维护自身的稳固以及顺利进行国家建设，推行主流意识形态，刚柔并济，成功获取旧职员群体政治认同的过程。

[①] 严昌洪：《中国近代史史料学》，北京大学出版社2011年版，第2页。

第一章 新政权构建旧职员政治认同的缘起

职员不占有生产资料与产权，以固定薪资为生，是除了工人与资产阶级以外的又一大社会群体，处于社会中间阶层，是维系政治稳定和引领社会发展的一支重要力量。非独立、依附性造就了他们温和求稳，渐进改良的政治态度。

新中国成立之初的上海，内忧外患，百废待兴，严峻复杂的经济、政治形势给中共所面临之稳定政权、发展经济、推行主流意识形态的重任增加了莫大的难度。为战胜困难，实现走向社会主义的目标，必须加快改造职员这一懂知识、有技术，且在生产链条中承上启下而政治上左右摇摆的社会阶层，使之尽快适应，并成为新政权的社会基础。

为此，初为执政党的中共根据职员的特点，制定出了针对该群体的方针、政策，其中"团结、改造、利用"是贯穿各项方针、政策始终的基本精神。当然，对于处于不同行业、不同层级的旧职员，具体政策存在着一定差异。这体现出了共产党人一切从实际出发，具体问题具体分析的优良传统。

第一节 新中国成立初期上海旧职员群体概况

伴随着中国现代化潮流的兴起，职员阶层在近代中国萌生并逐步发展壮大，在此过程中，上海更是以其得天独厚的优势为这一群体的茁壮成长提供了充足的养分与广阔的舞台。与民国时期的职员相比，处于新旧政权交替之际的他们更是被深深烙上了转型社会的独特印记，这具体体现在他们的思想特点、经济情况以及政治取向当中。

一　职员群体的萌生与发展

现代意义上的职员阶层，于 19 世纪末 20 世纪初诞生于我国的沿江、沿海城市，至 20 世纪上半叶，已有了显著的发展。以上海为代表的大都市因其所具有的得天独厚优势，而成了职员阶层萌生、并迅速崛起的适宜温床。从根源上来看，现代化所造成的社会分工不断细化，是该群体得以产生和发展的最根本原因。自 20 世纪初以来至 1949 年新中国成立，该群体经历了两个比较特殊的发展阶段。

（一）20 世纪二三十年代：黄金发展期

20 世纪二三十年代，上海进入产业转型和经济发展的重要时期，这给职员群体的发展带来了新的机遇。

第一，产业结构的转型使职业构成发生变化，职业范围开始朝着更加专门化和复杂化的方向发展（见表 1-1）。

表 1-1　　　上海华人居民职业分布统计（1934—1935）

类别	人数（人）（1934 年华界）	占比（%）	人数（人）（1935 年10 月公共租界）	占比（%）
农	189000	15.84	1150	0.13
工	434000	36.38	203169	25.23
学徒	49000	4.11	—	—
交运	22000	1.84	13523	1.69
劳工	150500	12.62		
杂业	72000	6.04	364773	45.30
商	181000	15.17	181649	22.56
银行、金融、保险	—	—	10604	1.33
办事员、速记员	—	—	3627	0.46
艺术、技艺、运动界	—		3706	0.47
学	78000	6.54		
政	6000		7989	1.00
党	260		—	
军	360	1.30	410	0.01
警察	6700			
士兵	2100			

续表

类别	人数（人）（1934 年华界）	占比（%）	人数（人）（1935 年 10 月公共租界）	占比（%）
医师	1550			
工程师	160			
律师	145	0.16	14634	1.82
会计师	45			
记者	55			
合计	1192875	100.00	805234	100.00

注：

1.1934 年统计数字中，政、党、军、警、兵界人员合计 15420 人，占 1.30%；医师等自由职业者合计 1955 人，占 0.16%。

2.1935 年统计数字中的职业：政，指政府及市政机关人员；军，指海陆军界（不包括在职防卫军）；自由职业者，指医师、律师、工程师、会计师、新闻界等人员，计 14634 人，占 1.82%。

资料来源：熊月之主编，罗苏文、宋钻友著：《上海通史》第 9 卷（民国社会），上海人民出版社 1999 年版，第 106—107 页。

表 1-1 显示，20 世纪 30 年代上海华人所从事的职业已涉及农、工、学徒、交运、劳工、杂业、商、银行、金融、保险、办事员、速记员、艺术、技艺、运动界、学、政、党、军、警察、士兵、医师、工程师、律师、会计师、记者等。新式职业的兴起和发展不仅催生出了以白领职员为主的一大批新中产阶级群体，而且直接影响到了上海社会结构的变化、重组以及社会阶层间的流动和开放，也正是因此，上海进入了一个以现代化为发展导向的更为复杂的现代社会之中[1]。

据 1938 年出版的《上海产业与上海职工》一书统计，及至抗日战争爆发前，上海的职员群体为 20 万—30 万[2]，通过与上海市总工会所得调查结果 "27 万之多"[3] 以及卢汉超的研究发现 "25 万—30 万人"[4] 相比

---

① 连连：《萌生：1949 年前的上海中产阶级——一项历史社会学的考察》，中国大百科全书出版社 2009 年版，第 97 页。

② 朱邦兴、胡林阁、徐声：《上海产业与上海职工》，上海人民出版社 1984 年版，第 702 页。

③ 上海市总工会：《抗日战争时期上海工人运动史》，上海远东出版社 1992 年版，第 62 页。

④ 卢汉超：《霓虹灯外：20 世纪初日常生活中的上海》，锻炼等译，上海古籍出版社 2004 年版，第 50 页。

较，可以判断这一数字的可信度较高。倘若加上家属，按照卢汉超的理解，这一群体总数大约有 150 万之多，约占上海市人口总数（3851976）的 39%，职业人口总数（1998109）的 75%①。

第二，经济发展加快了劳动力的横向流动与垂直流动，人力资源不断得以优化配置。由于职业的谋取主要依靠个人因素，而非代际传递，因此，职业人口中的现代性成分大大增强。正如英格尔斯所言："在发展中国家，更加现代的机构越多，这些机构分布越广泛，它们的人民中就有更多的人具有我们称之为现代的特征。"② 也正是因为如此，该群体最终成为促进上海社会进步和发展的重要群体。

以 20 世纪 30 年代上海职员所分布的若干系统为例，对该时期职员群体的基本分布情况做一轮廓式的描述（见表 1-2）。

表 1-2　　　20 世纪 30 年代上海市部分行业职员分布情况一览

行业		年份	人数（人）		备注
新闻工作者		1933	15000—17000		
教员		1936	13500		大、中、小学
金融界职员		—	10000		银行、钱庄业
六大百货公司		1936	3000		
五金新药业		—	9200		
交通运输	邮政	1934	919	小计 10246	华界及两租界
	电话		690		
	电报		648		
	铁路*		4143		
	电车		151		
	公共汽车		360		
	航空		50		
	转运业	—	940		
	报关	—	2283		
	轮船客票		62		

---

① 3851976 为 1937 年上海总人口数，见邹依仁《旧上海人口变迁的研究》，上海人民出版社 1980 年版，第 90 页。1998109 为根据"上海华人居民职业分布统计表"（1934—1935）华界、公共租界人口相加所得。

② ［美］阿列克司·英格尔斯、戴维·H. 史密斯：《从传统人到现代人——六个发展中国家中的个人变化》，顾昕译，中国人民大学出版社 1992 年版，第 434 页。

续表

行业			年份	人数		备注
				华员	外员	
政府部门*	公共租界工部局	万国商团	1930	74	7	华员：7706 外员：2365 总计：10071
		消防处		599	7	
		警务处		3728	1832	
		卫生处		586	140	
		卫生处化验室		6	2	
		工务处		2057	127	
		财务处		113	18	
		音乐队		4	45	
		教育处		254	113	
		图书馆		7	1	
		总办处		42	20	
		华文处		53	2	
		捐务科		170	46	
		总裁室		2	2	
		法律处		11	3	
	法租界公董局	市政总理部	1935	432	136	华员：3383 外员：623 总计：4006
		技政总理部		1588	146	
		司法顾问部		8	3	
		警务总监部		1355	338	
合计				72035—74035		

注：

1. 交通运输中，铁路职员含警士1025人，员工总数含临时工438人。

2. 公共租界工部局共有职员10071名，其中外籍职员为2365名，华籍职员为7706名。

3. 法租界公董局工作人员共计4006人，其中华员3383名，外籍员工623名，警务总监部外雇员另有"越员"504名（笔者注：越南籍职员）。原文未将其计入总数，据笔者推算应为越南曾是法国殖民地越南籍职员地位卑微之故。

4. 由于新闻工作者一栏估算人数为15000—17000人，倘若以15000人计算，则总计人口为72035人；若以17000人为准，则总人口数为74035人。

资料来源：根据熊月之主编，罗苏文、宋钻友著《上海通史》第9卷（民国社会），上海人民出版社1999年版，第121、122、127、128页内容编制。

关于表1-2，有两点需要探讨。

第一，以上所选取的 7 个行业中，从业人员最多的是新闻业，其次是教员，接下来分别为交通运输、政府、金融、五金新药以及六大百货公司。这一结论是否与《上海产业与上海职工》所载：及至抗日战争爆发，聚集在上海的 20 万—30 万职员中，分布在洋行、民族资本经济组织和旧式商店的最多①这一结论相矛盾呢？事实上并非如此。

首先，基于资料所限，表 1-2 在选取样本时并未将所有行业的职员考虑在其中；如早在 1895 年，上海总人口约为 50 万时，其中从事商业的人数已达 7.5 万人②；而 20 世纪 30 年代时，南京路除先施、永安等大型百货公司外，还聚集了近 200 家专业商店③。其次，倘若再做进一步分类，可将表 1-2 中的金融、六大百货公司和五金新药大体都看作经济类组织。最后，20 世纪二三十年代人数最多的店员广泛分布在工业、商业领域，表 1-2 并未将其统计在内。如果考虑到这三个因素，此处所得结论与朱邦兴的研究结果基本保持一致。

第二，20 世纪 30 年代公共租界工部局雇用职员 10071 名，其中华员为 7706 人，占工部局职员总数的 76.5%，而外国职员仅有 2365 人，占职员总数的 23.5%；外籍职员中，英属印度有 1066 人，英国有 943 人，日本有 208 人，俄国有 117 人，美国有 29 人，其余则是来自欧亚 18 个国家的侨民；华员人数已经远远超过"洋员"；作为汇集人数最多的四个部门，警务处、工务处、卫生处、教育处的华员人数更是达到了 6625 人，约占这四个部门雇员总数（8837）的 75%④。

类似的情形，从服务于法租界公董局的中国籍职员与外籍职员人数之比也可以看出：1935 年，法租界公董局的工作人员共计 4006 人，其中，华职员为 1366 人，华雇员为 2017 人，外职员为 335 人，外雇员为 288 人，中国籍员工占到公董局所有工作人员总数的 84.4%，而华职员也占

---

① 朱邦兴、胡林阁、徐声编：《上海产业与上海职工》，上海人民出版社 1984 年版，第 702 页。

② 中共上海市委党史资料征集委员会等编《上海店员和职员运动史（1919—1949）》，上海社会科学院出版社 1999 年版，第 13 页。

③ 唐振常：《上海史》，上海人民出版社 1990 年版，第 528—530 页。

④ 熊月之主编，罗苏文、宋钻友著《上海通史》第 9 卷（民国社会），上海人民出版社 1999 年版，第 121 页。

到了职员总数（1701）的 80.3%[1]。

华员数量远远大于洋员是因为工部局认为，华人在市政管理与招募中能减少市政工作的开支[2]。故于 1930 年 12 月做出"无论新职旧缺，除经铨叙委员会认为不能由华人胜任外，概不得雇用外籍职员"[3] 的决定。这本是洋人剥削、压榨华员，玩弄权术的考虑，但不可否认的是，工部局与公董局的确是训练华员的良好场所，那里有着严格、规范、高效的管理考核制度，这对培养近代上海人的现代意识和市民精神起到了极为重要的推动作用。

综上所述，伴随着生产力的发展，社会分工的细化和城市功能的日益完善，上海的职员群体迎来了黄金发展期，这使得 20 世纪二三十年代的职员，无论是在数量抑或是规模方面都有了快速增长。当然，该群体的不断壮大又对城市经济的发展和社会的文明进步有着极强的推动作用。

（二）战后职员发展概况

1945 年 8 月，日本宣布无条件投降，抗日战争结束。此时，上海华人居民的职业构成已发生了明显变化（见表 1-3）。

总体来讲，抗日战争结束后上海的职业构成呈现以下特点。

第一，从表 1-3 职业人口中可见三个部类比例。对上海而言，务农从业人员仅为职业人口总数的 3.67%，已不是谋生的主要手段；产业工人在职业构成中所占比重也逐渐减少，占职业人口总数的五分之一。工、农两项合计不及职业人口总数的 25%，第二、三产业人口已占职业人口中大部分。这说明上海的产业结构正在进行一场较大的历史性变革，传统以农耕经济为主的经济模式，在转向了以轻纺加工业和商业为重要支撑的经济结构后，呈现分工细化、类别拓展的趋势。中间阶层也开始成为除了产业工人以外的、第二大左右城市经济结构调整和社会事业发展的重要力量。第二，女性开始陆续进入商业以及其他专业技术较强的领域。这与女性受教育程度的提高和城市职业结构的不断扩展和细化是密不可分的。第三，无业人口总量逐渐接近务农人口总量。如何应对这一庞大群体，直接

---

① 《法公董局公报》中文版第 5 卷，第 138 号（1935 年 7 月 18 日），第 30 页。

② 熊月之主编，罗苏文、宋钻友著《上海通史》第 9 卷（民国社会），上海人民出版社 1999 年版，第 113 页。

③ 《上海公共租界工部局年报》中文版（1931），第 380 页。

关乎到城市的稳定与发展①。

表1-3　　　　　　　　上海市居民职业分布统计（1947）　　　　　单位：人

类别	男	女	总人数	占比（%）
农	78843	47823	126666	3.67
矿	1114	71	1185	0.03
工	542702	171336	714038	20.71
商	635074	20683	655757	19.02
交运	178062	2213	180275	5.23
公务	79963	6980	86943	2.52
自由职业	46843	17695	64538	1.88
人事服务	67661	112544	180205	5.23
家务	9233	998048	1007281	29.22
服兵役	7960	15	7975	0.23
求学	185014	116809	301823	8.75
无业	74557	46566	121123	3.51
总计	1907026	1540783	3447809	100.00

注：以上统计数据包括相关行业所有从业人员，如工人等。

资料来源：根据上海市档案馆，I-18-186，第113页；I-18-173，第64页资料编制。

尽管表1-3中各行业统计所得人口数量，包括了该行业的所有从业人员，要将职员从中完全剥离出来并非易事。但我们依然可根据现有各类资料对当时部分行业职员的分布情况做出大致勾勒（见表1-4）。

表1-4　　　　　　　上海市部分行业职员人数一览（1946、1947）

行业		人数（人）		年份
沪四行二局（中央银行、中国银行、交通银行、农业银行、中央信托局、邮政储蓄局）		8000		1946
邮政		1000		1946
电信		1000		1946
铁路		1000		1946
医生、护士		6916		1946
教职员	小学教员	13202	23510	1946
	中学教员	5722		
	大学教授	4586		
政府部门	市府职员	55000		1947
	警察*			

注：政府部门，警察统计数据中包含技工。

资料来源：根据熊月之主编，罗苏文、宋钻友著《上海通史》第9卷（民国社会），上海人民出版社1999年版，第127页；上海市档案馆编《上海解放》（上），中国档案出版社2009年版，第4、18页内容编制。

————————

① 此处的"无业"包括"临时就业"与"不定期就业"。

　　表1-4显示：（抗日战争）战后在沪四行二局（中央银行、中国银行、交通银行、农业银行、中央信托局、邮政储蓄局）共有职员8000人以上，同期服务于邮政、电信、铁路等部门职员人数也各近千人[①]；医生、护士合计约6916人[②]。同年秋，上海市教职员总数为23510人；至1947年，上海市府员工总数为55000余人[③]。

　　另据时任上海市社会局局长吴开先于1946年4月5日所做报告所言：

　　　　目下上海有组织之工人60万左右，有组织之职员40万左右，农会遍设四郊，仅1万—2万人，其他自由职业者如记者、律师、会计师、医师等无确切的估计，约3万余人[④]。

　　若将吴开先报告所提"有组织之40万职员"，与大约3万的自由职业者相加，大体可知，至1946年时，上海的职员群体至少不低于43万人。由此可知，虽经历了战火硝烟，广大职员们普遍体验到了谋职难，保职更难，以及生活的艰辛与酸涩，但总体而言，该群体的人数依然有所增长。

　　1949年上海解放，是时，全市总人口502.92万人，市区人口418.94万人，郊区人口83.98万人[⑤]。根据《1949年上海市综合统计》所载"上海市在业人口成分分析"可知，截至1950年1月，全市就业人口总数为2065065人，其中男性为1697030名，女性为368035人[⑥]。各个行业的从业人员分布情况详见表1-5。

---

　　① 熊月之主编，罗苏文、宋钻友著《上海通史》第9卷（民国社会），上海人民出版社1999年版，第127页。

　　② 上海市档案馆编《上海解放》（上），中国档案出版社2009年版，第18页。

　　③ 同上书，第4、18页。

　　④ 《吴开先报告社政》，《文汇报》1946年4月5日。

　　⑤ 胡焕庸主编：《中国人口》（上海分册），中国财政经济出版社1987年版，第63页。

　　⑥ 上海市人民政府秘书处编《1949年上海市综合统计》，1950年，第17页；邹依仁：《旧上海人口变迁的研究》，上海人民出版社1980年版，第104—105页。

表1-5　　　　　　　　上海市在业人口成分分析（1950年1月）　　　　单位：人

类别	性别	共计	工人	职员	农民	手工业者、小商贩❶及自由职业者	企业主❷	原始材料未分类者
就业人口总计	男	1697030	1229438		66348	284580	99702	16962
	女	368035	264518		58209	39190	2905	3213
	合计	2065065	1493956		124557	323770	102607	20180
	各类成分占总人口数百分比（%）	41.45	29.99		2.50	6.5	2.06	0.40
农业 3.	男	72971	6008		66348		615	
	女	58981	629		58209		143	
	合计	131952	6637		124557		758	
工业	男	293211	241030	40440			11741	
	女	156333	153624	2509			200	
	合计	449544	394654	42949			11941	
手工业	男	240717	190825	9306		26651	13935	
	女	21611	18663	457		1987	504	
	合计	262328	209488	9763		28638	14439	
建筑业	男	46785	39117	1738		4342	1588	
	女	143	107	23		5	8	
	合计	46928	39224	1761		4347	1596	
商业	男	625589	355921			201071	68597	
	女	29027	7482			19559	1986	
	合计	654616	363403			220630	70583	
金融业	男	23074	6195	15733			1146	
	女	1130	68	1044			18	
	合计	24204	6263	16777			1164	
交通运输业	男	240318	203530	21699		13009	2080	
	女	2504	1071	1217		170	46	
	合计	242822	204601	22916		13179	2126	
教育、文化、卫生社会事业	男	16737	6676	10061				
	女	5525	886	4639				
	合计	22262	7562	14700				

续表

类别	性别	共计	工人	职员	农民	手工业者、小商贩❸及自由职业者	企业主❶	原始材料未分类者
国家机关	男	54201	17203	36998				
	女	4854	1260	3594				
	合计	59055	18463	40592				
自由职业	男	39507				39507		
	女	17469				17469		
	合计	56976				56976		
家庭佣工	男	26958	26958					
	女	67245	67245					
	合计	94203	94203					
宗教职业	男	3187						3187
	女	1459						1459
	合计	4646						4646
其他职业	男	13775						13775
	女	1754						1754
	合计	15529						15529

注：

❶手工业者包括手工、建筑业、人力运输业中的独立劳动者；小商贩包括小店主、摊贩及独立的流动商人。

❷企业主包括各种企业所有人，代理人就是代表企业所有人经营企业的人。

❸农业中的企业主指新式农场主，但杂有一部分经营地主在内，不能准确划分。

❹本表统计数据依据上海解放以后至1949年年底统计资料而制。

资料来源：邹依仁：《旧上海人口变迁的研究》，上海人民出版社1980年版，第104—105页。

　　表1-5显示，新中国成立初期的职员，广泛分布在工业、手工业、建筑业、商业、金融业、交通运输业、教育、文化、卫生、社会事业以及国家机关中，其数量分布情况大致如下（见表1-6）。

表1-6　　新中国成立初期上海职员行业分布情况一览（1950年1月）　　单位：人

行业	性别		合计	占职员总数百分比（%）
	男	女		
工业	49746	2966	52712	10.2

续表

行业	性别		合计	占职员总数 百分比（%）
	男	女		
建筑行业	1738	23	1761	0.3
商业 *	371654	8526	380180	74.0
交通运输业	21699	1217	22916	4.5
教育、文化、卫生、社会事业	10061	4639	14700	2.9
国家机关	36998	3594	40592	7.9
合计	491896	20965	512861	

注：

1. 本表在表1-5基础上做了调整，如：在表1-5中，工业与手工业分开罗列，商业与金融业分开罗列，为了便于分析，此处将手工业并入工业一栏，金融业并入商业。

2. 商业中的统计数据含工人。

3. 表1-5中农业领域内的职员未做统计。

资料来源：根据邹依仁：《旧上海人口变迁的研究》，上海人民出版社1980年版，第104—105页内容改制而成。

　　表1-6统计所得512861名职员，绝大多数是旧职员。另据《关于上海市军管会和人民政府六、七两月的工作报告》（1949年8月3日）和《上海市军管会关于对旧人员处理办法》（1949年8月）所载内容可知：上海解放初期，中国共产党所接管的来自政务、财经、文教、军事等行业的旧职员有20余万，这部分人主要是国民党、国民政府体制内，以及官僚资本经济机构中的职员[①]。

　　从行业分布来看，按照职员集中程度的多寡，可做以下排序：商业，工业，国家机关，交通运输业，教育、文化、卫生、社会事业，建筑行业。这种行业分布格局的形成与近代上海的特殊地位——全国最大的经济、商贸、金融中心是密切相关的。自近代以来，上海逐渐发展成为全国的经济、商贸中心，相应地，金融、企业等现代生产部门也就成为吸纳劳

————————

　　① 参见《关于上海市军管会和人民政府六、七两月的工作报告》（1949年8月3日），中央上海市委党史研究室、上海市档案馆编《接管上海》（上卷），中国广播电视出版社1993年版，第91页；《上海市军管会关于对旧人员处理办法》（1949年8月），上海市档案馆，资料号：B1-1-20。

动力最多的新兴行业。新中国成立初期的职业分布状况也是如此，商业系统集聚了人数最多的劳动力，其次便是工业生产部门。而为了使城市这一庞大的社会机器正常运转起来，就必须有足够的，且接受过新式教育，现代性意识较强，能担负起现代城市市政管理的各类公务部门。因此，便出现了大量服务于政府部门的职员。交通运输业的发展关乎国民经济命脉，而对于此行业重要性的认识，上海恐怕比其他城市更加深刻，因为上海的发展就是走了一条"以港兴商，以商兴市"的道路，由此，该部门为何吸纳较多的劳动力也就不难解释了。

总体来讲，新中国成立初期上海旧职员的这种行业分布，与民国时期职业人口构成状况呈现了高度的一致性。尽管此时他们的身份、职级、从事行业或多或少发生了变化，但其作为促进经济增长、维护社会稳定的基本力量从未发生过改变。

总之，近代以来，城市化进程的加快以及社会分工的细化造就了职员这一新的社会阶层出现。但需要注意的是，与欧美的"原生型"模式不同，我国职员阶层的萌生属于"后发生型"模式，即职员的诞生是由于受到外力的强力推动，而非直接由城市自由民转化而来。西方入侵所造成的"新旧二元共栖体制"，注定了近代中国的城市尚不足以为职员阶层的成长提供充足的养料，于是，上海的职员阶层成为了名副其实的早产儿：自呱呱坠地始，便被深深打上了"断裂"① 社会的烙印，尽管几乎与上海这座城市同步而行，却始终无法获得完全意义上的现代性和真正的成熟。尤其是这一阶层不掌握生产资料、股权，在社会结构中处于末端甚或几乎空白，他们主要靠自己的智力、脑力、体力谋取工薪，虽比之于工人阶级社会地位要高，其受过教育，向往民主自由、清新政治趋向，但又因其社会经济地位而始终摇摆不定，一切以自身利益而定。

---

① 自 1840 年西方列强叩开中国国门以后，我国开始进入了一个二元经济格局的时代。一方面，中国有受西方影响深刻的东部沿海城市；另一方面，我国存在着广大、落后的农村地带。伴随着西方势力的不断渗透，沿海城市大量引入外资，经济逐步资本主义化，成为了中国现代经济的主要牵引动力。但与此同时，广大落后的农村地带却淡出人们的视线，逐步开始边缘化。城市化进程的推进，使西化的现代都市与内地的乡村之间距离越来越大，由此形成了一个"断裂"的社会。这样一个"断裂"社会是被西方侵袭打断中国传统社会本身连续性的结果，由此呈现近代中国几个时代的社会经济成分同时存在，但在其内部之间却缺少有机联系与总体格局。

二 上海旧职员的籍贯、受教育情况及其政治立场分析

1. 籍贯分析

在我国，籍贯本意是父系与出生地的结合，但在特殊历史时期的商业都市之上海，籍贯地的经济社会发展成为居住于其上之人的身份标志。籍贯是个人身份的关键部分，是一个人身份的一种象征。正如美国人类学家施坚雅所言："籍贯是旧中国社会中个人身份的要素。萍水相逢、素不相识的人，开始交谈总先要问明彼此的籍贯和姓氏。"① 事实上，不仅是在旧中国社会，即使在今天，仍有某种遗存。在中国，移民在业缘上与地缘密切相连，很多移民所建立的同乡组织在按照地缘来进行组织的同时，也包含了业缘关系在其中，较有代表性的有宁波会馆（四明公所）等。

作为一个典型的移民城市，近代的上海尤其如此。我们甚至可以这样认为，对于一个人而言，他的籍贯在很大程度上关系到其在上海的谋职、创业，甚至是寻求帮助的成败。如：民国时期的同乡组织在职业指导、帮助同乡移民融入上海主流社会方面就发挥着积极的作用。宁波同乡会于1911 年设立了免利借钱局，浦东同乡会和江宁六县同乡会都设有职业介绍部，且规定只有会员才可以申请介绍职业；在 1919 年 4 月 3 日丹阳同乡会的职员会议上，一次就安排 10 名同乡进中华袜厂工作，类似这种情况在同乡组织中非常普遍②。

在顾德曼看来，上海的籍贯（同乡）认同，"使都市的社会经济在某种程度上形成了等级构造。这种等级构造与不同移民群体的经济势力相适应。在这地缘和职业的等级构造最上层的是浙江人、广东人和苏南人"。"处于很下层的是山东人、湖北人和苏北人"③。那么，作为社会中间阶层的职员，主要来自何方呢？

现以 1950 年年初上海市民政局的 1503 名留用职员为例，对此问题做一简要分析（见表 1-7）。

---

① ［美］施坚雅：《导言：清代中国的城市社会结构》，施雅坚主编《中华帝国晚期的城市》，叶光庭等译，中华书局 2000 年版，第 641 页。

② 熊月之主编，罗苏文、宋钻友著《上海通史》（第 9 卷）《民国社会》，上海人民出版社 1999 年版，第 217 页。

③ ［美］顾德曼：《家乡、城市和国家——上海的地缘网络与认同（1853—1937）》，宋钻友译，上海古籍出版社 2004 年版，第 8 页。

表1-7　　　　　上海市民政局留用职员籍贯分布情况统计（1950）　　　　单位：人

	江苏	浙江	上海	安徽	山东	"两广"	湖北	湖南	河北	江西	山西	四川	福建	东北	总计
民政局本部	48	64	4	3	1	5	3	1	6					1	136
儿童教养所	24	27	6	7		2	3	1	3	1			2	1	77
妇女教养所	10	2	2			1	1		1						17
劳动生产所	9	6	1	2	1		1	3	1						24
残疾教养所	4	2		1		1		1	4				1		14
黄浦区	13	30	4		1										49
老闸区	14	28		1	1				1						46
邑庙区	35	23	15			1			1	1			1		78
蓬莱区	27	43	24	5		2			1					1	103
嵩山区	44	61	18	7		1			4	1			1		137
卢湾区	22	19	4			1			1	2					49
常熟区	20	18	7	2	1				2	1					54
徐汇区	13	11	1												25
长宁区	38	7	2	2	1			2		2	1				55
静安区	18	14	4	1	2	4				1					44
新城区	39	38	14	8	1	1			1				1		104
江宁区	34	32	5	3	1	1			1	2					79
普陀区	22	17	2		2	1									44
闸北区	36	11	4	2		1		3	1						58
北站区	29	27		3				1			1				64
虹口区	20	20	6	3	1	1					1				52
北四川区	17	5	3	1			1								27
提篮桥区	23	30	1		1	2									57
榆林区	45	8	3	4	1				2		1				64
杨浦区	32	6	2	3		1		2							46
总计	636	549	135	57	15	31	14	12	32	10	1	2	6	3	1503
排名	1	2	3	4	7	6	8	9	5	10	14	13	11	12	

资料来源：《上海市民政局关于旧职员处理情况统计表》（1950年），上海市档案馆，资料号：B168-1-393-15。

从表1-7可以看出，距离是决定相关省市移民籍贯人口数量多少的重要因素。按照人口数量多寡来排序，江苏籍职员最多（636人），浙江籍职员次之（549人），安徽籍57人，居第四；在交通不发达、交通成本高昂的年代，路近更易迁，由此，为何东北籍人数最少，也就不难理解了。

然而，也有例外情况发生。表1-7显示：来自"两广"的职员不仅多于福建，而且超过山东、湖北、湖南、江西等地，位居第六，仅从距离远近出发，实在无法解释这种现象①。其根本原因是在于"广东对外贸易开展较早，外商洋行中的中国买办，广东籍的不少。随着上海开埠，外商洋行在上海设立分行，大量广东籍的买办和经营进出口业务的商人纷纷到了上海，因此从上海开埠起，广东籍的人口就是比较多的，尤其是在虹口区的北四川路一带"②。旧上海原有广东籍人口多，直接便利了后来广东人来沪经商，也就逐渐壮大了广东商户的综合势力。

不容忽略的一点是：作为具有东道主优势的上海，本地籍职员数量却位于江苏、浙江之后，屈居第三，这又如何解释呢？究其原因，最为关键的一点在于上海是对内外全面开放的城市，成为了移民的天堂。除此之外，我们还可以从旧上海人口的变迁规律中寻求答案。

首先，虽然公共租界自1885年进行人口调查伊始就登记居民籍贯，但对"华界"而言，直到1928年，"籍贯"才开始成为统计人口信息的重要因素，而至抗日战争爆发，人口调查与籍贯登记工作又被迫中止。

其次，旧中国的行政区域经常发生变动，在旧中国的行政建制中，并未有特别市区，只有省区而已，直至1927年，上海、南京等大城市才被国民政府作为特别市直属管辖。因此，历年公共租界与1929年"华界"人口籍贯统计资料中有关上海籍的人口均被划入其管辖省江苏籍一并统计；1945年抗日战争胜利后，上海的行政管辖名义上统一，居民籍贯调查的资料也较为全面，但本籍人口比重低于外籍人口比重的事实并未发生变化，如1946年本籍人口比重为20.7%，1951年1月仅为15.1%。③

最后，与我国其他省市（区）人口籍贯结构相异，上海的非本籍人口远远超过了本籍人口比重，这一特点也反映到上海职员人口上。因为上海是移民城市，全国、全世界多种人才会聚上海，共同竞争。这与旧上海

---

①　"两广"指广东、广西。据笔者考证，来自广东的旧职员数量远远大于广西，此处只对广东的基本情况作一简单分析。

②　邹依仁：《旧上海人口变迁的研究》，上海人民出版社1980年版，第42页。

③　同上书，第38—41页。

是全国的经济、工业、商贸、文化教育中心及其现代化水平极高是密不可分的，也正是因此之故，上海才如此的璀璨夺目，令人神往。

由此可以初步得出一个研究结论，新中国成立初期聚集在上海的旧职员中，来自周边省市的最多。如江苏、浙江、安徽、"两广"、河北、山东等地，而山西、四川一带的最少。

但是同乡组织的存在，对于某一籍贯旧职员在上海数量的多寡具有重要的影响。为了使以上结论具有科学性和准确性，下面将进一步以上海市军管会新闻出版处，于新中国成立之初所接管各单位旧人员的基本情况为例做进一步的分析（见表1-8）。

表1-8　　　　　　出版室接管各单位旧人员姓名（1950年3月）

店号	姓名	年龄	性别	籍贯	店号	姓名	年龄	性别	籍贯
正中书局 （66人）	莆稷×	29	男	江苏武进	正中书局 （66人）	尹家富	34	男	江苏淮安
	张照丞	55	男	浙江瑞安		盘廷玉	28	男	江苏崇明
	夏逵	40	男	浙江富阳		汪度	41	男	江苏溧阳
	翟乃庆	46	男	江苏武进		汪士冠	37	男	江苏吴县
	徐雁	28	男	浙江永嘉		唐在锦	47	男	江苏扬州
	周告士	40	男	江苏武进		夏永霖	23	男	贵州遵义
	诸硗生	30	男	江苏武进		吴×海	44	男	云南保山
	刘武	39	男	浙江永嘉		谢博文	32	男	浙江永嘉
	林庆民	29	男	浙江定海		吴逸轮	34	男	福建
	陈玉祥	30	男	江苏武进		常伯华	43	男	湖南长沙
	刘子亚	38	男	江苏丰县		陈较	48	男	江苏武进
	曹廉	46	男	安徽含山		吴一栋	30	男	福建
	程×岑	56	男	江苏江宁		赵振方	43	男	山东莱芜
	于人骏	58	男	江苏泰兴		莆振强	38	男	湖北汉口
	李志鸣	40	男	江苏江阴		黄祯祥	48	男	福建林森
	李伯祥	37	男	湖北武昌		罗纪铭	26	男	浙江慈溪
	陆根与	52	男	江苏上海		韩纬琨	44	男	江苏江阴
	许万余	48	男	江苏淮阴		董大闻	35	男	浙江余杭
	陈福培	33	男	江苏江都		李方捷	28	男	河北天津
	李庆富	39	男	江苏南京		陈茂×	20	男	浙江诸暨
	载福	55	男	江苏镇江		×则明	31	男	安徽望江

店号	姓名	年龄	性别	籍贯	店号	姓名	年龄	性别	籍贯
正中书局 （66人）	钱振声	35	男	浙江嘉兴	正中书局 印刷厂 （34人）	陈北祥	22	男	江苏盐城
	×秀明	48	男	湖北江陵		孙文祥	23	男	江苏
	杜志高	45	男	江苏仪征		林三玉	36	男	浙江黄岩
	曹尧堃	46	男	浙江杭州		杜春桔	19	男	江苏盐城
	周振声	42	男	江苏扬州		顾时雍	35	男	江苏川沙
	叶子辉	48	男	福建福州		周瑞卿	43	男	江苏无锡
	杨少阶	38	男	江苏镇江		凌永江	25	男	浙江吴兴
	薛鸣增	38	男	江苏江阴		胡崇习	19	男	江苏青浦
	孙锦有	35	男	江苏盐城		金圆鸣	19	男	江苏上海
	许寿桐	40	男	江苏阜宁		张萌生	18	男	浙江温州
	李承帆	17	男	江苏盐城		习祖正	22	男	江苏无锡
	钟品泉	28	男	浙江慈溪		孙贺泰	22	男	浙江宁波
	李寿山	50	男	江苏淮安		沈士良	29	男	浙江萧山
	朱高甫	49	男	江苏淮安		陈贤赛	22	男	湖北武昌
	李杰	36	男	四川遂宁		王圮萌	21	男	江苏松江
	顾智超	34	男	江苏阜宁		杨如新	19	男	江苏上海
	李锡文	29	男	江苏淮安		李书孟	19	男	江苏扬州
	浦应昌	37	男	江苏太仓		周金铨	19	男	江苏常州
	汪龙文	28	男	安徽X县		徐家兴	21	男	江苏扬州
	钱方圭	35	男	江苏太仓		李善彬	19	男	安徽芜湖
	杨蕴玉	41	男	江苏上海		刑逸梅	35	男	江苏青浦
	翟明朝	55	男	江苏江都		启阳齐修	37	男	四川高县
	王延迷	43	男	江苏赝山		刘伟康	34	男	浙江定海
	马惠钧	52	男	江苏南京		杨北唐	30	男	江苏盐城
正中书局 印刷厂 （34人）	莆良纪	26	男	湖北汉口		印海涛	22	男	江苏盐城
	缪回仪	23	男	江苏南翔		稽训烨	21	男	浙江吴兴
	方治华	32	男	湖南	华夏图书 出版印铸 公司 （43人）	翁存壁	44	男	浙江宁波
	郭雨晨	28	男	北京		顾廷凤	41	男	江苏苏州
	程胡	27	男	江苏吴县		吴春华	23	男	江苏江阴
	陆水泉	59	男	江苏川沙		董维良	31	男	江苏武进
	徐祥龄	22	男	江苏吴县		邵昌进	28	男	广东四会
	陈思赞	22	男	江苏吴县		徐基法	29	男	浙江海盐

续表

店号	姓名	年龄	性别	籍贯	店号	姓名	年龄	性别	籍贯
	莆敬文	37	男	湖北汉口	华夏图书出版印铸公司（43人）	徐新华	18	男	江苏宜兴
	陈伯虞	48	男	江苏吴县		徐培昆	18	男	江苏上海
	胡振奎	36	男	浙江宁海		徐培德	17	男	江苏上海
	薛振荣	53	男	山东瑞县		陈鸿根	17	男	江苏上海
	孙何炳	54	男	浙江永嘉		叶果贵	16	男	浙江慈溪
	朱恒昌	29	男	浙江富阳	中国文化服务社印书馆（29人）	钱宗浩	41	男	江苏无锡
	洪忠根	33	男	浙江孝暨		李坤祥	17	男	江苏武进
	陈震馀	27	男	江苏南通		蔡宝初	20	男	江苏无锡
	李盛魁	50	男	山东肥城		朱深丰	23	男	浙江义乌
	阎秀文	33	男	河北沧县		×永熙	29	男	江苏无锡
	张俊杰	33	男	河北沧县		李朝元	43	男	江苏吴县
	阮国华	19	男	浙江慈溪		史鸿芳	44	男	浙江余姚
	董瑞馨	19	男	江苏武进		徐镇国	44	男	江苏江都
	唐治怡	18	男	安徽六合		华登	33	男	江苏无锡
华夏图书出版印铸公司（43人）	沈庆良	41	男	江苏无锡		程英	28	男	江苏常熟
	彭岛	26	男	江苏开阳		钱德康	21	男	江苏常熟
	孙佩庆	22	男	浙江鄞县		平良臣	43	男	江苏江阴
	江兴业	19	男	浙江定海		卞长德	18	男	江苏泰兴
	谢洪福	34	男	江苏常熟		张文宝	38	男	江苏无锡
	施纪培	34	男	江苏武进		齐继勤	18	男	江苏无锡
	莆文元	20	男	江苏南翔		孙长松	20	男	江苏江都
	李渺卿	35	男	浙江鄞县		郑鸿儒	18	男	江苏靖江
	朱金才	35	男	江苏无锡		姚志萤	19	男	浙江新市
	陈福生	54	男	江苏上海		唐新庚	20	男	江苏泰兴
	胡中林	37	男	江苏江阴		李国华	17	男	河南
	常昌年	20	男	江苏泰兴		张志成	23	男	江苏江阴
	董雍陶	20	男	浙江慈溪		徐寿和	28	男	江苏武进
	胡盘忠	25	男	江苏宜兴		李家联	25	男	江苏洞庭山
	赵相杰	20	男	浙江		陆士珍	31	男	江苏崇明
	董宝项	20	男	浙江绍兴		孙鹏	41	男	江苏吴县
	胡汉忠	17	男	江苏宜兴		徐启杰	22	男	江苏泗阳
	姚祖岳	17	男	浙江宁波		张相泽	21	男	江苏泰兴

续表

店号	姓名	年龄	性别	籍贯	店号	姓名	年龄	性别	籍贯
中国文化服务社印书馆（29人）	魏鸣勤	18	男	江苏无锡	拔提书店（7人）	孔虔兰	29	男	江苏松江
	徐国明	18	男	江苏泰兴		周叔明	34	女	江苏无锡
中国文化服务社（21人）	朱尚德	41	男	陕西安康		张功春	25	男	安徽无为
	曹育定	40	男	浙江宁波		凌静玉	22	女	浙江
	周伯瑾	30	男	浙江吴兴		莊智宝	17	男	浙江宁波
	王春和	30	男	江苏崇明		王猷石	17	男	湖南平江
	陈石湖	30	男	浙江黄岩		王正平	25	男	湖南平江
	吴雪仰	44	男	湖北荆州	胜利出版公司（12人）	王海江	19	男	江苏南通
	沈春发	35	男	浙江湖州		吴根发	18	男	江苏崇明
	狄广含	28	男	江苏扬州		罗贤昌	18	男	浙江余姚
	高怀善	46	男	江苏淮安		董文士	17	男	浙江杭州
	张洪泽	21	男	江苏上海		屠永江	17	男	江苏江都
	刘祚	37	男	安徽怀宁		苏金麟	24	男	浙江永嘉
	周望玮	28	男	江苏崇明		叶韶琳	42	女	浙江永嘉
	张树龄	45	男	安徽宿县		徐铸颜	27	男	江苏宜兴
	钱继光	26	男	江苏东海		王珏佩	27	男	浙江镇海
	钱松桂	33	男	江苏无锡		赵恒之	30	男	浙江慈溪
	沈光照	31	男	浙江绍兴		束杭苇	41	男	江苏江阴
	刑立贵	36	男	河南开封		赵德芝	33	男	江苏盐城
	徐先启	33	男	江苏	独立出版社（10人）	唐新之	42	男	江苏武进
	龚弘	35	男	江苏崇明		李次成	31	男	江苏南京
	张文魁	37	男	安徽X阳		宋增科	29	男	湖南醴陵
	钱永定	27	男	浙江绍兴		王萍	31	男	湖北汉口
东方书店（7人）	金经邈	40	男	安徽婺源		周旦	22	男	浙江永嘉
	高忠孝	28	男	江苏金坛		蒋松山	36	男	江苏江都
	秦渠祥	22	男	江苏上海		沈康生	35	男	浙江
	吴天佑	33	男	江苏江都		张适	24	男	浙江瑞安
	蔡伯升	46	男	江苏川沙		胡选棣	35	男	浙江永嘉
	张在川	19	男	浙江镇海		萧国伟	35	男	湖南常宁
	陈福生	24	男	江苏监川	财政评论社（10人）	许性初			
						郜宗伊			
						袁迪康			

续表

店号	姓名	年龄	性别	籍贯	店号	姓名	年龄	性别	籍贯
财政评论社（10人）	杨楚卫				时代印刷厂（22人）	戚毓贤			
	萧振干					孙汝梅			
	胡鑫源					林连祖			
	陈炳忠					张克强			
	袁延宽					田雨仁			
	詹景星					陈济敢			
	胡德康					杨竹云			
中国新闻场新社（5人）	吴金海	21	男	江苏上海		林志荣			
	张振声	21	男	江苏上海		王根林			
	徐福宝	29	女	江苏上海		萧杏苏			
	邱秀卿	32	女	浙江		沈有生			
	焦超	39	男	江苏		缪骥良			
银行通讯社（5人）	潘世杰	41		浙江		王相如			
	马慧生	25		江苏南通		王壁忍			
	乐根华	30		浙江		崔文云			
	夏逸新	20		浙江		纪荣和			
	朱坤宝	17		浙江吴兴		曹连鸿			
亚东协会（4人）	王斌杰	32	男	江苏		贾福权			
	王宗汉	41	男	河北天津		计天福			
	杨耀志	39	男	湖北黄陂		周咏吟			
	王德宝	26	男	江苏苏州		何顺德			
						姚骏云			
					民国出版社（2人）	杜耀庭	27	男	江苏南通
						年德纯	27	男	山东
					××××××（1人）	李振民	28	男	浙江上虞

注：

原件中将上海籍的职员并入了江苏。

资料来源：《上海市军管会新闻出版处接管各单位旧人员姓名表》（1950 年 3 月），上海市档案馆，资料号：Q431-1-221-1。

从表 1-8 可以看出，截至 1950 年 3 月，上海市军管会新闻出版处共接管了来自正中书局、正中书局印刷厂、华夏图书出版印铸公司、中国文化服务社印书馆、中国文化服务社、胜利出版公司、东方书店、独立出版社、拔提书店、中国新闻场新社、银行通讯社、亚东协会、民国出版社、时代印刷厂、财政评论社等 17 个单位，共计 278 名旧人员。其中男性为236 人，女性为 5 人[①]。以上人员分布在安徽、北京、福建、广东、贵州、河北、河南、湖北、湖南、江苏、山东、陕西、四川、云南、浙江等地，来自各个省份的人数详见表 1-9（按降序排列）。

表 1-9　　　　出版室接管各单位旧人员籍贯情况一览（1950 年 3 月）

省份	人数（人）
江苏	138
浙江	62
安徽	10
湖北	9
湖南	6
福建	4
河北	4
山东	4
河南	2
四川	2
北京	1
广东	1
贵州	1
陕西	1
云南	1
不详	32
合计	278

资料来源：本表根据《出版室接管各单位旧人员姓名表》（1950 年 3 月）编制而成，上海市档案馆，资料号：Q431-1-221-1。

尽管新中国成立初期，在从事出版行业的旧职员中，按照籍贯地做降序排列所得结果与民政局旧职员的情况略有不同，但可以肯定的是，江苏、浙江、安徽这些距离上海最近的省份，始终是旧职员数量最多的来源地。而偏远、落后省区，一般而言，人数都比较少。需要注意的是，距离上海很近的山东，来源于此的旧职员却仅有 4 人，远远少于江苏、浙江这些地方的人数，原因何在呢？据笔者推测，恐怕在于近代以来，山东人在

[①]　另有 37 人性别不详。

上海的等级构造中处于下层，"这些地缘群体中很少或者没有士绅，大多数是从事非技术性职业的苦力"① 有关，作为文教系统的重要部门之一，出版行业对于学历、技能的要求相对于其他行业而言，自然还是高了许多。于是，出现这种情况也就不难理解了。

总的来讲，新中国成立初期上海旧职员的籍贯分布，与民国时期上海人口的迁徙规律保持了一致，也与新中国成立初上海人口籍贯的构成情况基本呈现同一发展趋势②。

2. 受教育水平

由于所属层级、从事行业的不同，旧职员群体的受教育水平呈现了一定的差异。但总体而言，与社会下层人士相比，该群体的受教育水平还是较高的，他们大都具有一技之长，曾有过一份较为体面的职业，过着"小康"水平的生活。仍以上海市民政局于 1950 年所留用的旧职员为研究对象。

表 1-10　　　上海市民政局留用职员文化程度统计（1950 年 1 月）　　　单位：人

项目/人数 单位名称	文化水平				总计
	大学	高中	初中	小学	
民政局本部	29	59	45	3	136
儿童教养所	12	23	41	1	77
妇女教养所	5	4	8		17
劳动生产所	7	6	10	1	24
残疾教养所	2	2	10		14
黄浦区	4	25	18	2	49
老闸区	11	24	11		46
邑庙区	5	23	49	1	78
蓬莱区	5	47	48	3	103
嵩山区	16	48	67	6	137
卢湾区	6	15	26	2	49
常熟区	6	22	25	1	54
徐汇区	1	11	13		25
长宁区	8	20	19	8	55

① ［美］顾德曼：《家乡、城市和国家——上海的地缘网络与认同》（1853—1937），宋钻友译，上海古籍出版社 2004 年版，第 8 页。

② 据邹依仁《旧上海人口变迁的研究》可知，1950 年 1 月时，按照人口数量的多少来排序，上海人口籍贯构成情况如下：江苏、浙江、上海、广东、安徽、山东、华北、湖北、福建、河南、江西、西南、东北、西北、广西、中国台湾、绥远（1954 年并入内蒙古自治区）。参见邹依仁《旧上海人口变迁的研究》，上海人民出版社 1980 年版，第 116—117 页。

项目/人数 单位名称	文化水平				总计
	大学	高中	初中	小学	
静安区	2	16	22	4	44
新城区	13	47	39	5	104
江宁区	9	37	29	4	79
普陀区	2	20	19	3	44
闸北区	11	19	21	7	58
北站区	5	25	32	2	64
虹口区	6	18	26	2	52
北四川区	4	11	12		27
提篮桥区	4	13	35	5	57
榆林区	3	18	41	2	64
杨浦区	6	21	15	4	46
总计	182	574	681	66	1503

注：原件没有具休日期，根据推算，大致为 1950 年 1 月。

资料来源：《上海市民政局关于留用职员一般情况统计表》（1950 年 1 月）上海市档案馆，资料号：B168-1-393-11。

截至 1950 年 1 月，民政局所留用的 1503 名旧职员中，大学文化程度的有 182 人，高中文化程度者 574 人，初中文化程度者 681 人，小学文化程度者 66 人。接受过以上各类教育的人数占民政局留用人员总数的比例分别为 12%、38%、45% 与 4.4%。以上各类人员于民国时期从事何种工作？他们的受教育水平与其原来和现在的职务之间存在什么内在关系？以民政局下设单位妇女教养管理所为例，试做进一步分析（见表 1-11）。

表 1-11　　　　　　上海市妇女教养所职员、工友名册（1949）

						职员		
序号	姓名	年龄	性别	学历	原职	经历	现职	拟任工作
1	王起挺		男	大学毕业*	所长		所长	
2	朱薰南	35	男	大学毕业	教育组长	小学教员、法院记录	事务组长	原职
3	童叔璋	33	男	高中毕业	事务组长	税局助理员等职	事务组长	最好调动，留用原职也可
4	蔡仲寰	42	女	医学院毕业	卫生组长		卫生组长	
5	徐蕴馨	21	女	专科肄业	会计员		会计员	原职
6	夏振华	31	男	大学毕业	组员	中学教员	员工难胞人事编统兼教书	原职

续表

职员								
序号	姓名	年龄	性别	学历	原职	经历	现职	拟任工作
7	鲁露	29	女	中学毕业		政治指导员	中队长兼教书	原职
8	徐传薇	23	女	大学肄业		邮汇局会计	中队附兼收发核对档案保管	原职
9	黄妙生	26	男	中学毕业	组员		家具保管协办产务	原职
10	张虞宾	37	女	中学毕业		小学教员	分队长兼生产管理	最好调动
11	沈柱中	34	女	高中毕业		文书干事等职	出纳	原职
12	李组侠	56	女	体育学校毕业		中学教员	分队长兼生产管理	原职
13	缪素行	36	女	中学毕业		救济会雇员	厨房水电管理及环境卫生	原职
14	潘恒颐	26	女	中学毕业	组员	货物税局雇员	分队长兼教书	原职
15	季德美	35	女	专校毕业		医生及护士	外科及检查保健工作	不调时望派医生来
16	朱春荣	32	男	初中毕业		文书	文书	原职
工友								
1	项福康		男				给养保管	保管被服
2	陈绍钫		男				庶务及被服保管	保管粮秣
3	哈九皋		男				外勤	原职
4	刘金川		男				妇女厨房事务	原职
5	李国槐		男				修运清洁	原职

注：

1. 表1-10《上海市民政局留用职员文化程度统计表》（1950年1月）是在本表基础上编制而成，由于统计时间的不同，使得具体统计指标的设定，如"文化程度"一栏等信息存在差异。

2. 档案原件中无王起挺的学历记载，据其职务一栏信息，我们推测其受教育程度为大学毕业。

3. 本表显示旧职员人数为16人，而据"上海市民政局留用职员文化程度统计表"（1950年1月）中所载，本部门旧职员人数为17人。

资料来源：本表根据《政务接管会关于总务部门接收总结旧职员情况福利救济部门福利接管组接收旧人员名册》内容编制，资料号：上海市档案馆B168-1-384，1949年。

由于统计时间不同，制表人在统计旧职员的"学历"时，对于具体统计指标的设定，也就存在了一定的差异。如表1-11中出现了"初中""中学""高中""体育学校""专校""高商""医学院""大学肄业""专科肄业""医学院"共10个分类标准，而1950年1月所发"上海市民政局留用职员文化程度统计表"中，却将旧职员的学历仅仅分为"大学""高中""初中"以及"小学"4个门类。但这并不妨碍我们做进一步的推理和分析。

表1-11所载21名旧职员与旧工友（其中旧职员为16名，旧工友5人）中，大学毕业的有3人，大学肄业、医学院毕业的各有1人，我们可将其大体全部归入大学文化程度；而其他项目均暂且将其视为"中学"文化程度。以上16名旧职员于民国时期，基本上都曾有过体面的职业和令人艳羡的经历，这与其受教育背景是密不可分的；而"学历""经历"栏目处于空白，"现职""拟任工作"均为"庶务及被服保管""外勤""妇女厨房事务""修运清洁""保管被服""保管粮秣"等闲杂工种者，据推测，基本都是未接受过良好教育，仅被称之为"工友"的勤杂人员。

事实上，良好的教育背景不仅仅是民国时期下层人士跃至中层、中层人士跻身上层之列的必备素质和敲门砖，更是新生政权初建之时，初掌政权的中国共产党在决定留用还是遣返旧职员时所考虑的一个极为重要因素。如《华东局关于接管江南城市的指示》（1949年4月1日）中就明确指出：对国民党政权机关人员及军事后方机关人员，凡有一技之长，而无显著反动行为或严重劣迹者，需经过集中训练审查改造后可以分别录用。[1] 而对于那些不仅仅只是拥有"一技之长"，还有着极好教育背景，在相关领域具有重要影响力的旧职员，中国共产党更是如获至宝，不遗余力，竭力争取。如新中国成立之前，党中央高度重视，地下党极尽全力策反"资源委员会人员起义"，此举使东北有小丰满水电站，西南有西康铅锌矿，华南有海南的石碌铁矿；总公司及分公司百余处，企业单位约1000个，熟练工人30万，技术人员数千，其中留学国外的3000人的资源委员会，能够公然违抗蒋介石命令，留在宁沪两地，等待解放[2]。

---

① 《华东局关于接管江南城市的指示》（1949年4月1日），载于中共上海市委党史研究室、上海市档案馆编《接管上海》（上卷），中国广播电视出版社1993年版，第6页。

② 季崇威：《策划资源委员会人员起义并接管情况》，载于中共上海市委党史研究室编《接管上海》（下卷），中国广播电视出版社1993年版，第143页。

客观来讲，人才，尤其是优秀人才的匮乏，是中国共产党在新中国成立之初面临的一个极为重要的难题。"攻城易，而守城难"，能否治理好上海这座国际大都市，从美国、莫斯科、中国香港再到中国台湾，几乎全球人士的眼光同时聚焦在了中国共产党身上，而争取"有智之士"就成了中国共产党壮大自身实力、战胜困难的一项重要举措。

除了人才匮乏之外，还与中国共产党初建政权时，重视知识、重视人才分不开。这些受过教育的旧职员有着自己的价值观与政治立场，这是日后中国共产党争取他们进行宣传教育与形成政治认同的重要基础。倾向文明民主与进步是他们认识政治，最终认同共产党，走向社会主义的原因！站在今天，追忆往日，新中国成立之初的共产党正是因为得到了荟萃于政治、经济、文化界各个方面精英人士的鼎力相助，才赢得了更为广泛的政治声誉，今天的上海也才得以散发出如此绚烂多姿的光芒。

3. 政治立场

在邓小平看来，"政治是国内外阶级斗争的大局"①，而政治立场就是关乎这个大局的根本立足点。从现阶段来讲，坚定政治立场就是要拥护党的政策、方针，维护党的根本利益，爱国爱民。这既是坚定正确政治立场的基本出发点，也是马克思主义世界观、人生观的支撑点。1949 年 5 月上海解放，初建政权的共产党面临的首要任务就是巩固政权，恢复经济秩序、社会秩序，而欲达到此目标，了解与摸清广大旧职员的政治立场尤为重要。

总体上讲，旧职员的良知与个人的政治观对于他们了解与认知新中国成立初期的中国共产党有着很大的影响：一方面，倾向民主自由，反对帝国主义、封建主义的压迫，认同共产党主张；另一方面，受过去宣传影响，尤其是自己所处的地位与利益关系等，对共产党的没收地主土地与官僚资本等政策不理解、不认同。具体而言，不同行业、不同层级的旧职员，其政治立场是存在着一定差异的。

第一，文教系统。

中小学教员情绪高涨，拥护共产党的领导，对于他们而言，最为关心

---

① 《邓小平文选》（第二卷），人民出版社 1994 年版，第 179 页。

的是个人生计问题，因此普遍要求尽快提高待遇①。但是，他们对于我党"全盘接收，予以留用"旧人员甚至旧官僚的宽大政策表现出费解与蔑视，嫌弃我党过于宽大，要求严厉惩办反动教员。如有人认为上海解放之后一年多，币值稳定，工商业复苏，而匪特猖獗如故，是和"宽大超过了限度"有关系的。将怙恶不悛的人当作旧人员而"包下来"不动，太不合情理②。

　　而对大学里的教授和普通教员而言，他们在对共产党表现出同情、钦佩的同时，也显露出游移不定的一面。如大学校长、各研究员等通过新旧政府的对比，痛恨国民党反动统治，向往新生政权，但基于其个人利益的现实考虑，又惧怕共产党的改造政策，担心旧制度的变革会使个人利益受损③。

　　再有技术人员，如工程师等，嫌弃共产党接管人员没文化、水平低，对共产党的政策表示怀疑。新闻、出版行业，尤其是"左翼"文化人，则情绪高昂，支持共产党，迫切要求进行改革④。

　　第二，工业、商业等领域。

　　工商业中的上层职员，如：厂长、经理等，认为共产党的政策贤明，措施得当，拥护共产党"恢复生产，劳资两利"等基本方针、政策，愿意接受改造。如盛丕华说："这下我们都是'股东'，共产党是'经理'了。这个'经理'是可以相信的，他没有吃过败仗。这种做法叫作共产党保你赚钱。"⑤但当资金、原料、销路、外汇等方面所遇困难时，又表现强烈的悲观情绪。除此以外，他们普遍惧怕劳资纠纷⑥。对于中下层普通职员而言，个人生计是其最为关注的问题，他们要求改善待遇，惩办资

---

　　① 《中共上海市委关于进入上海十四天工作情况向中央的报告》（1949年6月10日），载于上海市档案馆编《上海解放》（中），中国档案出版社2009年版，第233—234页。

　　② 李干：《再论"宽大"》，《新民晚报》1950年7月30日第2版。

　　③ 《中共上海市委关于进入上海十四天工作情况向中央的报告》（1949年6月10日），载于上海市档案馆编《上海解放》（中），中国档案出版社2009年版，第234页。

　　④ 同上。

　　⑤ 《60年十大经济事件解密：三大改造时期的资本家》，《三联生活周刊》2009年9月3日。

　　⑥ 《中共上海市委关于进入上海十四天工作情况向中央的报告》（1949年6月10日），载于上海市档案馆编《上海解放》（中），中国档案出版社2009年版，第234页。

本家。总体而言，他们对共产党的政策是比较支持的。

第三，政府部门。

市府和各级国家机关旧职员，一般情绪不高，对共产党采取观望态度①。

三　分层透视：旧职员的政治面貌及其经济、思想状况

（一）旧职员群体阶层划分

根据社会分层理论，按照旧职员于新中国成立之前，即原国民政府统治时期，其所拥有的经济、政治、文化等方面的资源，可将其大致分为上层、中层、下层三个等级。

第一，上层。作为中产阶级的上层，他们所拥有的经济、政治、社会等各项重要资源都较为丰富。他们大多来自家境殷实的士绅家庭，接受过良好的新式高等教育，多为大学毕业生，还有不少留学生。以大夏大学和银行业上层职员的受教育程度为例。

在大夏大学，"据1946年第一学期的教职员名录显示：学校从校长到各学院院长和各系主任共21人，除1人为本校毕业生外，其余均为美国和日本大学的毕业生"②；在银行业，大多业内精英都有过海外留学经历：如，中国银行总经理张嘉璈留学于日本应庆大学，新华银行总经理谈荔孙毕业于东京高等商业学校，浙江事业银行总书记、上海分行总经理陈朵如毕业于日本山口高等商业学校，浙江兴业银行常务董事兼总经理徐新六曾在英国伯明翰大学、维多利亚大学、法国巴黎政治学院学习，浙江事业银行董事长李铭毕业于日本山口高等商业学校，交通银行上海分行经理钱兴之曾在日本山口高等商业学校进修，新华银行总经理王志莘留学美国哥伦比亚大学，盐业银行总经理吴鼎昌就读于东京高等商业学校，金城银行总经理周作民曾在京都第三高等学校受过教育，等等。他们共同构成了20世纪二三十年代华资银行界的中坚力量③。尽

---

① 《中共上海市委关于进入上海十四天工作情况向中央的报告》（1949年6月10日），载于上海市档案馆编《上海解放》（中），中国档案出版社2009年版，第234页。

② 连连：《萌生：1949年前的上海中产阶级——一项历史社会学的考察》，中国大百科全书出版社2009年版，第242页。

③ 何益忠：《归国留学生与上海华资银行业的进步》，《史林》2000年第3期，第93页。

管这些金融业、银行界的翘楚在银行有一定股份，但因其在银行业的地位和作用是凭借其经理人的管理和经营才能，而非投资，所以我们将其看作真正意义上的职业经理①。

　　一般而言，上层职员拥有令人艳羡的职业、较高的薪资收入、良好的社会声誉和较高的社会地位。"市政府的局长、秘书长、参事，企业、公司、银行及商业系统中的厂长、总工程师、经理等高级职员，大学校长、教授、报社主笔、著名律师、会计师应属于上层，其职务或地位在同行中为最高级别，月收入至少在 200 元以上，其中一些人处于向社会最上层的精英阶层过渡的位置"②。在现实生活中，上层职员大都积极追求独立的人格，具有理性判断是非的自我标准，充满着强烈的敬业精神与能效感，表现出较高的自律、自尊、自爱、自强、自立的社会品行。

　　第二，中层。与上层职员相比，位于中层之列的职员所拥有的各项重要社会资源均较为逊色。从出身来看，他们一般多来自地主、富农或小业主等传统小资产阶级家庭；从受教育程度来看，他们大多接受的是中等教育，整体而言，教育程度相当有限。如民族资本主义企业中的职员，初中及以上毕业的居多，与之相仿，银行业、洋行内的一般职员也是多以接受中等教育为主③，上海邮局职员也多在中等以上文化程度④。

　　"仪容整洁、态度和蔼、职业道德、服从上级、遵守规则、不管闲事、办事敏捷、讲究效率"是他们的真实写照。身处不占有生产资料的被雇用地位，他们珍惜来之不易的工作机会，求得稳定是他们的普遍心态。一般而言，处于社会动荡时期时，他们多不愿介入是非纠

---

　　①　法国学者白吉尔认为：陈光甫、张嘉璈、钱永铭等人作为金融机构的高级职员和管理者，为上海推行现代银行的经营方式做出了贡献。他们在上海工商界所具有的声誉，主要来自他们个人的品格，以及由他们支配的资金数额，而不是他们本人的财富。所以说，他们是经营者，而不是投资者。详见［法］白吉尔《中国资产阶级的黄金时代（1911—1937）》，张富强、徐世芬译，上海人民出版社 1994 年版，第 164 页。

　　②　连连：《萌生：1949 年前的上海中产阶级——一项历史社会学的考察》，中国大百科全书出版社 2009 年版，第 176—177 页。

　　③　江文君：《近代上海职员生活史》，上海辞书出版社 2011 年版，第 72 页。

　　④　忻平：《从上海发现历史——现代化进程中的上海人及其社会生活》（1927—1937），上海人民出版社 1996 年版，第 127 页。

纷的旋涡之中，洁身自好、明哲保身是他们的行为取向。尽管有较为明确的自我评判标准与价值准绳，但在政治民主还未充分体现时，他们宁愿选择沉默。①"市政府中的科长、一等科员、二等科员，企业、公司、银行中的中级职员，工程师，大学讲师，中小学校长，部分中学教师，编辑主任等都是中层职员的典型代表。其职务和收入都处于行业的中等地位，收入一般在 80—200 元"②。

　　第三，下层。在职员中处于下层的主要是各个行业末端的一些人，一般由以下几类人组成："市政府中的三等科员，办事员，雇员，企业、公司及银行的普通职员，商业系统的普通职员，小学教师，打字员，练习生等，月收入大约在 20—80 元。这部分人构成了职员的大多数。"③顺从、忍耐、非独立、非进取的依附品格是其最典型的特征。20 世纪 30 年代洪琛谈到上海许多大饭店中的职员奉命唯谨，一切唯老板与顾客之命是从，被训练得已没有任何是非观念时，形象刻画出了下层职员的标准形象：

　　　　他们"不许做三件事：第一，客人在房里谈话的时候，无论谈得声音多么响，侍应生不许听见；第二，客人们在饮酒吃饭说笑话的时候，无论说得怎样发噱，侍应生在桌后不许发笑；第三，侍应生不许为旅客们寻异性伴侣，但如果一个男客领着他们'太太'来住宿，侍应生不许记得这位客人的'太太'，在不同的日子会有不同的面貌"④。

　　一般而言，下层职员受教育程度不高，拥有少的可怜，甚至几乎没有任何重要的资源。"以微薄的薪资，供家庭的费用，物价年年增长，薪给

---

　　① 忻平：《从上海发现历史——现代化进程中的上海人及其社会生活》（1927—1937），上海人民出版社 1996 年版，第 128 页。

　　② 连连：《萌生：1949 年前的上海中产阶级———项历史社会学的考察》，中国大百科全书出版社 2009 年版，第 177 页。

　　③ 同上。

　　④ 洪琛：《大饭店——上海地方生活素描之三》，《良友》（画报），1935 年第 11 期，第 34 页。转引自忻平《从上海发现历史——现代化进程中的上海人及其社会生活》（1927—1937），上海人民出版社 1996 年版，第 129 页。

往往须数年一增，偶与此辈倾谈，便见叫苦不迭"①。其地位和小手工业者不相上下，劳动条件和生活情况接近于工人。作为被雇用者，他们同情同样处于被雇用地位的工人，然因其知识、教养、技能、地位又明显高于工人，他们又轻视工人，所以当发生劳资纠纷，涉及个人利益时，他们就会偏向资方②。造成这种局面的原因除了职业地位和社会地位所导致的阶级区别外，更重要的还是来自职业生存环境的压力以及个体的无自主性状态。实际上，在我国，相对于工人而言，职员与资本家之间的封建关系明显密切且浓厚得多，以致经济上的统治者，容易把工人与职员划分开来，以便驾驭职员去统治工人，这足以加深工人与职员间的距离和矛盾。因此，在很多工人眼里，职员就是资本家压迫工人的工具。③ 于是，"在企业中工人群众尚未发动，中、高级职员仍占传统重要地位时，他们的多数是追随高、中级职员"④。但总体而言，由于备受压迫，生活艰辛，他们迫切希望改变现状，所以极易接受革命宣传。

（二）新中国成立初期旧职员的经济、政治及其思想状况

1. 经济情况

由于长期处于帝国主义、封建主义及官僚资本主义的统治之下，旧中国的经济已日益逼近崩溃边缘，而国民党反动政府的恶意搜刮与通货膨胀则最终使这种崩溃成为现实。从 1937 年抗日战争爆发到 1949 年蒋介石政府垮台仅仅 12 年间，国民政府通货发行量膨胀了 1445 亿多倍⑤。新中国成立之初的上海，主要生活必需品，更是在短短一个月内就疯涨数十倍。以 1949 年 4 月时上海市公务员生活必需品的零售价格为例（见表 1-12）。

---

① 《中国社会各阶级的分析》（1925 年 12 月 1 日），《毛泽东选集》（第一卷），人民出版社 1991 年版，第 7 页。

② 忻平：《从上海发现历史——现代化进程中的上海人及其社会生活》（1927—1937），上海人民出版社 1996 年版，第 128—121 页。

③ 连连：《萌生：1949 年前的上海中产阶级——一项历史社会学的考察》，中国大百科全书出版社 2009 年版，第 323 页。

④ 陈云：《正确处理新接收企业中的职员问题》（1948 年 8 月 1 日），《陈云文选》（第一卷），人民出版社 1995 年版，第 353 页。

⑤ 中国科学院上海经济研究所、上海社会科学院经济研究所：《上海解放前后物价资料汇编》（1921—1957），上海人民出版社 1958 年版，第 50 页。

表 1-12　　　上海市公务员生活必需品的零售价格（1949 年 4 月）

品名	花色牌号	单位	4 月各旬的平均价格（元）			三旬平均（元）
			五日	十五日	二十五日	
房租		间	48253999	48253999	48253999	48253999
呢鞋	中式男鞋	双	39000	100000	660000	266333.33
猪肉	五花	市斤	11500	26000	170000	69166.6
理发	正甲　副乙	次	6000	18000	75000	33000
洗衣	中衫裤褂一套	套	3350	9000	60000	24116.67
白细布	12 磅	市尺	2150	8500	31000	13883.33
肥皂	固本	块	2000	8250	41000	17083.33
盐	粗	市斤	800	3000	40000	14600
蔬菜		市斤	625	3000	20000	7875
鸡蛋	中双	个	550	1650	16000	6060.67
自来水		挑	68.43	304.40	3771.16	1381.33

资料来源：《上海市公务员生活必需品物价零售物价表》（1949 年），上海档案馆藏，资料号：Q1-18-477-18。

从表 1-12 可以看出，仅仅一个月内，所有生活必需品价格都有大幅上涨，除了房租以外，几乎所有商品的价格涨幅都达到了两位数，大致在 10—50 倍，有的甚至出现了一日数涨，一涨数倍的狂乱、畸形局面。物价的混乱进一步引起投机倒把盛行，生产事业停滞，人民生活破败不堪，社会秩序失调，全民陷入极度混乱之中。

在物价暴涨的大环境下，工资政策的调整却未能及时跟进，由此导致职员的生活境遇每况愈下，以市政府工作人员为例，至新中国成立前，薪俸甚薄，"局长级月薪折实合两石四斗米最高，小职员月薪折实竟至八斗米，伪政府此种待遇，已使大多数旧人员生活在饥饿状态"[1]。为了更加真切、深刻地了解不同层级旧职员于新中国成立初期的生活境况，我们以上海市商品检验局职员的工资水平为参考，做一简要分析（见表 1-13）。

---

[1] 《上海市军管会对原伪市府旧人员处理的办法》（1949 年 6 月 29 日），上海市档案馆，资料号：B1-1-20-1。

表 1-13　　　　　　　　上海市商品检验局各级职员工资收入比较

时间	高级职员		中级职员		低级职员		备注
	金额	折中白粳米	金额	折中白粳米	金额	折中白粳米	
1946 年 6 月	伪法币 239.042 元	708 斤	伪法币 118.508 元	351 斤	伪法币 97.575 元	289 斤	
1949 年 1—3 月	伪金圆券 127.488 元	384 斤	伪金圆券 104.912 元	316 斤	伪金圆券 78.020 元	235 斤	

注：

1. 高级职工系以最高职位技正为例，其工资收入为高工资中具有代表性者；中级职工系以技佐为例，其工资收入为中级工资中具有代表性者；低级职工系以技工中之较高工资为例，在低级工资中具有代表性者。

2. 1946 年工资数包括工资、生活补助费、福利费、年终奖金、中饭津贴，计算方法如下：

A. 工资：即底薪，固定不变；

B. 生活补助费：职员按底薪×380 倍+补助基数，计 XX70，000-（折合中白粳米 207 斤）；工人按 X2，000-（伪法币约折合中白粳米 124 斤）；

C. 福利费及年终奖金：系出售生丝×所得每月约计 1，766，667-；

D. 中饭津贴：职工津贴伙食费约计一餐之半数，每人每月约计折中白粳米 16 斤。

3. 1949 年工资数包括工资、米、煤、油、糖、盐、交通车接送、中饭津贴，计算方法如下：

A. 工资：系以教人员生活指数计算，即底薪折合基数计算的方法，如下例：

一月份：15［60 元+20/100（60 元至 300 元）+10/100×300 元］

二月份：75［60 元+20/100（60 元至 300 元）+20/100×300 元］

三月份：2700［60 元+20/100（60 元至 300 元）+10/100×380 元］；

B. 米、煤、油、糖、盐：系实物补贴，约计平均每人每月折中白粳米 120 斤；

C. 交通车：每日上、下班接送，约计平均每人每月折中白粳米 34 斤；

D. 中饭津贴：每月约合折中白粳米 34 斤。

4. 1949 年系按每月中旬规定之公教人员指数计算工资，而当发薪时所领数较当日物价已低很多倍，故 1949 年折合米量出入很大，颇不正确。

资料来源：《上海海运管理局关于留用人员人数变化情况及各个历史时期职工收支情况的资料》，资料号：上海市档案馆，B6-2-104-380。

从表 1-13 可以看出，1946 年 6 月，高级职员的工资收入可购白粳米 708 斤，中级职员的薪金可购白粳米 351 斤，低级职员可购白粳米 289 斤。而 1949 年 1—3 月间，他们的月收入可购的白粳米分别为 384 斤、316 斤、235 斤。连年上涨的物价对所有职员的生活都产生了很大影响，至上海解放前夕，广大职员群体，哪怕是收入最高的高级职员，都已很难维持基本生计。

2. 政治面貌

新中国成立之初，留守上海的旧职员情况非常复杂。从上层职员，如政府要员、公司、银行总经理，到中层职员，如普通公务员，大、中、小学教师，再到下层职员，既有国民党党棍、特务，亦有保持中立态度、徘徊动摇、时刻处于观望姿态者，当然也不乏真诚欢迎、支持共产党的"有识之士"。但总体来讲，还是后两种居多，正因如此，他们选择了留守原职，静候接收。从政治成分来看，这些人并不复杂。以政务系统所属市府秘书处、地震局、工务局旧职员参加国民党与三青团的情况为例（见表1-14）。

表1-14　　上海市政务系统旧职员参加国民党与"三青团"的
情况一览（1949）

部门	接收职员总数（人）	参加国民党与三青团人数（人）	所占总人数百分比（%）
市府秘书处	73	25	34
地震局	963	178	18
工务局	1088	107	10

资料来源：《中国人民解放军上海市军事管制委员会关于原市府旧人员处理办法》（1949年6月29日），上海市档案馆，资料号：B1-1-20-1。

据表1-14可知：市府秘书处被接收的73人中，有25人参加了反动党团，约占接收总数的34%；地震局被接收的963人中，反动党团分子有178人，约占接收总数的18%；而工务局被接收的1088人中，参加反动党团的人数为107人，约占总人数的10%[1]。

还可以1952年知识分子思想改造时，上海部分高校教员的政治情况为例，略做分析。

---

[1] 《上海市军管会对原伪市府旧人员处理的办法》（1949年6月29日），上海市档案馆，资料号：B1-1-20-1。

表 1-15 　　　　　　　　上海部分高校教员政治情况一览（1952）　　　　　　单位：人

上海学院教职员政治情况			
项目	合计	职较高	职较低	备注
总计	27	14	13	
国民党	10	2	8	
"三青团"				
中统	4	2	2	
军统				
伪警	1	1		该校教职员共计93人
伪政权	10	9	1	
反动军	1		1	
反动社团				
嫌（疑）	1			
受反动训练				

同德医学院教职员政治情况			
项目	合计	职较高	职较低	备注
总计	2	1	1	
国民党	2	1	1	该校教职员共计46人
"三青团"				

中华工商教职员政治情况			
项目	合计	职较高	职较低	备注
总计	7	3	3	
国民党	5	2	3	
"三青团"				
伪政权	1	1		该校教职员共计91人
特外围				
嫌（疑）	1			

续表

上海美专教职员政治情况			
项目	合计	职较高	职较低	备注
总计	7	1	3	
国民党	3		3	
反动军				该校教职员共计 37 人
民社党	1	1		
嫌（疑）	3			

注：

1. 本统计是根据华东公安部转来材料，参考华东教育部保存材料以及各校党团支部所了解的材料编制而成的。

2. 以上统计是一人以一职统计，如果一人兼参加数种反动组织者，则根据特务重于党团、党团重于军警、军警又重于一般的原则，择其主要一种统计。

3. 职位较高与职位较低之区别标准，大体如下：

国民党区分部委员以上反动军连长以上；

"三青团"区队长以上反动警巡官以上；

特务组长等以上。

资料来源：《上海学院区学习委员会办公室填报的教职员工人员概况表》（1952 年），上海市档案馆资料号：A26-2-172。

　　新中国成立时，留在上海高校的一些教员曾经参加过国民党组织的各种反动团组织，从上海学院、同德医学院、中华工商教职员、上海美专教职员的政治情况来看：上海学院教员参与反动党团的人数是 27 人，占到该校教员总数 93 人的 29%；同德医学院参与反动党团组织的教员为 2 人，占该校教师总数 46 人的 4%；中华工商教员中参与反动党团及活动的有 7 人，占该校教员总数 91 人的 8%；上海美专教员中参加反动党团的有 7 人，占该校教员总数 37 人的 19%。尽管某些教员同时参加过多个反动组织，如"上海学院教授方秋韦参加复兴社、国民党、中国民主进步同盟（军统控制）、中华××社、亚东协会等五种组织，王白云教授参加国民党、革命××（核心组织）、三一学社及文教性质的反动组织××等"①，但总体而言，该群体的政治情况并不复杂。

---

① 《上海学院区学习委员会办公室填报的教职员工人员概况表》（1952 年），上海市档案馆，资料号：A26-2-172-74。

笔者认为，一般情况下，政府部门"党员"人数较多，这是因为"纯正的党性修养"是其步入政界的首要条件；相对来讲，专门技术性的岗位对"党性修养"的要求，似乎比政务部门就低了一些。这正好印证了《上海市军事管制委员会关于原市府旧人员处理办法》中"一般说来，行政部分公开的党团员多些，而技术管理部分公开的党团员较少"① 的说法。

3. 思想动态

新旧政权交替之际，面临剧烈的社会转型，旧职员的思想、心理也遭遇了极大的震荡，由于所处地位、身份、阶层及个人经历不同，其思想、心理呈现了不同的变化轨迹，但大体来讲，主要有以下三种类型。

第一，欢欣雀跃型。一般而言，持这种心态的人多为下层职员和上层职员中的开明、爱国志士。对于下层职员而言，由于长期以来在国民党反动统治下惨遭迫害，备受压抑和剥削，生活极为困顿。新旧政权交替之际，他们更多地认为，自己是无产阶级，共产党的到来，能够解放他们。因此，上海解放，人民解放军进城之时，他们表现出了莫大的兴奋、激动与欢欣鼓舞。如新闸路 374 号大顺合南货号的小职员沈鸿良，于 1949 年 5 月 25 日当天，冒着违反店规被开除的危险，置路上的混乱与空中的枪子和炮弹于不顾，极为兴奋，非常愉快地从晒台上跑出来参加了人民保安队，紧张地工作了四天②。在随后的接管工作中，这部分人也比较配合，不仅积极造册，静候接收，而且在财产清点过程中，还主动帮助共产党，查获了很多敌特人员隐匿的宝贵物资。

除了下级职员，在上层职员中，那些长期以来为新中国的建立执着求索，呕心沥血的部分开明之士也表现出了非常激动、兴奋无比的心情。另有部分痛恨国民党腐朽统治，渴望在新政权下有所作为的爱国志士，当面临困难重重、物资奇缺的现实境遇时，依然执着、乐观，坚守信念，期待为新政权的建立、祖国的强盛富强鞠躬尽瘁，贡献一己之力。如在争取全国资源委员会系统时，很多高级技术人员诚恳地告诉我方接管人员"如果在国民党统治下，他们对现有物质待遇亦不满足，但

---

① 《上海市军管会对原伪市府旧人员处理的办法》（1949 年 6 月 29 日），上海市档案馆，资料号：B1-1-20-1。

② 《关于店主开除职员的书简往还》，《解放日报》1949 年 6 月 2 日。

在新政权之下即使再把生活降低些，敢担保大多数技术人员是不会有意见的"①。

　　第二，惊慌恐惧型。抱以此种心态的人，多为过去曾任职于国民政府政务系统，尤其是警务、法院等"敏感"部门的普通职员，他们多位于中层职员之列。另有部分文教、财经系统的职员，尤其是过去与国民党往来密切，或是上层职员也是如此。败退台湾之际，蒋介石将与其关系极为密切的大批上层职员一并带走；罪孽深重，自知难以保全，但"资源丰富"的少数敌特分子纷纷自寻出路；而对于大多曾任职于国民党"敏感"部门，如警察、法院等，却被蒋介石"抛弃"，对苦于仅凭一己之力难以寻到"救命稻草"的普通职员来讲，貌似留守大陆，等待"处置"则成了最为明智之举，当然，与选择留守相伴的，则是他们内心的各种怀疑、不安、焦虑与恐惧心理。

　　如上海解放初期，各级警员情绪，皆惶惶不安，"北四川分局警员谣传：'南京警察已集中起来送前方充当炮灰，丹阳警察受思想训，每日只给两碗稀饭吃'，北站分局警员则怀疑'共产党来了做事也不自由，女的做工，小孩进至托儿所，迫使全家分散，不能见面……'。新城分局警员则害怕'共产［党］把警察当英美走狗，一定会杀掉……录用是假的'，并普遍怀疑我宽大政策，巡官以上怕受惩处"②。

　　除了因曾任职于原国民政府"敏感部门"，而心虚、焦虑、惶惶不可终日之旧警员外，与国民党党团有密切联系之大、中、小学校长或负责人也大都如此，怕算旧账，更怕丢了饭碗，故无法安心做事，遂纷纷前去高教处请求速派人员去接管，经接管人员耐心解释，才开始返校安心主持校务了，如复旦的章益、同济的夏坚白、交大的王之卓等，都曾一度离校尔后复归③。

　　银行系统部分旧职员也因曾与国民政府有过千丝万缕的联系，而行事谨小慎微。据时任上海军管会金融处成员，参与接管国民党中央银行，随

　　①　《重工业处关于四十天来接管工作初步总结》（1949 年 7 月 6 日），载于中共上海市委党史研究室、上海市档案馆编《接管上海》（上卷），中国广播电视出版社 1993 年版，第 258 页。

　　②　《上海市军管会公安部关于接管工作的总结报告》（1949 年 6 月 30 日），载于上海市档案馆编《上海解放》（中），中国档案出版社 2009 年版，第 283 页。

　　③　《上海市军管会文化教育委员会一周接管工作综合报告》（1949 年 6 月 4 日），载于上海市档案馆编《上海解放》（中），中国档案出版社 2009 年版，第 378 页。

后在新成立的中国人民银行工作过的徐达夫先生的一段回忆：

> 银行中更多的则是原国民党政府的留用人员，他们都是大学生。我们和这些人的关系是解放、被解放关系，一开始他们看到我们很是拘谨，一副毕恭毕敬的样子。每次开会讨论，往往请我们这些解放区来的同志首先发言，他们再跟着说几句话。①

另有部分职员因听信小人之谣言而逃避现实，脱离群众，顾虑动摇，因循消极者亦不在少数。如："消防总队中央区队集会听待接管时，三等通讯警员顾××，虽然鼓足勇气读了'约法八章'，事后又懊丧万分，恐怕蒋匪会卷土重来。杨浦区队邱××，看到匪机来上海轰炸，认为蒋匪还有'反攻的能力'。有些人则一面协助接管，一面又心怀鬼胎，怕被一脚踢开，而准备自谋出路。有些人则因为自己过去犯有过错，怕被追究，而图辞职。"②

第三，徘徊观望型。一般而言，中、下层职员多持有此种心态。

实际上，新中国成立之初的上海，大多数职员还是属于"徘徊"与"观望"型的。新中国成立之时，因"长期备受压迫、盘剥"而"欢欣雀跃"迎接共产党入城或"罪大至极、穷凶极恶"而倍感惶惶不可终日之人，毕竟只是少数，究其原因，这既与新中国成立之初，"留守"上海的职员大多为该群体的中层或较偏下层，他们本身尚不足以与"罪大恶极"有关；也与该群体对共产党知之甚少，甚至可以说极其陌生脱不了关系。长期以来，共产党都是在农村开展革命，最终虽形成了星火燎原之势，但在城市，尤其是上海这般国际大都市，他们对大多数职员而言，还是非常陌生的。

对于普通老百姓而言，个人利益、生计问题是其关注的首要问题，因此，他们此时的这种"徘徊与观望"既是出于"视情况而定""识时务者为俊杰"的考虑，也是紧急环境之下所做出的一种无奈之举。当然，对于身怀"一技之长"，曾被称为"长衫阶级"的旧职员而言，这种"徘徊

---

① 徐达夫口述，徐其立、杨华国、徐有威整理《山东小八路眼中的大上海》，《解放日报》2014年6月24日第9版。

② 曹锡珍：《火烛小心　解放后本市消防工作》，《文汇报》1950年1月10日第4版。

与观望"还隐匿了一层"等着瞧""看笑话"的意味于其中。由于知识分子特有的清高心理作祟，他们往往看不起因常年穿梭于崇山峻岭之间匆忙行军，经常遭遇炮火洗礼而浑身散发着浓郁"乡土气息"的解放军战士；在有着极强优越感的旧职员来看，共产党干部不仅"土得掉渣""无知识""缺技术""水准低"，而且与上海这座充满现代化气息的摩登城市格格不入，更无须相信他们有能力治理好这座城市，因此，情不自禁地表现出冷淡，甚至是傲慢、自大情绪，如浦东电信局的少数职员，对解放军同志在言语上和态度上的表现①。在他们看来，一切只需等待，静观其变。

四　上海旧职员群体特征

第一，复杂性与非同质性。这种复杂性与非同质性，主要表现在以下三个方面。

首先，行业分布广泛，但不均衡。通过上文"新中国成立初期上海职员行业分布情况一览"（见表 1-6）可以看出，旧人员广泛分布在商业，工业，国家机关，交通运输业，教育、文化、卫生社会事业，建筑行业等行业中，但其行业分布是非常不均衡的。如商业从业人数占到旧职员总数的 74%，建筑行业从业人数仅仅占旧职员总数的 0.3%。其次，性别结构极其不合理。仍以上文"新中国成立初期上海职员行业分布情况一览"为例，1950 年，男性职员有 491896 人，约占职员总数 512861 人的95.9%，而女性职员有 20965 人，仅占该群体总数的 4.1%。关于新中国成立初期旧职员性别结构严重失衡的情况，还可从 20 世纪 50 年代民政局、中国银行学校以及上海、新民、联昱、廉昌、和生、张兴记等共计20 家企业资方代理人的性别构成情况看出。

表 1-16　　　　　新中国成立初期部分行业职员性别
结构一览（20 世纪 50 年代）

行业	人数（人）			男女比例（%）		年份	备注
	男	女	合计	男	女		
民政局	1361	142	1503	90.55	9.45	1950	
中国银行学校	100	14	114	87.72	12.28	1955	

---

① 贵生：《对解放军不应傲慢》，《解放日报》1949 年 6 月 21 日。

续表

行业	人数（人）			男女比例（%）		年份	备注
	男	女	合计	男	女		
企业	13	7	20	65.00	35.00	1955	

注：

表1-16中所指企业分别为"上海、新民、联旻、廉昌、和生、张兴记、同新昌、宇宙、洽顺锠、合兴、庞祥、胡顺兴、光华、立昇、公利、阜诚、邮舍、张记、公太、大成"，共计20个工厂。

资料来源：本表根据《上海市民政局关于留用职员一般情况统计表》（1950），资料号：B168-1-393-11；《中国人民银行上海银行学校教职工名册》（1955年3月21日），资料号：A28-2-63-1；"资方代理人概况表"（1955年），资料号：59-4-13改制而成。

如此悬殊的性别构成不仅与新中国成立初期上海市在业人口的性别分布情况呈现一致趋势[①]，也与民国时期职业人口的性别构成情况基本保持一致。这从一个侧面反映了长久以来中国妇女社会地位低下，所占资源，如教育资源等极为有限的事实。

最后，受教育程度参差不齐。职员群体是个边界模糊，较为松散的群体，因此，其成员的受教育水平具有较大的差异性。从所属层级来看，一般而言，上层职员，尤其是职员中的精英分子都接受过良好的教育，而中层职员一般接受中学教育，如高中教育比较普遍，而下层职员一般只接受过小学或初中教育。从所从事行业来看，一般情况下，文教系统等专门技术类行业，其从业者受教育水平整体最高。如：1950年，民政局所留用的1503名旧职员中，大学文化程度者有182人，高中文化程度者有574人，初中文化程度者有681人，小学文化程度者有66人。接受过以上各类教育的人数占民政局留用人员总数的比例分别为12%、38%、45%与4.4%[②]。而1952年，在大同大学任职的113名旧职员中，拥有博士学位的有8人，占总人数的7.08%；硕士学位的有17人，占总人数的15.04%；学士学位的为42人，占总人数的37.17%；40人有海外留学经

[①] 据1950年1月所公布的上海市在业人口统计表显示，当时男性占据绝对优势，约占就业人口总数的82%，女性仅占就业人口总数的18%。参见上海市人民政府秘书处编《1949年上海市综合统计》，上海市人民政府秘书处1950年版，第17页。

[②] 说明：原件没有具体日期，根据推算，大致为1950年1月。参见《上海市民政局关于旧职员处理情况统计表》（1950年1月），上海市档案馆，资料号：B168-1-393-15。

历，其中，留学美国有 30 人，英国 2 人，法国 1 人，日本 3 人，德国 3人，瑞士 1 人。[①]

第二，软弱性与依附性。

从阶级属性来看，职员属于小资产阶级的范畴。由于并非是一个独立的阶级，职员身上带有很强的依附性。与此相伴的，则是他们身上所凸显出来的软弱性与动摇性。"举起你的左手打倒帝国主义，举起你的右手打倒共产党"[②]，非常形象地刻画了这一群体的惶遽矛盾状态。因此，一般情况下，职员的政治态度都较为温和，他们通常不是独领风骚的政治家，而是渐进的改良者。对于旧职员而言，这种软弱性和妥协性则更主要地表现为：他们有自己的政治主张，反感国民党的腐败，有正义感，向往真理，公平正义，倾向中共的清新政治。但与此同时，又恐惧共产党。由于担心既得利益会受损，他们惧怕改造，反对公有制。于是，在矛盾与徘徊中，他们常常会陷入极度的郁闷与纠结之中。

正是他们所特有的软弱性与妥协性，决定了共产党必须运用柔性思想政治教育与刚性制度规约并重的方式，对其进行深入、彻底的教育、管理和改造，唯有如此，才有可能最大限度地争取他们，团结他们，为我所用，进而达到巩固政权、壮大自我的目标。

第二节　新政权面临的国际、国内形势及紧迫任务

一　美、苏两极格局的形成与新中国"一边倒"外交政策

第二次世界大战结束后，以雅尔塔体系为基础，世界形成了以美国为首的资本主义阵营和以苏联为首的社会主义阵营对立、僵持的局面。两大阵营尖锐对立的政治格局，及其背后所隐藏的意识形态领域的冲突与矛盾，在很大程度上更加坚定了新生政权加快社会整合、社会改造以及努力改造旧职员，获取其政治认同的决心。

---

① 《大同大学教职员文化程度统计表》（1952 年 6 月 3 日），上海市档案馆，资料号：A26-2-172。

② 《中国社会各阶级的分析》（1925 年 12 月 1 日），《毛泽东选集》（第一卷），人民出版社 1991 年版，第 4 页。

1. 冷战与结盟：东、西两大阵营资本主义与社会主义国家的对立

与因惨遭第二次世界大战破坏而政局动荡，经济衰败的欧洲、亚洲以及北非这些主要战场不同，美国大发战争财，于战争结束之时成为了雄踞资本主义世界之首的政治、经济、军事大国。据统计，第二次世界大战结束时，经济方面，世界黄金储备总量为 330 亿美元，美国约占其中的2/3，为 200 亿美元。军事方面，欧战结束之时，美国的武装部队人数高达 1200 多万人，海军规模已远远超过英国皇家海军，陆军也仅仅次于苏联，至 1947 年，美国已在海外拥有 484 个军事基地，此外，它还在第二次世界大战后初期垄断了世界的原子武器[①]。政治方面，美国成功将整个西欧纳入了自己的控制范围，一度高傲自大的日本也沦为其附庸……经济、军事、政治等各方面的强烈优势，使美国"情不自禁"滋生了"飘飘然的自我优越感"，并且非常乐观地认为"美国统治下的和平时代"已经到来[②]。伴随着强烈的"世界领袖"意识，其称霸全球的政治野心也随之急剧膨胀。

实际上，早在罗斯福执政期间，美国就开始设计并确立了全球称霸计划。为顺利实现该计划，美国积极发动成立了联合国、国际货币基金组织以及世界银行。这些组织的建立使美国雄霸世界的伟业有了重要的政治、经济"基石"，此后，美国正是依靠这两块基石，一步步走上了世界霸主的地位。如果将罗斯福称之为美国称霸世界宏伟蓝图的设计者，那么杜鲁门就是该计划不折不扣的实施者。1945 年 4 月 12 日，罗斯福病逝，杜鲁门继任美国总统。上台伊始，杜鲁门就不断强调"美国在世界上处于领导地位"，并加快推行称霸世界的战略部署，反复强化反对苏联的论调与政策。在此背景下，1946 年 2 月 22 日，美国驻苏代办乔治·凯南提出了完整"遏制"苏联理论，在他看来，"马克思主义理论是苏联维持国内'独裁制度'和同外部资本主义世界进行斗争的理论依据""美国必须继

---

① 参见保罗·肯尼迪《大国的兴衰——1500—2000 年的经济变迁与军事冲突》（中译本），求实出版社 1988 年版，第 439 页；《冷战世界历史长编》（1947），上海人民出版社 1977 年版，第 1 页；戴维·霍罗维茨：《美国冷战时期的外交政策》（中译本），上海人民出版社 1974 年版，第 63—64 页；乔治·马立昂：《美帝国主义的扩张》（中译本），世界知识出版社 1953 年版，第 16—17 页。

② 保罗·肯尼迪：《大国的兴衰——1500—2000 年的经济变迁与军事冲突》（中译本），求实出版社 1988 年版，第 439— 440 页。

续在政治舞台上将苏联当作对手，而不是伙伴"①。他的"遏制"理论对美国政府推行冷战策略以及杜鲁门主义的形成产生了重大影响。

希腊内战形势的发展为美国继续其扩张政策提供了有利契机，1947 年 5 月 22 日，《援助希腊、土耳其》法案签署，杜鲁门主义正式开始实施。为了全面推行杜鲁门主义，1947 年 6 月 5 日美国国务卿马歇尔于哈佛大学发表演说，公然抛出了"马歇尔计划"。1949 年 4 月 4 日，《北大西洋公约》于华盛顿签订，同年 8 月 24 日，公约正式生效。在"集体防御"和"维护北大西洋地区安全与和平"旗号的掩盖下，北约的成立不仅使美国加强了对西欧政治和军事的控制，而且使其遏制苏联的战略计划得以继续推进，至此，美国以欧洲为重点的全球战略部署已基本完成。

正当美国踌躇满志、大力推行其全球扩张政策时，在地缘政治、经济利益以及意识形态等方面，遭遇了强劲对手苏联的挑战。

第二次世界大战后的苏联，虽在经济方面逊于美国，但其政治、军事实力却不容小觑。它拥有着世界上最为强大的陆军；不仅收复了战争中的失地，还兼并了一些其他国家的领土，从而使其西部战略环境得以很大改善；为与西方分庭抗礼，它还成功将东欧诸国置于自己的势力范围。与此同时，由于在反法西斯战争中做出了卓越贡献及在此过程中所体现出的巨大能量，苏联在第二次世界大战后赢得了很高的国际威望。

面对美国及其追随者在政治上的敌视与孤立、军事上的包围与威胁、经济上的封锁与制裁以及意识形态方面的攻击与污蔑，苏联带领人民民主国家积极抗争，奋起自卫。1947 年 7—8 月间，苏联先后同保加利亚、捷克斯洛伐克、匈牙利、波兰、罗马尼亚签订了"莫洛托夫计划"，以加强彼此联系，恢复和发展各国经济。为密切彼此之间的政治合作，同年 9 月，来自苏联、南斯拉夫、波兰、罗马尼亚、保加利亚、匈牙利、捷克斯洛伐克、法国、意大利的共产党和工人党成立欧洲九国共产党工人情报局。至 1949 年，苏联与东欧国家签订的双边友好合作互助条约已达 16 项，同年由苏联、保加利亚、匈牙利、波兰、罗马尼亚、捷克斯洛伐克组成的经济互助委员会于莫斯科成立，后来，民主德国与阿尔巴尼亚也申请

---

① 《国际关系史资料选编》（下册），武汉大学出版社 1983 年版，第 75—80 页。

加入。

1949 年 10 月 1 日，新中国成立。10 月 2 日，苏联即发表声明与原国民党政府断绝外交关系，与中国正式建交，并互派特命全权大使①。1950 年 2 月，中、苏订立《中苏友好同盟互助条约》，中、苏两国结成政治、军事同盟。同时，中国和朝鲜、越南等国家加强了联系，如此一来，欧洲和亚洲的社会主义国家同人民民主国家连成一片。

随后所爆发的诸如朝鲜战争、美军进驻中国台湾以及越南人民抗法战争等，虽并未引起世界范围内的全面热战，但都属于两大阵营在军事领域内开展的一系列较量。1955 年 5 月 5 日，联邦德国加入北约，为与之抗衡，仅仅 9 天之后，苏联、波兰、捷克斯洛伐克、匈牙利、保加利亚、罗马尼亚、阿尔及利亚以及民主德国就签订了《华沙条约》，于是，华沙条约组织建立，社会主义国家的政治军事同盟正式结成。至此，北约与华约两大军事集团开始对立，两大阵营激烈较量，两极格局也正式形成，长期的冷战状态也就不可避免地到来了。

2. 新中国外交"一边倒"政策

1947 年，解放战争已由战略防御转向战略进攻阶段，共产党取得胜利已是指日可待之事。在此背景下，中国革命胜利后应建立何种性质的政权，如何赢得来自国际、国内最大范围内的支持与拥护，以巩固新生政权就成为共产党需要考虑的紧迫现实问题。为了防止新政权陷入孤立无援之处境，共产党必须最大限度地谋求国际联盟，为恢复和发展国民经济，巩固政权争取良好的外部环境。恰如毛泽东所言："一边倒，是孙中山的四十年经验和共产党的二十八年经验教给我们的，深知欲达到胜利和巩固胜利，必须一边倒。积四十年和二十八年的经验，中国人不是倒向帝国主义一边，就是倒向社会主义一边，绝无例外。骑墙是不行的，第三条道路是没有的。我们反对倒向帝国主义一边的蒋介石反动派，我们也反对第三条道路的幻想。"② 而究竟应该倒向哪一边则主要由美、苏两国对华的政策和态度以及中国共产党的意识形态取向所决定。

从美国方面来看，自欧战结束之时，大约为 1945 年 4—5 月间，其对

---

① 中华人民共和国外交部档案馆、人民画报出版社编《中国与苏联篇》，《解密外交文献——中华人民共和国建交档案》（1949—1955），中国画报出版社 2006 年版，第 12 页。

② 《论人民民主专政》，《毛泽东选集》（第四卷），人民出版社 1991 年版，第 1473 页。

华政策扶蒋反共的大致格局开始确定；待中国人民解放战争从战略防御转向战略进攻阶段，即1947年年初至1948年年底，美国又开始致力于抢救国民党政权这艘千疮百孔的沉船①。随着共产党的节节胜利与国民党败局已定，美国援蒋反共政策也日渐捉襟见肘。于是美国开始重新审查对华政策，以谋求出路。在此情况下，美国政府于1949年8月5公然抛出《美中关系白皮书》，企图借此推卸责任，从中国内战中抽身而退。《白皮书》特别是艾奇逊的《附信》严重歪曲了中国的历史和中国革命的性质，美国以极其傲慢的态度，污蔑共产党"为一个帝国主义效劳的政党，已经舍弃了他们的遗产"，并公然声称，美国将鼓励"中国民主个人主义再显身手"，以推翻"外来羁绊"的新政权②。

从苏联方面来看，西方冷战的号角吹响后，苏联就开始加强对东欧的控制力度，不断加快东欧各国的"苏联化"进程。为扩大社会主义阵营的势力，以抗衡以美国为首的资本主义阵营，苏联极其希望中国加入以它为首的社会主义大家庭。从1948年开始，莫斯科对中国革命的态度明显地更加积极。

1949年年初，联共（布）中央政治局委员米高扬秘密访问西柏坡，通过此次访问，苏联对中共的立场有了全面深刻的了解，也正是这次会晤，使中共中央最终决定新中国成立后要与苏联结盟。在随后于西柏坡召开的七届二中全会上，毛泽东宣布"我们与苏联应该站在一条战线上，是盟友，只要一有机会就要公开发表文告说明此点"。与此同时，他进一步阐述了"不承认"的原则，即"帝国主义对我国的承认问题，就是在全国胜利后的一个相当时期内也不必急于解决"③。毛主席的这一谈话基本确定了新中国"一边倒"的外交布局。

对于中国共产党这样一个以马克思主义武装起来的先进政党，无论是在建党之初抑或是后来为民族的独立、自主和富强而艰辛地奋斗的历程中，中国共产党人对马克思主义的信念从未发生过动摇。基于美、苏两国

---

① 资中筠：《追根溯源——战后美国对华政策的缘起与发展（1945—1950）》，中国社会科学出版社2007年版，第26、91页。

② 同上书，第158页。

③ 胡乔木：《胡乔木回忆毛泽东》，人民出版社1994年版，第546页；《中央关于外交工作的指示》，1949年1月19日，中央档案馆编《中共中央文件选集》第十八册，中共中央党校出版社1992年版，第44—49页。

对华的一贯政策及共产党的意识形态，新中国成立之初，共产党果断选择了莫斯科，坚持了"一边倒"的外交原则，这使北京与莫斯科得以亲密接触，社会主义阵营的力量迅速增强。从此，以美国为首的资本主义阵营与以苏联为首的社会主义阵营之间展开了一场旷日持久的冷战，这场冷战既包括经济、军事方面的较量，也涉及了政治与意识形态领域。恰如美国驻莫斯科大使哈里曼所言，"冷战是两个政治体制的搏斗"，是"一场关于意识形态的殊死战争"①。

对于新中国而言，"一边倒"的外交政策则无疑强化了执政党在意识形态领域内的二元对立价值取向，这种强硬的二元对立思维主要表现在中华人民共和国成立后很长一段时间里，国内民众对待以苏联为首的社会主义国家与以美国为首的资本主义国家及其意识形态的态度上。

一方面，新中国极力拥护、支持，甚至盲目崇拜苏联。共产党与苏联及其他社会主义阵营的国家，亲密无间，称兄道弟。在今天来看，不管是新中国的政治制度、经济发展抑或是社会文化事业建设，或多或少都可以寻觅到苏联的影子；客观来讲，模仿与学习苏联，在当时对新中国是有利的，它使我们由于得到了苏联援助和指导，而快速走上经济复苏与政权巩固的轨道，但与此同时，苏联高度集中的政治经济体制所固有弊端与潜在危害也被我们不幸地承袭了下来。

另一方面，全盘否定以美国为首的西方资本主义国家，尤其是仇视它们的意识形态和价值取向等。坚持"凡是敌人所害怕的，我们一定要做；凡是敌人所喜欢的，我们一定不要做"②的原则。这种固有的思维模式促使新中国在很长一段时间内盲目排斥、敌视，甚至是唾弃一切来自资本主义国家的事物，其中包括优秀、先进的思想、文化、科学技术等。可以说，新中国成立后很长一段时间内的"半闭关锁国"状态使得我国与世界发达国家的差距越来越大。

对于刚刚完成新民主主义革命，缔造了社会主义新中国伟业的中国共产党而言，"重新定义作为民族国家的中国之身份，重塑中国人民的认同

---

① 傅郎：《政治认同：1950 年代中国与苏联、东欧的文化交流》，载于沈志华、李滨《脆弱的联盟：冷战与中苏关系》，社会科学文献出版社 2010 年版，第 96 页。

② 新华社评美国关于中国问题的白皮书：《无可奈何的自供状》，《中美关系资料汇编》（第一辑），世界知识出版社 1957 年版，第 4 页。

感"是其面临的又一重任。为完成此项重任，就必须整合意识形态，以马克思主义取代各种非马克思主义意识形态。客观来讲，这既是中国亲苏、加入社会主义阵营，顺应冷战形势的必然要求，也是共产党一贯意识形态选择的客观使然，更是雷霆万钧之际，共产党巩固新生政权，获取合法性统治地位的必然要求。

尽管新政权的建立使"许多经常摇摆的人民稳定下来，觉得人民政府势力大了，不怕帝国主义了"①。许多过去"左右摇摆"，对中间道路抱有幻想的知识分子、民族资产阶级、自由职业者等逐步开始坚定信念，跟着中国共产党走社会主义道路。但《美中关系白皮书》与艾奇逊所宣称的要鼓励中国民主个人主义者"推翻马克思列宁主义，推翻中国共产党领导的人民民主专政的制度"②的嚣张论调还是引起了共产党高层的密切关注，共产党趁此机会，掀起了声势浩大的宣传教育活动。

新华社 1949 年 8 月 12 日发表了题为《无可奈何的自供状》的评论，随后，毛泽东又亲自撰写《丢掉幻想，准备斗争》《别了，司徒雷登》《为什么要讨论白皮书》《唯心历史观的破产》《友谊，还是侵略?》等 5 篇文章。强烈斥责美国的扶蒋反共政策，其中前三篇更是将矛头直接指向了"民主个人主义者"，批评他们对美国所抱有的不切实际的幻想。此处反复所言"民主个人主义"者，主要是指知识分子，尤其是与美国有着千丝万缕关系的知识分子群体，而本书的研究主体"旧职员"恰恰是知识分子的主要组成部分。在此情境下，旧职员于社会转型期的意识形态、思想动态与价值取向，自然而然就成了新政权尤需关注的重要问题。广大旧职员，尤其是那些被称为"美蒋反动根基"或处于该群体之中上层，有着欧美留学背景和崇美、亲美心理的旧职员也就无一例外地被纳入共产党即将要实施的一系列复杂思想改造活动中来。

3. 以美国为首的西方集团对中国的封锁禁运

"一边倒"的外交政策使中国共产党赢得了苏联、东欧等社会主义国家的认可和支持，但却遭遇了来自美国等西方国家的敌视与报复。在美国的号召下，西方国家对共产党领导下的新政权实施了政治孤立、经济封锁以及军事包围行动，这对迫切需要稳固政权、恢复经济发展的中共来说，

---

① 逄先知、金冲及：《毛泽东传（1949—1976）》（上卷），第 28—29 页。

② 《毛泽东选集》（第四卷），人民出版社 1991 年版，第 1488 页。

造成了极大的困难。

第一，政治孤立。在政治上，美国通过一系列卑劣行径来削弱新中国在国际上的影响力。如：美国要求北大西洋公约组织必须同美国一致，拒绝承认新中国的合法地位，共同对中国施加压力。此外，他还威胁一些拉美国家不得在美国承认新中国的合法地位之前，私自认可新中国，甚至一手操纵联合国，阻挠共产党取代国民党在联合国的非法席位①。

第二，经济封锁。一方面，美国指使和配合国民党利用海上和空中优势，对青岛、天津、上海等沿海城市进行封锁，阻挠其他国家商船进入新中国的港口城市，与中国发生贸易往来。另一方面，美国积极拉拢其他资本主义国家，对中国实施禁运，给中国施压。朝鲜战争爆发后，这种封锁与禁运的规模和力度更是不断加大②。如：1951 年 8 月，美国国会通过《巴特尔法案》，明确规定，所有接受美国援助的国家，一旦违反美国在贸易方面关于对社会主义国家实施禁运的相关规定，美国将立即停止对其进行继续援助。1952 年 9 月，美国操纵"巴黎统筹委员会"，新设立了专门执行"禁运"中国的机构"中国委员会"，并制定了"中国禁单"，将500 多种物资列为战略物资，拒绝出售给中国，企图以此对新中国的经济建设施加压力③。截至 1953 年春天，在美国"不遗余力的努力之下"，已有 10 个国家对新中国实行禁运④。在美国等资本主义国家的封锁和禁运政策下，上海作为中国最大的商贸城市，在外贸方面基本完全与外界断绝往来。

第三，军事包围。朝鲜战争爆发后，美国在积极插手朝鲜内政的同时，派遣第七舰队开进台湾海峡，公然对中国进行武装侵略。与此同时，美国还通过扶持日本和一些亚洲国家在太平洋地区建立军事体系，以及干预印度支那人民争取民族独立等一系列军事行动，对中国形成了一个新月形的包围圈。

通过以上分析可以看出，新中国成立之初，共产党所面临的外部环境

---

① 廖心文：《二十世纪五十年代毛泽东等打破西方封锁和包围的决策历程》，《党的文献》2008 年第 4 期，第 14 页。

② 同上。

③ 马巧良：《建国初期反封锁禁运斗争》，《历史教学》1996 年第 3 期，第 38 页。

④ 廖心文：《二十世纪五十年代毛泽东等打破西方封锁和包围的决策历程》，《党的文献》2008 年第 4 期，第 14 页。

非常恶劣、复杂，要想克服来自外部的各种压力，巩固新生政权，就必须团结一切可以团结的力量，最大限度地减少潜在的敌人，于是，争取广大的旧职员群体，为新中国经济的恢复和政权的巩固共同努力，就成了共产党在面对危机之时所做的一种明智选择。

二　国内的各种错综复杂形势与新政权面临的紧迫任务

"在 1949 年，中国共产党继承了比十月革命当时俄国经济更加不发达得多，并且遭到战争破坏的经济"[①]，主要体现在以下方面。

第一，经济发展落后，物资极度匮乏。

20 世纪 50 年代，我国经济发展落后，物资极度匮乏，出现这种局面的原因主要与生产力水平低下、对外贸易严重萎缩以及人口基数庞大有关。

首先，生产力水平低下。长期的战争与外国侵略者的疯狂掠夺，不仅耗费了巨大的人力、财力、物力，而且使我们的工业生产、农业生产等遭遇严重破坏。1949 年时，我国的社会生产力水平极为低下，主要工业产品的产量，仅为同期美国同类产品产量的几分之一、几十分之一，甚至是两千分之一，不仅如此，就连同印度相比，我们也是望尘莫及。详见表 1-17。

表 1-17　　　1949 年中国主要工业产品产量及与美国、印度的比较

产品名称	单位	中国	美国		印度	
		产量	产量	为中国的倍数	产量	为中国的倍数
纱	万吨	32.7	171	5.23	62	1.9
布	亿米	18.9	76.8	4.05	34.6	1.83
火柴	万件	672	—	—	—	—
原盐	万吨	299	1413	4.73	202	0.68
糖	万吨	20	199	9.95	118	5.9
卷烟	万箱	160	770	4.81	44	0.28
原煤	亿吨	0.32	4.36	13.63	0.32	1
原油	万吨	12	24892	2074.33	25	2.08
发电量	亿度	43	3451	80.26	49	1.14

[①]　[美] 莫里斯·梅斯纳：《毛泽东的中国及其发展——中华人民共和国史》，张瑛等译，社会科学文献出版社 1992 年版，第 77 页。

续表

产品名称	单位	中国	美国		印度	
		产量	产量	为中国的倍数	产量	为中国的倍数
钢	万吨	15.8	7074	447.72	137	8.67
生铁	万吨	25	4982	199.28	164	6.56
水泥	万吨	66	3594	54.45	214	3.24
平板玻璃	万标准箱	108	—	—	—	—
硫酸	万吨	4	1037	259.25	10	2.5
纯碱	万吨	8.8	355	40.34	1.8	0.2
烧碱	万吨	1.5	202	134.67	0.6	0.4
金属切削机床	万台	0.16	11.6	7.25	—	—

资料来源：孙健：《20世纪的中国——走向现代化的历程》（经济卷1949—2000），人民出版社2010年版，第12页。

表1-17所列14种产品中，除了原盐、卷烟、纯碱和烧碱外，其他均没有印度产量高，钢产量甚至只及对方的12%。不仅全国如此，连昔日中国的商贸、金融和工业中心上海，其生产力水平也有所下降，以1952年上海市主要工业产品产量与民国时期最高年产量比较情况为例（见表1-18）。

表1-18　　　　1952年上海市主要工业产品产量与民国时期
最高年产量比较情况

产品	民国时期最高年产量		比民国时期最高年产量增减（%）
	年份	产量	1952年
纱（万吨）	1930	22.98	9.1
布（亿米）	1939	11.14	-0.1
卷烟（万箱）	1947	139.80	-46.6
发电（亿千瓦时）	1948	12.78	3.1
钢（万吨）	1948	0.70	900
钢材（万吨）	1948	0.80	1700
水泥（万吨）	1936	9.78	16100
硫酸（万吨）	1948	0.72	1200
民用钢质船舶（万吨）	1921	9.33	-95.5

资料来源：根据上海地方志办公室：《上海通志》第二十一卷《对外贸易、经济合作》http://shtong.gov.cn/node2/node2247/node4579/node79262/node79266/userobject1ai104138.html 编制。

1952 年时，在纱、布、卷烟、发电、钢、钢材、水泥、硫酸、民用钢质船舶中，与历史最高年产量相比，布、卷烟、民用钢质船舶的产量均有所下降，其中卷烟比历史最高产量年份 1947 年下降了 46.6%，民用钢质船舶产量的降幅更是达到了 95.5%。由此可见，新中国成立之初，无论是全国还是上海，生产力水平低下已是不争的事实，共产党所面临的恢复经济的任务实乃异常艰巨。

其次，对外贸易严重萎缩。通常情况下，对外贸易与投资、消费一同被视为拉动经济增长的"三驾马车"。但新中国成立之时，以美国为首的西方国家对我国在经济上实施了封锁禁运政策，这使我国的外贸进出口额大大减少，在这种情况下，我们的所有产品不得不完全依靠自己生产而非交换。于是，对外贸易作为拉动经济增长的重要作用也就未能得到很好的发挥。

如：在上海，自 20 世纪初至 30 年代中期时，上海进出口总值占全国的 51.68%，1932 年，因世界经济危机，对外贸易下降，1936 年恢复到 9.145 亿元，占全国的 55.52%。抗日战争胜利后，上海恢复全国外贸中心地位。至 1948 年，上海年均进出口额占全国的 80% 以上。新中国成立初，国家实行高度集中的统制贸易体制，上海在全国的外贸中心地位发生变化，但仍居举足轻重的地位。1950 年，进出口货值占全国的 19.47%，1953 年降至 10.30%[1]。为了更清晰地了解 1949 年时上海的进口贸易总量，现以 1946—1949 年上海市进口贸易量情况为例做一简要分析（见表 1-19）。

表 1-19　　　　　　　　1946—1949 年上海进口贸易量情况　　　　单位：千美元

年份	进口			入超	
	全国	上海	上海占比（%）	全国	上海
合计	1400648	1116980	79.7	731682	695460
1946	653061	557292	85.3	474252	446473
1947	441623	330240	74.8	213762	192616

---

① 上海地方志办公室：《上海通志》，第二十一卷《对外贸易、经济合作》（http://shtong.gov.cn/node2/node2247/node4582/index.html）。

续表

年份	进口			入超	
	全国	上海	上海占比（%）	全国	上海
1948	211072	165732	78.5	40642	44210
1949 年 1—5 月	94892	63716	67.1	3026	12161

　　注：1946 年和 1947 年，上海口岸入超金额分别占全国入超总数的 94% 和 90%，1948、1949 年（新中国成立止）上海的入超金额超过全国数字，尤以 1949 年为甚。其原因是全国解放前夕，华南口岸大量物资转移香港，造成像广州和九龙呈现虚假的贸易出超所致。1949 年新中国成立止，广州出超 1515.4 万美元，九龙出超 248.2 万美元。

　　资料来源：上海地方志办公室：《上海通志》第二十一卷《对外贸易、经济合作》http：// shtong. gov. cn/node2/node2247/node4582/node79430/node79444/userobject1ai104261. html。

　　如表 1-19 所示，1946—1949 年，全国及上海市在对外贸易领域内的入超地位逐步得到改善，这与中华人民共和国成立后，中国共产党采取了强力有效措施彻底摧毁了帝国主义在中国的特权，收回了海关管理权，且实行了对外贸易管制和保护贸易政策密不可分。客观来讲，这对保护我国的独立自主地位、改变旧中国半殖民地性质的对外贸易状况大有裨益。但是，"一边倒"外交政策的实施，使得以美国为首的西方国家加紧了对我国的封锁和禁运，因此，1946—1949 年，全国和上海市的进口贸易总量呈逐渐下降趋势，这使得外贸在拉动经济增长方面的作用受到严格限制，因此，新中国原本一穷二白、物资匮乏的局面也就更为严重了。

　　最后，人口基数庞大。

　　与社会生产力水平低下，对外贸易严重萎缩相伴的则是我国庞大的人口基数。尽管"1840—1949 年是中国人口的缓慢增长期，百余年间人口仅由 4.2 亿增加到了 5.4 亿"[1]，年均自然增长率仅为 2.6‰，但与同期世界其他国家相比，中国的人口基数依然很大（见表 1-20）。

―――――――――

　　[1]　陈玉光、张泽厚：《中国人口结构研究》，山西人民出版社、中国社会科学出版社 1986 年版，第 8 页。

表 1-20　　　　　　**1949 年中国人口数量及与美国、印度的比较**

中国	美国	印度	中国为各国的倍数	
			美国	印度
5.4 亿人	1.4 亿人	3.5 亿人	2.62	0.55

资料来源：本表根据孙健《20 世纪的中国——走向现代化的历程》（经济卷 1949—2000），人民出版社 2010 年版，第 11 页内容编制。

生产力水平低下、人口众多所带来的一个直接后果就是人均实际占有量的微不足道。从表 1-21 来看，1949 年时，苏联、美国、英国老百姓在电力、原煤、生铁、钢、棉布的人均占有量方面，均远远大于我国。对于大发战争财的美国而言，钢、生铁、电力三项的占有量，更是达到了中国人均占有量的百倍以上，尤其是钢，居然达到了中国人居占有量的 418 倍（见表 1-21）。

表 1-21　　　　　　　**1949 年中国人均占有主要工业品一览**

产品名称	单位	按人口平均的产量				各国为我国的倍数		
		中国	苏联	美国	英国	苏联	美国	英国
电力	度	7.9	219.5	1144.6	514.9	27	141	63
原煤	公斤	83.0	761.0	3498.0	4938.0	9	41	58
生铁	公斤	1.7*	84.4	244.5	165.9	50	144	9
钢	公斤	0.9	95.3	376.3	255.2	106	418	281
棉布	公斤	7.34*	20.28	61.42	70.38	2.8	8.4	9.6

注：＊包括个体手工业的产量。

资料来源：中华人民共和国国家统计局编《我国的国民经济建设和人民生活》，统计出版社 1958 年版，第 6 页。

第二，产业结构失调，所有制结构不合理。

新中国成立之初，我国的产业结构和所有制结构都存在失衡现象，这不利于国民经济的恢复和发展，更不利于新生政权的巩固。

从产业结构来看：1949 年时，我国农业占工农总产值的 69.9%，工业仅占 30.1%；工业总产值中轻工业占 73.4%，重工业仅占 26.6%[①]。作

---

① 苏星、杨秋宝编《新中国经济史料选编》，中共中央党校出版社 2000 年版，第 283、285 页。

为国内的前沿城市上海，1952 年时，上海市国内生产总值中，第一产业占 5.9%，第二产业占 52.4%，第三产业占 41.7%（见表 1-22）。[①]

表 1-22　　　　　1952—1956 年上海市国内生产总值构成情况
（以总值为 100）

年份	第一产业（%）	第二产业（%）			第三产业（%）
		总比重	工业	建筑业	
1952	5.9	52.4	49.7	2.7	41.7
1953	4.9	55.6	52.0	3.6	39.5
1954	4.2	54.2	51.9	2.3	41.6
1955	5.1	54.8	52.2	2.6	40.1
1956	3.7	55.4	54.1	1.3	40.9

资料来源：上海地方志办公室：《上海通志》第十五卷《经济综述、经济结构》http：//sh-tong. gov. cn/node2/node2247/node4576/nod。

第一产业中，种植业占 80.76%，林业占 0.58%，牧业占 11.95%，副业占 4.66%，渔业占 2.04%。第二产业以工业为主，占全市国内生产总值 49.7%，其中，轻、重工业分别占 88.2% 和 11.8%，轻工业以棉纺、面粉、卷烟、造纸、橡胶、肥皂、火柴等 7 种行业为主导产业。在轻工业总产值中，以农产品为原料的产品占 86.2%，以工业品为原料的产品占 13.8%。重工业以加工业为主。在重工业总产值中，采掘工业和原材料工业占 28.2%，加工业占 71.8%，轻纺工业所需机器设备、钢材和化工原料基本依赖进口。工业从业人员占全市就业人员的 1/5。第三产业中，商业、餐饮业占 68.7%，交通、运输、仓储、邮电、通信占 11.72%，金融保险业占 5.96%，房地产业占 0.33%，社会服务业占 5.83%，卫生体育社会福利业占 0.79%，教育文艺电影业占 2.16%，科学研究、综合技术服务业占 1.90%，党政机关社会团体及其他服务占 2.62%。[②]

根据两大部类学说原理可知，农业、重工业、轻工业之间的比例关系，是国民经济中最主要的比例关系。这一比例关系的变化是有内部规律可循的：国民经济高速发展，要求重工业优先增长，而重工业优先增长，

---

① 上海地方志办公室《上海通志》，第十五卷《经济综述、经济结构》http：//sh-tong. gov. cn/node2/node2247/node4576/node79200/node79202/userobject1ai104091. html。

② 同上。

必然引起工业在国民经济中的比重以及重工业在工业生产中的比重逐步
提高①。

但从新中国成立初期我国的产业结构分布情况来看，重工业所占比重
非常低，这是旧中国长期落后、贫瘠所造成的必然后果，不利于新中国初
建背景下国民经济的快速发展，也不利于构建旧职员政治认同伟业的顺利
推进。因此，共产党及时审时度势，提出了社会主义过渡时期总路线，做
出了"优先发展重工业"的同时"实现社会主义工业化"和"三大改
造"②并举的设想。

从所有制结构来看：新中国成立之初，私营经济占了很大比重，国营
经济比重很小。这是因为旧中国长期处于半殖民地半封建社会，由此导致
了新中国成立前我国的经济命脉实际上由以蒋、宋、孔、陈为代表的官僚
资本主义经济所掌控。以新中国成立初期各种经济成分在商业中所占比重
情况为例（见表1-23）。

表1-23　　新中国成立初期各种经济成分在商业中比重的变化（%）

	1950 年	1951 年	1952 年
一、商业企业商品批发额	100	100	100
社会主义商业	23.8	34.4	63.2
国家资本主义及合作化商业	0.1	0.2	0.5
私营商业	76.1	65.4	36.3
二、商业企业商品零售额	100	100	100
社会主义商业	14.9	24.4	42.6
国家资本主义及合作化商业	0.1	0.1	0.2
私营商业	85.0	75.5	57.2

资料来源：苏星、杨秋宝编《新中国经济史料选编》，中共中央党校出版社2000年版，第
273页。

由表1-23可以看出，1950年时，在商业企业商品批发额中，社会主义
商业所占比重为23.8%，国家资本主义及合作化商业仅占0.1%，私营商业
则占到了76.1%；在商业企业商品零售额方面，社会主义商业占14.9%，

---

① 苏星、杨秋宝：《新中国经济史料选编》，中共中央党校出版社2000年版，第283页。

② 即：对农业、手工业和资本主义工商业的社会主义改造。

国家资本主义及合作化商业占 0.1%，私营商业占据绝对优势，为 85.0%。

在上海，情形也基本如此。如 1949 年时，国营工业总产值占全市工业总产值的 16.3%；全市有私营工业企业 2.03 万户，年工业产值占全国私营工业总产值的 36%，其中棉纺工业纱锭约占全国纱锭总数的 50%，卷烟厂设备占 70% 以上，面粉厂产量约占 40%，丝织、毛纺、橡胶、制药、搪瓷、铝制品等产量也在全国占较大比重。私营商店行号 9.3 万户。私营轮船运输业有船只 925 艘，占全国的 80% 以上。私营银行钱庄共 194 家[①]。

私营企业较多，由此可能导致的一个必然结果是其从业职工较多。实际上，本文所关注的旧职员群体，在新中国成立前绝大多数分布在各类私营企业中，他们所受到的封建残余思想、资本主义腐朽思想的影响，往往更为深重。因此，当共产党由革命党跃升至执政党后，为了巩固政权、获取统治合法性地位，就必须对该群体进行改造，以涤荡其落后思想，将其塑造成思想先进、政治过硬的社会主义建设者。在旧职员群体数量庞大的上海，此项任务就显得尤为重要和艰巨。

第三，通货膨胀严重，失业率剧增。

经过 28 年的浴血奋战，中国共产党带领全国人民推翻了三座大山，缔造了社会主义新中国，然而，由于帝国主义的长期侵略和国民政府罪恶的财政政策，共产党初掌政权之时的中国已是物价飞涨、秩序失调、投机倒把盛行、工厂破产、人民失业，整个社会完全处于一片破败混乱之境况中。

1949 年 4 月、7 月、11 月和 1950 年 2 月，全国各地的物价曾发生了 4 次大规模震荡，至 1949 年 8 月时，"粮食价格的上涨幅度，超过一般商品的一倍或一倍以上"[②]，这无疑给人民的生产和生活带来了巨大的灾难。在上海、汉口、南昌、九江四地，仅仅 1949 年 7 月 31 日至 1950 年 1 月 7 日 5 个月的时间里，其中等米、二十支纱、龙头细布、食盐、食油、棉花等主要商品的物价涨幅均达到了数百倍，于是，柴、米、油盐涨势的疯狂，"袁大头"上跳的凶猛，投机倒把奸商发红的眼睛，普通百姓吃不起粮食的无助就共同汇集成了 20 世纪 50 年代中国特有的一道景观（见表 1-24）。

---

① 上海地方志办公室：《上海通志》，第十五卷《经济综述、经济结构》（http://sh-tong. gov. cn/node2/node2247/node4576/node79200/node79202/userobject1ai104090. html）。

② 《克服财政经济的严重困难》（1949 年 8 月 8 日），《陈云同志文稿选编》（1949—1956），人民出版社 1982 年版，第 1 页。

表 1-24　　上海、汉口、南昌、九江四地主要商品销售物价指数涨跌比较

（1949 年 7 月 31 日至 1950 年 1 月 7 日）

品名	位别及涨跌率	上海	汉口	南昌	九江
中等米	基期价格（元/石）	57000	30000	15700	28000
	本日价格（元/石）	149916	90000	81000	75000
	价比（%）	263	300	515.9	267.9
	较 7 月 31 日涨跌（%）	163	200	415.9	167.9
二十支纱	基期价格（元/件）	578000	710000	870000	960000
	本日价格（元/件）	3420000	4050000	3750000	3660000
	价比（%）	591.7	570.4	431.0	381.3
	较 7 月 31 日涨跌（%）	491.7	470.4	331.0	281.3
龙头细布	基期价格（元/尺）	28000	33000	40000	36000
	本日价格（元/尺）	145000	164000	155000	154000
	价比（%）	517.9	497.0	387.5	427.8
	较 7 月 31 日涨跌（%）	417.9	397.0	287.5	327.8
食盐	基期价格（元/担）	13000	17500	17700	16500
	本日价格（元/担）	135000	118000	106000	128000
	价比（%）	1038.5	674.3	598.9	775.8
	较 7 月 31 日涨跌（%）	938.5	574.3	498.9	675.8
食油	基期价格（元/担）	58000	46000	35500	39000
	本日价格（元/担）	325000	235000	245000	215000
	价比（%）	560.3	510.9	690.1	551.3
	较 7 月 31 日涨跌（%）	460.3	410.9	590.1	451.3
棉花	基期价格（元/担）	120000	103000	90000	120000
	本日价格（元/担）	650000	530000	475000	510000
	价比（%）	541.7	514.6	527.8	425.0
	较 7 月 31 日涨跌（%）	441.7	416.6	427.8	325.0
总指数		585.5	511.2	525.2	471.5
较 7 月 31 日涨跌（%）		485.5	411.2	425.2	371.5

注：表中基期是指 1949 年 7 月 31 日，"本日价格"是指 1950 年 1 月 7 日当日的市场价格，其计算公式为简单几何平均。

资料来源：张鸿雁等：《五千年历史的切面：1949 中国城市》，东南大学出版社 2009 年版，第 327—328 页。

"币轻则物价腾踊；物价腾踊，则农无所售，皆害也"①。国民党滥发货币，除了引起通货膨胀、物价暴涨之外，还使得工厂大量倒闭。据统计，1947 年，天津机电修配业有 363 户，至 1948 年，仅存 216 户②；在青岛，1948 年共有工厂 1400 多家，但只有 1/4 处于半开工状态③；1949 年 4 月之时的上海，1000 余家机器工厂中，开工的也不到 100 家④。工厂的大量倒闭直接引发的一个严重后果就是失业人口数量急剧上升。1946 年，昆明失业工人 5 万，重庆为 6 万，成都 10 万，上海为 30 万，北平（北京）更是达到 70 万人之多；新中国成立前夕，天津失业工人 11.3 万⑤。失业人口的急剧增多，顿使人民生活陷入破败不堪状态。

总之，至新中国成立前夕，整个国民经济的运行已遭到严重破坏，人民生活急剧恶化，民众对国民政府的腐朽统治深恶痛绝，强烈期盼社会安定、温饱富足，这其中当然包括曾经衣食无忧，有着体面职业和社会身份的职员群体。正是由于对国民党万恶统治深深的恨，促使民众开始一步步走向共产党。

第四，领土统一事业尚未完成。

当 1949 年 10 月 1 日毛泽东在天安门城楼上庄严地宣布中华人民共和国成立之时，中国的大片领土尚未完全被纳入新政府的管辖范围。尽管国民党被共产党于几个月前打垮，蒋介石败退台湾，但国民党的残余势力及在内战中与国民党勾结起来的军阀部队，仍盘踞在中国的西部、西北部、西南及南部许多省市，云南、贵州、四川、重庆、西藏、广东、广西、海南等省份依然处于反动势力的控制之下。据估计，"当时国民党在大陆的兵力约有 100 万人，主要是国民党将领胡宗南、白崇禧的部队"⑥。这些

---

①　湖南省法家著作注释研究班柳宗元《非国语》评注组编：柳宗元《非国语评注》，湖南人民出版社 1976 年版，第 29 页。

②　《北国春秋》1960 年第 2 期。

③　陈真等：《中国近代工业史资料》（第一辑），生活·读书·新知三联书店 1961 年版，第 193、200、185、166、192—193 页。

④　孙健：《20 世纪的中国——走向现代化的历程》（经济卷·1949—2000），人民出版社 2010 年版，第 16 页。

⑤　《北国春秋》1960 年第 3 期。

⑥　张家敏：《中华人民共和国史》（港版，全两册），香港政策研究所出版社 1997 年版，第 21 页。

势力的存在对新生政权开展战后重建工作造成了一定威胁。

从 1949 年 10 月开始，骁勇善战的中国人民解放军兵分几路，再次踏上战斗的征程，用了大概一年的时间，以摧枯拉朽之势，解放了以上国土。1949 年 10 月 14—29 日，共产党解放了广东；11 月 14 日，控制了贵阳等地；11 月 15 日—12 月 14 日，广西战役结束；12 月 9 日，云南省主席主动投降，云南省和平解放；12 月 27 日，成都解放；1950 年 3 月下旬和 4 月初，西昌战役胜利结束，四川、西康全境获得解放；1950 年 5 月，海南岛全境解放①。

然而，少数民族问题，尤其是汉藏冲突使全国的统一进程受到了一定影响。1949 年 7 月，拉萨发生了"驱汉事件"。由于得到了美国、英国以及印度等国家的大力支持，西藏政府有恃无恐，它们不仅通知当时统治西藏的国民党政府人员撤离拉萨，封闭汉人学校，切断了一切与外界的电信联络，而且驱逐生活在西藏的汉族人民，甚至公然提出西藏独立的要求。面对帝国主义的阴谋与西藏上层人士分裂祖国的狼子野心，共产党积极应对，不仅及时调整战略决策，果断进军西藏，且广泛发动群众，充分依靠藏族各界同胞的力量，在此过程中，以《人民日报》为依托，大力发挥舆论的宣传教育作用，最终，和平解放西藏的协议，即《十七条协议》于 1951 年 5 月 23 日订立，西藏得以和平解放②。

尽管共产党人的睿智与英明成功粉碎了帝国主义企图分裂中国的图谋，维护了祖国的统一，然而，现代中国对领土统一的民主主义要求并未完全实现，由于美国政府的干涉，台湾问题长期以来一直悬而未决，至今仍然未能回归祖国怀抱。此外，美蒋企图反攻大陆，与"自由中国之声"③等反共宣传，恶意散播污蔑共产党之词，意图使中国知识分子接受西方价值观，反对新政权。

在此情境之下，急于巩固政权的共产党，就必须运用有效方式，对知识分子的主体组成部分——旧职员开展思想政治教育，以最大限度地争取

---

① 《天明犹在大典后》，《三峡晚报》2009 年 5 月 24 日。

② 曲晓丽、程早霞：《中国共产党如何应对"驱汉事件"的历史剖析》，《黑龙江社会科学》2011 年第 5 期，第 111—114 页。

③ "自由中国之声"（Voice of Free China）是 1949 年成立的一个中华民国的国际广播无线电台呼号。在冷战时代，该电台主要进行否定中华人民共和国，宣称只有中华民国政府是唯一合法的中国政府的对外宣传（http：//zh. wikipedia. org/wiki/自由中国之声）。

他们，团结他们，为新政权的巩固奠定坚实的基础。

第五，城市建设与管理人才严重匮乏。

城市建设和管理人才的缺乏是新生政权面临的又一大难题。西方学界认为，"在革命的余波中治理一个国家是非常困难的，而政治人才有如凤毛麟角"①。事实证明，这一关于革命后状况所做的判断似乎并不适用于新生的中华人民共和国。在共产党内部，有着很多非常出色的政治人才和管理人才，这使新生的中华人民共和国在最初的几年里，呈现一种较为有序、稳定的发展态势。这种局面的出现，得益于中国革命的特殊性质。与传统起义方式里革命家突然登上执政地位不同，中华人民共和国的成立是在中国共产党经历了 28 年的浴血奋战之后方赢得的胜利成果。在此期间，他们身兼革命家和执政者的双重身份，长期的实践斗争使他们积累了丰富的组织和管理经验。也正是因此，莫里斯·梅斯纳认为，"在共产党取得胜利以后三年，中国比它历史上的任何时期都治理得更好"②。然而，上述情形只适用于农村，对于城市，共产党显然陌生得多。

1949 年，有 6000 多万中国人居住在 10 万以上人口的城市里，北京当时有 200 多万人，上海约有 600 万居民，天津 200 多万，广州100 多万③。而与此相对应的则是不熟悉城市管理事务的广大解放军官兵。虽然早期的共产党领导人来自城市知识分子，但绝大多数官兵则因常年生活和战斗在穷乡僻壤，对城市的一切完全陌生："这些共产党员中的一些人以前从来没有见过大城市，他们甚至不知道怎样关电灯……"④

不熟悉的情感可能会演变成不信任的想法，很多共产党员逐渐对城市产生了强烈的排斥情感，在他们看来，城市是国民党的要塞，是保守主义的堡垒，是帝国主义势力的重心，更是滋生道德败坏、思想堕落甚至是社

---

① ［美］约翰·邓：《现代革命》，剑桥大学出版社 1972 年版，第 17 页。

② ［美］莫里斯·梅斯纳：《毛泽东的中国及其发展——中华人民共和国史》，张瑛等译，社会科学文献出版社 1992 年版，第 96 页。

③ 同上书，第 97—98 页。

④ ［美］德克·博德：《北京日记：革命的一年》，洪菁耘、陆天华译，东方出版中心2001 年版。这本书对国民党统治的最后时期和中共执政的几个月里城市中发生的一些情况，有过非常敏锐、深刻的观察和叙述。

会不平等的地方①，而上海，则更是一个大染缸，一座寄生性城市，亟须将其改造成生产性城市。这种排斥思想不利于城市治理工作的开展及新生政权的稳定。因此，共产党在"必须用极大的努力去学会管理城市和建设城市"② 的同时，迫切需要积极依靠旧政权留下的官僚机构为己服务，参与管理与建设大城市的工作，诚如毛泽东与蒙哥马利于 1961 年 9 月 23 日在武昌的一段对话：

　　　　蒙哥马利问：一九四九年着手恢复经济的时候，有没有足够数量有能力的人？

　　　　毛泽东说：根本没有。我们第一靠国民党留下来的工程师、知识分子、技术工人，第二靠苏联帮助。我们讲苏联帮助，指的是新建的工厂，上海就没有靠苏联，苏联专家没有去过，全部是靠国民党留下来的人。办学校也要靠国民党留下来的人，我们自己没有大学教授。我们连唱戏也不会，要靠国民党留下来的人。这批人对我们来说是宝贝③。

　　第二次庐山会议之后④，毛泽东赴武昌与蒙哥马利元帅第二次相见。1961 年 9 月 23 日至 24 日短短两天，两人进行了三次谈话。三次谈话期间，蒙哥马利询问了毛泽东几个问题，上述"一九四九年着手恢复经济的时候，有没有足够数量有能力的人？"便是其中一个。

　　毛泽东的回答，实际上高度肯定和赞扬了旧职员在国民经济乃至社会主义建设中所发挥的巨大作用。事实上，中国共产党早在战争年代就开始考虑城市的管理和建设问题，伴随着解放战争形势的不断好转，尤

---

　　① ［美］莫里斯·梅斯纳：《毛泽东的中国及其发展——中华人民共和国史》，张瑛等译，社会科学文献出版社 1992 年版，第 97 页。

　　② 毛泽东：《在中国共产党第七届中央委员会第二次全体会议上的报告》，《毛泽东选集》（合订一卷本），人民出版社 1964 年版，第 1317 页。

　　③ 中共中央文献研究室：《毛泽东年谱》（第五卷），中央文献出版社 2013 年版，第 25 页。

　　④ 1961 年 8 月 23 日至 9 月 16 日，中共中央在庐山召开工作会议，这次会议被称为第二次庐山会议，主要议程是：粮食问题、市场问题、两年计划和工业问题、工业企业管理问题、高等学校工作问题、干部轮训问题。引自《"神秘"的第二次庐山会议》，中国共产党新闻网，2010 年 11 月 24 日（http://news.xinhuanet.com/theory/2010-11/24/c_ 12809513.htm）。

其是解放战争进入战略反攻阶段以后，该问题更是引起了中央领导人的高度重视，至七届二中全会召开，毛泽东在会上明确提出，"党的工作重心由乡村移向城市"，"在领导城市人民的斗争时，党必须依靠工人阶级，团结其他劳动群众，争取知识分子，争取尽可能多地能够和共产党合作的小资产阶级、自由资产阶级及其代表人物站在一条战线上，以便向帝国主义者、国民党反动派和官僚资产阶级做坚决的斗争，一步步地去战胜这些敌人"[1]。明确昭示了中国共产党想要"团结"和"利用"旧职员的坚定决心。与此同时，中共中央还对上海的解放与接管工作做了具体部署。

在中央政策的指引之下，中共地下党积极部署，广泛动员各行各业的力量开展"反搬迁、反破坏"的护厂群众运动，大量的工人、职员，尤其是业务熟悉、专业过硬，曾为国民政府效力过的广大旧职员甚至其家属，都积极投入到了这场斗争中。据统计，上海解放之时，全市保安队员已达6万余人，其中70%是各行各业的工人和职员。在地下党的领导之下，护厂队员爱厂如命，表现出高涨的政治热情和高超的斗争智慧。

如：在纺织行业，当国民党反动派企图从纺织厂运走棉布和设备时，工人和职员们挺身而出，义正词严地宣布："工厂是我们的饭碗，棉花是我们的粮食"，"要把布匹运出厂，先拿棉花来换！"中纺一厂、六厂、十厂、十二厂、十七厂和第一针织厂、第一棉纺厂的工人和职员们先后挫败了反动派盗运物资设备的阴谋[2]。

要斗争就意味着可能有流血与牺牲，很多职员和工人在护厂过程中甚至付出了自己的生命。1949年5月23日，国民党反动派在第一印染厂抓走了19名职工。其中，厂工协负责人、共产党员孙方和另外两名工协会员惨遭杀害，为上海的解放献出了宝贵的生命[3]。

与此同时，铁路、航运、公用事业等各个行业的工人和职员们也在护厂的过程中与国民党反动派斗智斗勇，英勇战斗，为保护工厂，更为上海的顺利解放做出了巨大的贡献。陈毅对此高度评价道，"如果没有上海工人阶级和其他劳动者的积极支持和援助，人民政府要顺利接管和改造上

---

[1] 冯绍霆：《上海解放》，上海书店1999年版，第194—195页。

[2] 同上书，第29页。

[3] 同上。

海，是不可能的。"①

第六，意识形态领域多元思想并存。

与新中国成立之初破败的经济发展状况和危机四伏的政治环境紧密相连，20 世纪 50 年代我国意识形态领域的形势也是极为复杂。"从阶级属性来看，无产阶级思想、民族资产阶级思想、小资产阶级思想、帝国主义思想和封建主义思想残余同时存在；从哲学层面来看，唯物主义与唯心主义，辩证法和形而上学同时存在"②。这种复杂性和多元性使得新中国成立之初的思想政治战线充满了科学与谬误、先进与落后、革命与反动、进步与保守之间的激烈较量，不仅如此，还有可能使人们在价值判断、信仰选择、思想观念、社会心理、学术思想等各个方面出现差异与冲突。

首先，在任何国家，统治阶级的意识形态都必然在本国的意识形态领域占据统治地位。这是因为"一个阶级是社会上占统治地位的物质力量，同时也是社会上占统治地位的精神力量"③。1949 年共产党夺取政权后，迅速开启了新中国思想文化领域内的建设任务，即向全民普及马克思主义理论知识，以科学理论武装全体国民。

尽管对于刚刚脱胎于半殖民地半封建社会的新中国而言，该项任务宏伟而艰巨，但共产党人并不畏惧复杂严峻的困难形势，而是迎难而上，有序密集开展针对各个领域、各个阶层的思想政治教育工作。实际上，1949 年9 月通过的《共同纲领》就以临时宪法的名义确立了马克思主义在国家政治生活中的地位，这不仅有利于保证马克思主义理论在我国意识形态领域内的主导地位，而且有利于宣传和普及马克思主义理论工作的开展。

其次，资产阶级、小资产阶级、农民阶级思想等除了帝国主义、封建主义和官僚资本主义思想以外的各种思想与居于统治地位的马克思主义思想并存于意识形态领域。

这一方面，是由新中国成立之初的新民主主义政治、经济制度所决定

---

① 张金平：《全心全意依靠工人阶级搞好接管工作》，载于中共上海市委党史研究室编《接管上海》（下），中国广播电视出版社 1993 年版，第 138 页。

② 王树荫、王炎：《新中国思想政治教育史纲》（1949—2009），人民出版社 2010 年版，第6—7 页。

③ 《马克思恩格斯选集》（第一卷），人民出版社 1995 年版，第 98 页。

的；"既然承认它们的经济存在，就必须承认它们思想的存在与合法"，"资产阶级、小资产阶级、农民阶级的思想在今天也有它好的一面，比如它们在政治上反对帝国主义，反对封建主义等。但是，它们的思想体系是不正确的。对于其'非马克思主义'、非无产阶级的思想体系，要批评，但不能肃清，也肃不清"①。

另一方面，则与意识形态本身具有相对独立性有关。这种独立性不仅表现在意识形态的发展变化不一定与社会存在完全保持同一步调，而且体现出它的发展具有一定的历史继承性，并对政治和经济结构具有能动的反作用。因此，尽管新中国成立之时，共产党已在政治上摧毁了帝国主义、封建主义和官僚资本主义等反动势力，但各种反动思想的影响和余毒却不会仅仅因社会制度的改变而立刻灰飞烟灭。因此，对于新生的人民政府而言，趋利避害，与各种反动思想做坚决的斗争，并彻底清除其余毒就成为了思想政治教育战线一项任重而道远的工作。

最后，长期以来精神上备受奴役，政治上遭受压迫，使人们在心理上出现了畸形变化；空前巨大的社会变革引起了人们内心的不安与恐慌，作为知识分子主要组成部分的旧职员，更是小资产阶级思想明显、动摇性与软弱性突出，自负感与自卑感并存。

对旧职员而言，之所以小资产阶级思想明显、动摇性与软弱性突出，是因为他们占据了比工人、农民高的社会地位，获取较高的报酬，他们珍惜来之不易的社会地位与职位。他们反对帝国主义、官僚主义，痛恨国民党腐败与压榨；同时又与它们有千丝万缕的关系，一切从保住自己利益出发。一方面价值判断反对三座大山；另一方面又以自己利益为重。总体上出现价值判断与利益趋向矛盾之处，这恰恰成为中共改造政策、思政宣传的着力点，也是政治认同的基础。

而具有自负感，是因为作为知识分子的主要组成部分，他们与生俱来就带有突出的优越感，他们认为自己"学问高""能力强""有技术"，担负着"为天地立心，为生民立命，为往圣继绝学，为万世开太平"的历史使命；对于新中国的建设，他们存有强烈的"舍我其谁"的救世主意识，这种意识在高校教职员身上表现得尤为突出。

存有自卑感和落伍感则是因为：一方面他们当中的很多人，尤其是中

---

① 《刘少奇选集》（下卷），人民出版社1985年版，第82页。

上层旧职员，过去虽曾不满国民政府的腐朽统治，但又不敢拿起武器，公然反抗；尽管他们向往光明，但又对信奉马克思主义的"土八路"深表怀疑。更担心"共产"，他们的职位来之不易，担心改造后沦为普通人。然而，一旦他们一直想做但没做成的事情却被曾遭受无数冷嘲热讽的共产党做成了，无情的现实便给其人格上的怯懦与政治上的愚昧狠狠一击。面对胜利者时，他们不仅开始扪心自问：当共产党人为新中国的建立抛头颅洒热血之时，自己在做什么？于是，自卑感与愧疚感油然而生。正如1949年6月8日文艺工作者梅林先生在《照明自己》一文中，对上海解放之时自己内心激动、兴奋与不安、愧疚等复杂心情的生动描述：

> 当解放的信号，那密集的轰然震动于宇宙的枪炮声，一天一天地接近上海市郊的时候，我完全沉浸在大的兴奋和狂喜中，我无论怎样也不能够安静，整天在各处走来走去，或者在深夜站在狭小的晒台上，猜测大上海周围的枪炮声的远近，以及凝视那漫天的红光。然而同时也感到焦急，疑惧，不安，而且更感觉到惭愧——它像冷光四射的锐利一样斩断了所有的兴奋和狂喜，焦急和疑惧，紊乱与不安，而使我几乎抬不起头来。这种复杂的心情，这种紊乱的情绪，我想，像我这样只能躲在房子里拿笔或者用嘴说空话的所谓从事文艺工作的知识分子，如果不想欺世盗名，欺骗自己和别人，是可以理解的，并且应该成为检讨自己的教训或者基础的①。

复旦大学中文系许杰教授也撰文极力赞美解放军，认为他们"创造了历史上最伟大的事业"，是"圣人""王师"；与此同时，也表达了自己想要接受改造的强烈愿望。后在代表上海所有遭受国民党压迫之文艺工作者，北上参加全国文艺工作者代表大会时，他袒露心声："我觉得光荣，觉得欣幸，但同时也觉得自己惭愧了。我没有什么成绩贡献给人民政府与人民文化，我这多少年来只是为着生活，躲在蒋管区下面，畏首畏尾地活着，真是太对不起那些为人民解放事业而吃苦、流血、流汗的同志们。"②

---

① 《照明自己》，《文汇报》1949年6月25日。
② 《光荣、欣幸和惭愧》，《文汇报》1949年6月21日。

另一方面则是因为对于受欧美思想影响之深的部分旧职员而言，在新生政权初建之时要立刻改变自己的信仰，完全接受马克思主义这一比较生疏的思想体系，难免感到"难于上青天"。如 1920 年毕业于北京大学哲学部，历任厦门、中山、燕京、北京、云南、齐鲁、中央、复旦、兰州等大学教授的顾颉刚曾在日记中袒露自己的心声：

> 但是我自己呢，心头却藏着很深的悲哀。在反动派统治时期，社会是停止不前的，我想突破这种空气，带着几个青年朋友乱干一阵，就觉得自己是能推动社会的。解放之后，社会突然飞猛前进，我想追赶上去，无如轮子转得太快，逼得我退了下来……我虽不甘心做一个落伍分子，但事实上已不可能。加之年纪长了，体力就衰……在祖国的伟大发展中不能多贡献自己的力量，不免发生了黄昏思想，这是怎样的悲哀![1]

历史证明了人民革命的神圣、工农的高尚与共产党的伟大。虽然受资料所限，我们无法准确统计出新中国成立之初，究竟有多大比例的旧职员如以上三位先生那样，有着自卑感、愧疚感以及落伍感甚至原罪心理。但可以肯定的是，除了敌视新生政权以及少数曾在组织上加入过革命队伍，为新政权的建立流过血、出过力的人外，受儒家思想影响之深的知识分子在面对腐朽统治结束、中华大地发生开天辟地之大喜之际，情不自禁"反躬自问"，完全是一种常理使然。从某种意义上来讲，这些"愧疚感"与"落伍感"表达出了旧职员对于接受共产党教育与改造的主观诉求，同时也成为了共产党在接下来的日子里对其实施思想政治教育，将其塑造成新的政治认同体的良好思想基础。

综上所述，打碎旧的国家机器之后而新生的中华人民共和国，虽然表面看似国家权力无所不及，政府无所不能，社会秩序趋于井然，但这种依靠国家强制力量而维系的稳定成本极高，是在经济、社会、文化力量非常匮乏，且社会运行与政治运行无法实现良性契合的状态下实现的；因此，这种稳定是极其虚弱，缺乏后盾支撑的。这也说明了 1949 年共产党于政

---

[1]　顾潮：《历劫终教志不灰——我的父亲顾颉刚》，华东师范大学出版社 1997 年版，第 251—252 页。

治上军事上的胜利并未使中国立刻出现一个公平、正义的完美秩序，所谓的千年盛世并未出现。正如毛泽东在《论人民民主专政》一文中所言："过去的工作只不过是像万里长征走完了第一步。"①

在中国，亟须通过新的长征来解决上文所提新生政权所面临的各种复杂严峻形势。对于城市管理和建设人才极为匮乏，经济恢复、社会发展事业任务俱艰的新中国而言，改造旧职员，获取其政治认同，将其塑造成拥护共产党的领导，支持新生政权建设的社会主义合格劳动者，就成了进行新的长征必须完成的首要任务。事实上，这也正是共产党在掌控资源极其有限的情况下，对各种困难所做出的一种理性回应。

第三节　"团结、改造、利用"政策的形成和确立

共产党对职员群体的基本政策，可以用"团结、改造、利用"这六个字来概括，这一政策是在以毛泽东为代表的中国共产党领导人充分吸收和借鉴了马克思主义社会改造的基本理念，并准确判断该群体阶级属性的基础上，于长期的探索和实践过程中形成的。客观来讲，这既是建立统一战线的必然要求，也是共产党政治智慧的集中体现。正是在这一正确方针的指引之下，我国的民主革命和社会主义建设事业取得了一个又一个的胜利。虽然在此过程中，由于诸多主客观原因所致，共产党在处理与该群体的关系，尤其是对其进行思想改造时，犯了一些错误，但是"团结、教育、改造"的精神实质从未发生过变化，而是一以贯之，不断得以传承。

一　土地革命时期："团结、改造、利用"思想萌芽

1933 年，中央出台《关于土地斗争中一些问题的决定》（下简称《决定》），旨在正确地解决土地问题，纠正土改工作中所发生的偏向。其中涉及了如何看待知识分子以及职员的阶级属性等问题。

关于知识分子，《决定》指出，不应将知识分子看作一种阶级成分，它"的阶级出身依其家庭成份（分）决定，其本人的阶级成份（分）依

---

① 《论人民民主专政》，《毛泽东选集》（合订一卷本），人民出版社 1964 年版，第 1480 页。

本人取得主要生活来源的方法决定"①。此处,实际上是在强调知识分子并不是一个独立的阶级,它具有很强的依附性。据此可知,对于知识分子主要组成部分的职员而言,依附性也就成了他们身上所具有的一个鲜明特点。

与此同时,《决定》进一步指出:"知识分子在他们从事非剥削别人的工作,如当教员、当编辑员、当新闻记者、当事务员、当著作家、当艺术家的时候,是一种使用脑力的劳动者。此种脑力劳动者,应受到民主政府法律的保护。"② 这里,共产党实际上承认了职员是"脑力劳动者",他们所从事的工作亦属于"非剥削"性质,因此,不应成为斗争的对象,而应成为团结对象,故应该受到"法律保护"。

《决定》继续强调:"一切地主资产阶级出身的智识(知识)分子,在服从民主政府法令的条件下,应该充分使用他们为民主政府服务,同时教育他们克服其地主的、资产阶级的和小资产阶级的错误思想。"③

此处已经隐含了"团结""使用(或利用)"和"改造"之意,但前提是知识分子首先要"服从民主政府法令";而且,共产党必须对他们开展政治教育,即进行"改造",原因在于他们具有"地主的、资产阶级的和小资产阶级的错误思想"。

由此可以看出,在处理与知识分子关系的早期探索中,共产党很早就已产生了要"团结、利用、改造"职员的思想萌芽。只是由于土地革命战争时期,"左"倾错误思想在党内产生,所以党内一度出现了拒绝、排斥知识分子的错误策略,于是,"团结、利用、改造"知识分子,尤其是职员的思想和政策此时也就未能得以真正凸显和贯彻。

二 抗日战争时期:"团结、改造、利用"政策的初步探索和实践

抗日战争时期,随着战争形势的不断恶化,共产党逐渐认识到了知识分子的重要性,"没有知识分子的参加,革命的胜利是不可能的"。为使

---

① 《关于土地斗争中一些问题的决定》(1933),载中央档案馆编《中共中央文件选集》(第十七册),中共中央党校出版社 1992 年版,第 176 页。

② 同上。

③ 同上。

全党统一思想，端正态度，1939 年 12 月 1 日，毛泽东为中共中央起草文件《大量吸收知识分子》。

文件指出：党和军队应该"大量吸收知识分子加入我们的军队，加入我们的学校，加入政府工作。只要是愿意抗日的比较忠实的比较能吃苦耐劳的知识分子，都应该多方吸收，加以教育，使他们在战争中在工作中得到磨炼，使他们为军队、为政府、为群众服务"①。

此处的"大量吸收""多方吸收"表明了共产党"团结"知识分子的愿望，"加以教育""磨炼"即是对其进行"改造"之意，而"为军队、政府、群众服务"则表明了中共的最终意图，即"利用"他们。

除了大量吸收，教育改造为我所用之外，共产党还强调了要区别对待知识分子的思想。如对敌人和资产阶级政党派遣进来的分子，"应依靠真凭实据，坚决地有分别地洗刷出去"②。而对于忠实有用的知识分子，"应该分配适当的工作好好地教育他们"③。可以说，该文件的颁发，直接奠定了共产党针对知识分子群体思想改造的政策基础。

《大量吸收知识分子》的决定出台后，中央下令在各个敌后根据地广泛建立"抗大"分校和各种政治训练班大量吸纳知识分子，且明文规定："有革命积极性者，不问其社会出身如何，来者不拒，一概挽留。"④ 在共产党强有力的号召下，广大胸怀祖国安危的知识分子纷纷将抗日救国的希望寄托在共产党身上，并热情奔赴延安。知识分子的大量涌入在壮大革命势力的同时，也带来了一些隐患与矛盾：即各类小资产阶级的思想意识随之在革命队伍中滋生。于是，教育和改造知识分子的任务被提上日程，延安整风运动随之兴起。

延安整风运动的进行，使多年以来我党潜心探索出的对待党内知识分子思想改造的政策付诸了实践，由此，共产党争取、团结、教育（或改造）知识分子的基本政策越来越趋于明朗化。

1944 年 10 月 30 日，毛泽东在陕甘宁边区文教工作者会议上发表演

---

① 《大量吸收知识分子》（1939 年 12 月 1 日），《毛泽东选集》（第二卷），人民出版社 1991 年版，第 619 页。

② 同上。

③ 同上。

④ 中央档案馆编《中共中央文件选集》（第十二册），中共中央党校出版社 1991 年版，第 577 页。

讲《文化工作中的统一战线》，提到统一战线的两个原则，他指出，"统一战线的原则有两个：第一个是团结，第二个是批评、教育和改造。在统一战线中，投降主义是错误的，对别人采取排斥和鄙弃态度的宗派主义也是错误的。我们的任务是联合一切可用的旧知识分子、旧艺人、旧医生，而帮助、感化和改造他们。为了改造，先要团结。"①

这是目前所能见到的在共产党公开出版的文件中较早明确提出"团结、教育、改造"政策的文章，自此之后，"团结、教育、改造"成为了共产党解决与知识分子关系的基本原则，但此时，该原则并未被明确作为一项政策确定下来。而且，它仅仅是针对某个部门或某一特定领域知识分子，尤其是党内和根据地的知识分子。这也表明，此时共产党还未站在全国革命和经济建设的战略高度来研究和思考职员等知识分子的思想改造问题。

三　解放战争—新中国成立："团结、改造、利用"政策的形成和确立

抗日战争中国取得胜利，国共两党的矛盾再次浮出水面，并逐步尖锐化。为了团结一切可以团结的力量，不断壮大自身势力，确保在不可避免的国内战争中取得胜利，共产党积极号召社会各界，尤其是知识分子中的职员，如技术人员、医师、专门人才等投靠自己，为己效力。

1945年10月5日，中央转发《晋冀鲁豫中央局关于解放区城市政策和群众工作的指示》，指出"无论部队与地方，应在发动群众中，注意吸收智识（知识）分子、技师、医生、专门人才来根据地和八路军中工作（可以用军政大学、建国学院、剧团、工厂招生和其他办法吸收）"②。

1946年3月28日出台的《中央关于解放区经济建设的几项通知》，也指出："现在国民党区的自有工业家备受官僚资本的压迫，不能立足，很多技术人员失业。各地的党可利用各种社会关系或统一战线，与他们谈判，欢迎他们来解放区投资和工作。关于工业的土地、原料、劳动力、交

---

① 《文化工作中的统一战线》（1944年10月30日），《毛泽东选集》（第三卷），人民出版社1991年版，第1012页。

② 《晋冀鲁豫中央局关于解放区城市政策和群众工作的指示》（1945年9月25日），载于中央档案馆编《中共中央文件选集》（第十五册），中共中央党校出版社1991年版，第316页。

通、市场、税则，我们应给予特别的便利。技术人员的待遇从优。"①

共产党极具吸引力的号召迅速集结了广大职员在其周围，而职员等专门技术人才的大量加入则很快壮大了共产党的力量，这在一定程度上促进了解放战争局势朝着有利于共产党的方面扭转。1947 年 8 月，刘邓大军千里挺进大别山，以此为标志，人民解放军进入了战略反攻时期。在毛泽东看来，"这是一个伟大的事变"，中国革命由此进入了一个历史的转折点，"中国人民解放军已经在中国这一块土地上扭转了美国帝国主义及其走狗蒋介石匪帮的反革命车轮，使之走向覆灭的道路，推进了自己的革命车轮，使之走向胜利的道路"②。此时的蒋介石，已经丧失了民心，被孤立起来，广大人民群众，包括职员，开始慢慢向共产党靠拢。为了确保全国革命的胜利，共产党开始将更多的精力放在了研究如何正确处理与知识分子，包括教员、学生等群体的关系上来。

1948 年，共产党连续颁布了几个针对各级学校教授、普通教员以及学生的文件。1 月 18 日毛泽东在为中共中央起草决议《关于目前党的政策中的几个重要问题》，强调了反对"左倾""右倾"错误，团结社会各个阶层建立统一战线的重要性。他指出，"在全国，是工人，农民（包括新富农），独立工商业者，被反动势力所压迫和损害的中小资本家，学生、教员、教授、一般知识分子，自由职业者，开明绅士，一般公务人员，被压迫的少数民族和海外华侨，联合一道，在工人阶级（经过共产党）的领导之下，打江山坐江山，而不是少数人打江山坐江山"③。因此，"对于学生、教员、教授、科学工作者、艺术工作者和一般知识分子，必须避免采取任何冒险政策，必须采取慎重态度，分别情况，加以团结、教育和任用，只对其中极少数坚决的反革命分子，才经过群众路线予以适当的处置"④。

上文充分肯定了社会各阶级在革命中的重要作用，明确提出了应

---

① 《中央关于解放区经济建设的几项通知》（1946 年 3 月 28 日），载于中央档案馆编《中共中央文件选集》（第十六册），中共中央党校出版社 1992 年版，第 106 页。

② 《目前形势和我们的任务》（1947 年 12 月 25 日），《毛泽东选集》（第四卷），人民出版社 1991 年版，第 1244 页。

③ 《关于目前党的政策中的几个重要问题》（1948 年 1 月 18 日），《毛泽东选集》（第四卷），人民出版社 1991 年版，第 1268—1269 页。

④ 同上书，第 1270 页。

"分别情况"，进行"团结、教育、任用"，此处，"团结""教育"是手段，而"任用"才是最终的目的；至于针对的对象，也超出了过去一贯所泛指的"知识分子"，而是具体到了学生、教员、教授、科学工作者、艺术工作者，这种提法在以前的中央文件中鲜有见到。这表明了中央在看待知识分子尤其是职员问题时，思考的角度已从策略层面上升至战略高度的层面；视野也从过去仅仅局限于根据地的知识分子转向了全国范围；改造的对象也不仅仅是党内知识分子、小知识分子，党外知识分子、中等甚至是高级知识分子已经引起了共产党越来越多的关注和重视。

1949 年 4 月 26 日，《中央关于应吸收技术人员参加企业管理委员会给华东局的指示》出台，文件针对山东省淄博、博山、周村、张店等地执行的企业正式管理委员会成员仅有经理、工会代表而未提到工程师、技师及有经验的职员的状况，指出"须知单是经理及工人代表，是不够的，必须有工程师、技师及职员参加管理委员会。这个委员会应当是厂长负责制下面的管理委员会。在任何企业中，除厂长或经理必须被重视外，还必须重视有知识有经验的工程师、技师及职员。必要时，不惜付出高薪。即使是国民党人，只要有可能也要利用"[1]。

6 月 10 日中央批转《中共东北局关于保护新收复城市的指示》，规定"攻城部队可以俘虏的敌方人员，只限于敌方武装部队及其他持枪抵抗的人员；可以逮捕的人犯，只限于敌方的军事间谍，经济和社会秩序的破坏分子，以及明显的重要战犯。其他一切守法的敌方公务人员，经济机关与文化机关的人员和警察等，不应加以俘虏及逮捕；而应责成他们在我方一定机关和人员的指挥与命令之下，留在原来岗位，看守原来的机关、工厂、仓库、物资和文件并继续维持必要的工作，听后清理与交代，不得怠职毁损和阴谋破坏"[2]。

上文所提"敌方公务人员""经济机关与文化机关的人员和警察"等均系原效力于国民政府的职员，为了团结尽可能团结的力量，减少敌人，

---

[1]　《中央关于应吸收技术人员参加企业管理委员会给华东局的指示》（1948 年 4 月 26 日），载中央档案馆编《中共中央文件选集》（第十七册），中共中央党校出版社 1992 年版，第 141 页。

[2]　《中共东北中央局关于保护新收复城市的指示》（1948 年 6 月 10 日），载于中央档案馆编《中共中央文件选集》（第十七册），中共中央党校出版社 1992 年版，第 213 页。

也为了获得良好的政治影响，为新中国的建设广纳人才，共产党对他们也坚持了团结的方针。同月 19 日所发《中央军委关于攻克开封后的各项政策给粟裕等电》① 中也有此类规定。

6 月 20 日《中央宣传部关于对中原新解放区知识分子方针的指示》中提到，"中原局除尽可能办军政学校（短期训练班性质）外，应当采取组织宣传队，剧团，随军工作队，及财政、税收、司法、会计、医药、通讯、新闻等各种短期训练班，大量吸收现在已经决心参加工作的贫困或其他阶层出身的智识（知识）分子"②，"在课程方面，开始时可取消其'公民'课，其余课程照旧，然后供给新的政治，国语，历史课本，其余仍照旧。"③ "在教职员方面，除个别极反动的分子及破坏分子以外，其余全部争取继续教书，因误会而逃走的亦应争取回来"④。该文件首次对如何对待解放区学校的教育和教师等问题做出了明确要求，同时也规定了改造职员等知识分子的具体形式、他们接受教育的内容等问题。

1949 年 7 月 3 日，《中央批转陈克寒关于新区宣传工作与争取青年知识分子致新华社总社电》指出："争取和改造知识分子，是我党重大的任务，为此，要办抗大式的训练班，逐批地对已有知识的青年施以短期的政治教育，要大规模的（地）办，目的在争取大多数知识分子都受一次这样的训练，训练后，因才施用，派往各种工作岗位，再在实际工作中去锻炼。""逐步加以必要与可能的改良，就是在开始时，只做可以做到的事，例如取消反动的政治课程，公民读本，及国民党的训导制度，其余一概仍旧，教员中只去掉极少数的反动的分子，其余一概争取继续工作，逃了的也要争取回来。"⑤

同日，《中央关于临汾地区工作方针给晋绥分局等的指示》第三条也

---

① 《中央军委关于攻克开封后的各项政策给粟裕等电》（1948 年 6 月 19 日），载于中央档案馆编《中共中央文件选集》（第十七册），中共中央党校出版社 1992 年版，第 217 页。

② 《中央宣传部关于对中原新解放区知识分子方针的指示》（1948 年 6 月 20 日），载于中央档案馆编《中共中央文件选集》（第十七册），中共中央党校出版社 1992 年版，第 219 页。

③ 同上书，第 220 页。

④ 同上。

⑤ 《中央批转陈克寒关于新区宣传工作与争取青年知识分子致新华社总社电》（1948 年 7 月 3 日），载于中央档案馆编《中共中央文件选集》（第十七册），中共中央党校出版社 1992 年版，第 225—226 页。

指出：“对学生、教员、知识分子，除号召其中蒋党阎党特务人员坦白登记，禁止反革命的组织活动与阴谋破坏，禁止教授‘党义’之类的法西斯内容的课程以外，即可令他们继续教学。对他们的一些反动思想言论，则不必操之过急，也不要用法律去禁止他们这些思想言论，要认识他们有些是为环境所迫而失足的，或是被蒋介石匪帮的法西斯教育所欺骗蒙蔽的，对我们则完全不了解。对于这些，仅仅是思想上反动的人，我们应依靠其中较进步的分子，从思想上去说服教育改造他们。”①

7月13日，又强调：“高级知识分子是国家的重要财富之一。再则我们自己办教育的力量还不够，与其采用急进而冒险的政策，不如采取稳扎稳打的政策，先维持然后慢慢改进。”② 由此可见，此时共产党对知识分子的重心工作已放在了“改造”上，职员政策也如此，而“改造”的目的还在于“利用”，以维持社会秩序。

9月26日，城工部改名为统战部，这为共产党更好地开展城市工作奠定了基础③。10月28日，《中共中央关于准备五万三千个干部的决议》针对革命形势的迅速发展而干部严重缺乏的现实，提出“在解放了的城市中，放手地大量地使用及训练改造除了反动分子以外的原来的企业人员及公教职员，以补充我城市工作干部之不足。经过一个时期之后，并可从此类人员中抽出一批加以训练派往新解放区去工作”④。此处，中央再次强调了团结、利用职员的必要性、重要性以及前提条件。

1948年中央密集出台关于知识分子，包括职员的文件，由此可以看出，在夺取全国胜利的前夜，共产党已经开始为新政权的建立而紧张有序地做着各个方面的准备。尽管有些文件没有明确、完整地提出“团结、改造、利用”的基本规定，但事实上，其精神是内含于其中的。

---

① 《中央关于临汾地区工作方针给晋绥分局等的指示》，（1948年7月3日），载于中央档案馆编《中共中央文件选集》（第十七册），中共中央党校出版社1992年版，第229页。

② 同上书，第240页。

③ 参见《中央关于城工部改名为统战部及该部工作任务等问题的指示》（1948年9月26日），载于中央档案馆编《中共中央文件选集》（第十七册），中共中央党校出版社1992年版，第342页。

④ 《中共中央关于准备五万三千个干部的决议》（1948年10月28日），载于中央档案馆编《中共中央文件选集》（第十七册），中共中央党校出版社1992年版，第431页。

　　历时整整 142 天，辽沈、淮海、平津三大战役于 1949 年 1 月结束，这意味着严重的战争时期已经过去，于是，共产党开始更加关注革命胜利之后的政权巩固，尤其是城市管理及建设问题。

　　1949 年 3 月 5 日至 13 日，中国共产党第七届中央委员会第二次全体会议在河北省平山县西柏坡村召开，毛泽东在会上做了重要报告。报告提出了党的工作任务由乡村转移城市的重要战略，强调全体官兵必须用极大的努力去学会管理和建设城市。为此，"必须全心全意地依靠工人阶级，团结其他劳动群众，争取知识分子，争取尽可能多地能够同我们合作的民族资产阶级分子及其代表人物站在我们方面，或者使他们保持中立，以便向帝国主义者、国民党、官僚资产阶级作坚决的斗争，一步步地去战胜这些敌人"①。这与同年 2 月 8 日毛泽东为中共中央军事委员会所写《复第二野战军和第三野战军的电报》中所提 "人民解放军既是战斗队又是工作队" "军队干部应当全体学会接收城市和管理城市" 的思想②要义是一致的。随后，在中央于同年 3 月 17 日所发《把消费城市变成生产城市》一文中，更是明确提出做好城市工作的 "中心环节是迅速恢复和发展城市生产，把消费的城市变成生产的城市"③。因此，要团结其他劳动人民、革命的知识分子以及自由资产阶级的代表人物，知识分子、民主党派，共同致力于城市建设从而建设国家的艰巨事业。

　　七届二中全会是在中国革命取得全国性胜利的前夕所召开的一次极其重要的会议。它为新形势下党的战略重心转移指明了正确方向，其中关于管理与建设城市的相关规定，更是涉及了团结、改造、利用知识分子，进而达到为我所用的根本目标。毛泽东在本次会议上所做报告与同年 6 月他所撰写的《论人民民主专政》一文，共同构成了中华人民共和国初期有着 "临时宪法" 之称的《中国人民政治协商会议共同纲领》的政策基础。会议之后，中共中央迁至北平（今北京）。

　　1949 年 6 月 30 日，毛泽东发表《论人民民主专政》，文中提出为了

---

　　① 《在中国共产党第七届中央委员会第二次全体会议上的报告》，《毛泽东选集》（第四卷），人民出版社 1991 年版，第 1428 页。

　　② 《把军队变为工作队》（1949 年 2 月 8 日），《毛泽东选集》（第四卷），人民出版社 1991 年版，第 1405—1406 页。

　　③ 《把消费城市变成生产城市》（1949 年 3 月 17 日），载于中央档案馆编《中共中央文件选集》（第十八册），中共中央党校出版社 1992 年版，第 495 页。

克服新中国可能遇到的困难，尤其是经济困难，我们"必须向一切内行的人们（不管什么人）学经济工作。拜他们做老师，恭恭敬敬地学，老老实实地学。不懂就是不懂，不要装懂。不要摆官僚架子"[1]。此处所提"内行的人们"主要指的就是拥有知识、专门技能的知识分子，尤其是广大职员群体。由此可见，使用职员为新生政权的建设服务，是共产党坚定不移的指导方针，而放心使用他们的前提就是必须对其进行改造，使之成为社会主义建设可靠的建设者。

中共中央在取得全国胜利的最紧要关头，始终坚持团结知识分子，以求最大限度地利用其智慧与才能的基本原则。客观来讲，这既是共产党坚定执行统一战线政策、珍惜赢得政治声誉的集中体现，更是应对不久新中国成立后可能遇到的各种困难形势的一种理性准备。

9月29日，中国人民政治协商会议第一届全体会议通过了《中国人民政治协商会议共同纲领》，在"文化教育政策"部分明确规定："中华人民共和国的文化教育为新民主主义的"，要有计划有步骤地"给青年知识分子和旧知识分子以革命的政治教育，以应革命工作和国家建设工作的广泛需要"[2]。在此精神的指导下，新中国成立后的第一次全国教育工作会议于12月30日在北京胜利召开，教育部副部长钱俊瑞在总结报告中指出："争取团结和改造知识分子是新区教育工作的关键。"[3] 他还引用毛主席的话语"对于旧文化工作者、旧教育工作者和旧医生的态度，是采取适当的方法教育他们，使他们获得新观点、新方法，为人民服务"。[4]

这是新中国成立之后，第一次系统总结解放以来共产党对待从国统区接收过来各类知识分子政策的一个总结报告，其中所蕴含的"团结、改造、利用"的精神体现了中央对待知识分子，尤其是职员的基本策略。

通过梳理上述文件，可以发现，自解放战争进行至战略反攻阶段以后，尤其是进入1948年以来，共产党关于知识分子的方针、政策，主要

---

① 《论人民民主专政》，《毛泽东选集》（第四卷），人民出版社1991年版，第1480—1481页。

② 《中国人民政治协商会议共同纲领》（1949年9月29日），载于中央档案馆编《中共中央文件选集》（第十八册），中共中央党校出版社1992年版，第593—594页。

③ 钱俊瑞：《在第一次全国教育工作会议上的总结报告要点》，《人民日报》1950年1月6日。

④ 同上。

是围绕从国统区而来的党外知识分子，尤其是高级专门人才（他们大多是高级职员）。这也表明共产党在处理与该群体关系时，视野更加宏观、开阔，更能从整体和全局的角度审视该群体与自身的关系。

综上所述，中央很多关于职员群体的政策和策略，实质上暗藏在对待知识分子的政策之中。从新民主主义革命时期到新中国成立之后，"团结、教育、改造"职员的精神都是一以贯之的。这说明共产党对待该群体的政策具有历史继承性。换言之，新中国成立之后，共产党针对该群体的所有方针、政策均可看作由民主主义革命时期共产党针对党内知识分子思想改造政策的平移，即从针对党内知识分子发展到针对党外职员和其他知识分子。因此，可以说，新中国成立之后共产党积极构建对旧职员政治认同的重要原因之一，正是长期以来共产党对待知识分子思想改造政策的客观使然。

第二章　接管：政治动员下的个体利益再分配（1949—1950）

德国社会学家、哲学家哈贝马斯曾指出："国家之证明自己有助于合法化，只有它成功地处理了它计划要承担的任务时，才成为可能。"① 对于政治合法性的获取而言，"政治绩效"的营造是其重要支撑力量。在现实生活中，这种"政治绩效"既表现在经济建设取得的巨大成就中，也体现在社会的发展与文明进步上。

政治认同是建立在一定经济基础之上的，不会凭空而生。对于旧职员而言，他们是否认同以及在多大程度上认同共产党及新生政权，关键在于其现实利益的满足程度。诚如霍布斯所言，"对于每一人，其目的都是为着他自己的利益的"②，也正是因此，才会出现"人对人像狼一样"的情形；爱尔维修也认为"人类的一切活动都是建立在个人利益的基础上的"③，因此，他将利益视为"我们的唯一推动力"④；黑格尔更是认为，"我们对历史最初的一瞥，便使我们深信人类的行动都发生于他们的需要、他们的热情、他们的兴趣、他们的个体和才能；当然，这类的需要、热情和兴趣，便是一切行动的唯一的源泉……"⑤

中国共产党领导人在构建旧职员的政治认同时，也考虑到其利益，于是，接收并妥善安置他们，就成为共产党营造政治绩效、获取旧职员政治认同过程中所采取的一项极为重要的举措。

---

① ［德］尤尔根·哈贝马斯：《交往与社会进化》，重庆出版社1989年版，第203页。

② ［英］霍布斯：《利维坦》，《西方伦理学名著选译》（上卷），商务印书馆1964年版，第667页。

③ 《新卡克顿百科全书》（第九卷），卡克顿出版社1977年英文版，第2987页。

④ 《十八世纪法国哲学》，商务印书馆1963年版，第537页。

⑤ ［德］黑格尔：《历史哲学》，商务印书馆1963年版，第58—59页。

第一节　准备与接管

一　未雨绸缪：接管旧职员的准备

以总前委、华东局和华东军区机关进驻丹阳为界，接管上海的准备工作大体可分为前期筹备和丹阳集训两个阶段。前期筹备时期，在中共中央的领导下，华东局主要在干部调配和资料情报收集等方面做了大量工作。丹阳集训阶段，华东局重点关注的则是：接管人员的思想，入城纪律与接管方针、政策，物资、后勤保障等问题。兹对两个阶段的准备情况做一简要介绍。

（一）前期筹备时期（1949 年 4 月 24 日之前）

第一，抽调接管干部。

拥有一支政治觉悟高、业务精湛、组织严密、战斗力强的干部队伍，是实现顺利接管城市，并妥善安置旧职员的首要条件。随着解放战争由防御阶段转为进攻阶段，骁勇善战的人民解放军屡战屡胜，"至 1948 年 6 月，解放区原有和新解放的县城以上的城市达 586 座，占全国总数的 29%"①。为适应战争的胜利形势，当天津、北平（今北京）、南京等全国性大城市被顺利接管后，解放与接管上海便成为了共产党面临的又一项紧迫任务。

实际上，中共中央很早就开始为接管上海筹备干部，"早在 1948 年 12 月，中共中央致电上海局选派 30—50 名干部，前往东北解放区学习城市管理经验，作为今后接管上海、南京等城市的干部培训"②；1949 年年初，华东局着手组建"南下干部纵队"，2 月 3 日，《中央关于军事形势和准备渡江南进干部的指示》颁发，明确要求华东局、中原局、华北局、东北局及哈尔滨、沈阳、唐山、天津、北平等城市抽调干部随军南下，以协助江南各市的城市接管工作。具体调配要求如下：

第一，华东、华中调动集中及训练一万五千干部，应立即动手去做，

---

① 毛泽东选集（第四卷），人民出版社 1991 年版，第 1343 页。

② 《综述》，载于中共上海市委党史研究室编《接管上海》（下卷），中国广播电视出版社 1993 年版，第 4 页。

并于二月底在徐州集中待命。第二，华北局所担任的一万七千名干部，亦应于二月底集中八千人于石家庄，加以训练待命，交华东局率领随华野、中野向江南前进。① 东北局应准备一批城市工作干部交华东局，去接收上海，因华东局的干部无接收上海的能力。此项干部目前尚不实行抽调，但须准备抽调，其数目及质量以后商定。② 哈尔滨、沈阳、唐山、天津、北平的城市工作干部，准备抽调相当数量去接收上海、南京、苏州、杭州诸城。③

同月，华东警官学校在济南成立，1000 名青年学员经过短期培训后，成为了接管上海的干部；据时任上海军管会金融处成员，参与接管国民党中央银行，随后在新成立的中国人民银行工作过的徐达夫先生回忆：

> 2 月底，华东局从原华东财经系统等抽调近 2000 名财经干部，组成专门接管上海财经系统的上海接管第三纵队，代号"青州总队"，下设 10 多个大队，计划分头接管上海财经的各个部门。这些干部号称是"不拿枪的士兵"，总队长就是时任山东财政厅厅长，日后大名鼎鼎的顾准④。

在七届二中全会提出党的工作重心由乡村转为城市的当天，华东局又"从山东的昌潍地委、潍坊特别市市委和渤海区党委三地委南调 700 余名干部，分别组成 3 个大队，10 个中队，集中到山东临城的华东局党校进行学习，准备随军南下，接管新解放区"⑤，5 月初，所有接管干部相继抵达丹阳。

第二，情报资料搜集。

---

① 《中央关于军事形势和准备渡江南进干部的指示》（1949 年 2 月 3 日），载于中央档案馆编《中共中央文件选集》（第十八册），中共中央党校出版社 1992 年版，第 106 页。

② 同上。

③ 同上。

④ 徐达夫口述，徐其立、杨华国、徐有威整理《山东小八路眼中的大上海》，《解放日报》2014 年 6 月 24 日第 9 版。

⑤ 事实上，这批干部最后成为了接管上海市郊的大场、真如、新市、杨思、高桥等地的主要力量。参见《大事记》，载于中共上海市委党史研究室编《接管上海》（下卷），中国广播电视出版社 1993 年版，第 38、45 页。

　　早在渡江战役发动之前，攻打上海就进入了中共中央的日程表。为做到"知彼知己"，确保上海之战圆满胜利，1949 年 2 月，中共中央致电华东局社会部，要求务必按照《京沪调查提纲》的要求，收集整理京沪材料。于是，60 余名干部在华东局社会部副部长杨帆的率领之下，于 1949 年 2 月携带电台等装备，南下淮阴开展资料收集与整理工作。在上海市委驻华中工委调研科的大力支持下，调研工作顺利展开。广大干部日夜奋战，将中共上海地下组织前期收集的各项情报、战争中保存下来的战俘信息、档案资料、国统区发行的图书报刊等资料，分门别类，汇编成册，得到百余万字，共计 30 册珍贵资料集，如《上海概况》《上海各团体》《上海蒋匪军事机关》《伪上海市府各局》《伪中央各院部会驻沪机关》《伪上海市政府及各区保甲概况》及官僚资本主义企业、金融、证券交易所等方面的材料。

　　这些材料全面具体，记录翔实，几乎涉及上海的方方面面。如上海的历史与现状、国民政府驻上海各机构、驻军，政府的经济、政治、文化教育、交通等各个机关的组织机构、物资储备、人员数量，甚至连政府官员的姓名、联系电话、住址等内容也被囊括其中。所有材料于渡江战役发起之前发送到军级以上领导干部和各位接管干部手中，它为解放军了解、熟悉上海，接管上海，安置旧职员提供了重要保障。也正是如此，陈毅赞言：这"为上海接管工作立了一大功。"①

　　（二）丹阳集训阶段（1949 年 4 月 24 日—1949 年 5 月 27 日）

　　第一，思想准备。

　　思想准备是各项准备工作中最首要，也是最基本的一项工作。丹阳集训期间，华东局通过组织广大接管干部学习七届二中全会精神等，来解决他们对"党的工作重心从农村转移到城市"的认识问题，进而在思想上做好了接管上海的准备工作。

　　工作环境突然由农村转为城市，对中国共产党人而言，无疑是一个重大的挑战，这是因为：首先，共产党人中的绝大多数长期生活在农村，有的虽身经百战、战功显赫，但缺乏城市工作及生活经验；其次，不少人虽来自城市，但因常年从事地下工作，并不具备真正的城市管理

---

① 《综述》，载于中共上海市委党史研究室编《接管上海》（下卷），中国广播电视出版社 1993 年版，第 8 页。

经验；最后，尽管有的干部曾参加过城市接管工作，具有一定实践经验，但毕竟只是中小城市，诸如上海这般国际大都市，其接管任务与其他城市相比，显然要艰巨许多。能否尽快适应城市环境，顺利接管整座城市，妥善安顿旧职员，使国民党四处散播的"共产党在上海维持不了三个月""共产党治理不了上海这座全国最大的城市"等谣言不攻自破，做到接管后"歌照唱、舞照跳"，加快业务学习，转变共产党人的思想成为当务之急。

在中共中央、华东局的统一组织和领导下，各接管干部高度重视，认真学习，较好地领会了七届二中全会精神，掌握了一定的城市管理工作方法，保持了密切联系群众，发挥了艰苦奋斗的优良作风，出色地完成了接管上海的重任。

第二，政策学习。

早在京沪杭战役筹备阶段，中央军委就为解放上海做出了既要歼灭防守上海之敌，又要完整保全上海的指导方针。毛泽东在北平与潘汉年、夏衍、许涤新谈到解放上海的指导方针时，特别强调了"不让国民党搞焦土政策，尽可能完好地保存这个现在全国最大的工业城市"[①]。为完好保全、接管上海，中央军委运筹帷幄，做出了一系列重要决策，其中对解放、接管上海的基本原则、战略战术、攻城时间、对待城市各类群体，尤其是旧职员的方法等问题做出了详细、周密部署。丹阳集训期间，接管干部在政策学习方面，主要就是围绕上述问题而展开。相关规定在《华东局关于接管江南城市的指示》（1949年4月1日）、《中共中央上海局在人民解放军渡江前给上海党组织的指示》（1949年4月8日）、《中国人民解放军布告》（1949年4月25日）、《饶漱石关于接管上海问题的报告》（1949年5月6日）、《华东局直属党委关于进入上海前后的政治工作的指示》（1949年5月8日）、《刘晓、刘少文关于上海解放后地下党配合接管的指示》（1949年5月8日）、《饶漱石关于接管上海准备工作的情况致中共中央电》（1949年5月10日）、《陈毅同志在丹阳一次会议上的讲话》（1949年5月10日）等文件中都能见到。

如关于解放上海的时间，中央军委要求："上海在辰灰（5月10日）

---

① 《许涤新回忆录》，转引自中共上海市委党史研究室编《接管上海》（下卷），中国广播电视出版社1993年版，第2页。

以前确定不要去占领，以便有 10 天时间作准备工作。"① 关于作战方案，粟裕提出"两翼分兵，钳击吴淞口"②。关于接管原则，共产党提出"按照系统、整套接收、调查研究、逐渐改造"的方针，以便力求主动，避免被动③。

总体而言，在中共的接管政策中，对于职员阶层以留用维持为主，这是因为职员阶层主要是工人与资本家之间，以知识技术、管理才能而谋生，一旦被掌握，实际可以为新政权的新民主主义服务。这就形成了新中国成立初期乃至社会主义改造时期对职员基本政策的核心。该文件实际上对接管上海等江南城市的具体原则、方针、策略，对待旧职员的基本方式方法等问题做了详细规定，为接管干部顺利接管上海，妥善安置旧职员指明了正确的方向。随后陆续出台的政策，基本都是在其基础之上不断丰富与完善的。

如《中央批准华东局关于接管江南城市的指示》中，再次强调军管会不能经营企业，同时，还对劳资问题，接管城市后，发动工人迅速改革冗员、官僚制度等问题做了明确要求。《中共中央上海局在人民解放军渡江前给上海党组织的指示》（1949 年 4 月 8 日）中更是对人民团体联合会、工人运动、学生运动、职员（包括教师、技术人员、警察等）、郊区工作、纠察队、文化宣传工作、接管工作准备、策反工作等任务做了详细安排④。

1949 年 4 月 25 日所颁布的《中国人民解放军布告》宣布了中国共产党的《约法八章》，对保护人民生命财产，保护民族工商业、农牧业，没收官僚资本，保护公私学校、医院、文教机构，对旧人员的方法，稳定城乡治安，废除农村封建土地制度，保护外侨生命财产安全等

---

① 《综述》，载于中共上海市委党史研究室编《接管上海》（下卷），中国广播电视出版社 1993 年版，第 3 页。

② 中共上海市委党史研究室编《浴火新生：上海解放图录》，上海辞书出版社 2009 年版，第 103—131 页。

③ 具体要求详见《华东局关于接管江南城市的指示》（1949 年 4 月 1 日），载于中共上海市委党史研究室、上海市档案馆编《接管上海》（上卷），中国广播电视出版社 1993 年版，第 4—8 页。

④ 《中共中央上海局在人民解放军渡江前给上海党组织的指示》（1949 年 4 月 8 日），载于中共上海市委党史研究室、上海市档案馆编《接管上海》（上卷），中国广播电视出版社 1993 年版，第 11—13 页。

问题做了详细规定①。

《饶漱石关于接管上海问题的报告》（1949 年 5 月 6 日）全面系统地提出了接管上海的具体要求，对接管原则，如自上而下按照系统接收、区别对待不同接收对象、原封不动的含义、坚持群众路线、工资问题、快接细收、古籍文化保护、工人福利、军事代表的任务、工作方法等方面做了详细阐述②。

《华东局直属党委关于进入上海前后的政治工作指示》（1949 年 5 月 8 日），对进入上海前后广大接管干部进行思想政治教育、纪律教育、接管政策学习的计划等问题做了具体要求。如进入上海前关于接管政策学习，指示要求一般干部以学习饶政委的报告为主，同时学习各部门具体接管政策、上海概况；机关政工干部除以上文件外，还必须学习"中央关于对待新解放城市保甲人员的指示""中央关于国民党三青团及特务机关处理办法的指示"；时刻注意健全组织等。③ 对于进入上海后的要求，就更为详细和具体。如除了强调学习屋内厕所、自来水、电灯、电话、门窗等的使用方法外，就连解放军的着装、走路、请假制度、保密工作等都有详细规定④。

1949 年 5 月 10 日，陈毅在丹阳一次会议的讲话中，在强调部队纪律的同时，将对待敌人、特务、帝国主义分子，外交问题，驻在市郊、不入城等问题进行了详细说明⑤。5 月 20 日，《上海市军管会关于接管工作的通知》下发，对上海接管初期的工作关系及任务做了规定。具体涉及警备司令部的治安，处理散兵游匪、在乡军人、伪方家属、战俘，政务接管委员会接管旧职员的具体方法，救济工作、卫生工作、对待反动保甲制

---

① 《中国人民解放军布告》（1949 年 4 月 25 日），载于中共上海市委党史研究室、上海市档案馆编《接管上海》（上卷），中国广播电视出版社 1993 年版，第 14—16 页。

② 《饶漱石关于接管上海问题的报告》（1949 年 5 月 6 日），载于中共上海市委党史研究室、上海市档案馆编《接管上海》（上卷），中国广播电视出版社 1993 年版，第 21—32 页。

③ 《华东局直属党委关于进入上海前后的政治工作的指示》（1949 年 5 月 8 日），载于中共上海市委党史研究室、上海市档案馆编《接管上海》（上卷），中国广播电视出版社 1993 年版，第 47 页。

④ 同上书，第 47—48 页。

⑤ 《陈毅同志在丹阳一次会议上的讲话》（1949 年 5 月 10 日），载于中共上海市委党史研究室、上海市档案馆编《接管上海》（上卷），中国广播电视出版社 1993 年版，第 59—62 页。

度、"三青团"等方面①。

总之，丹阳集训期间，针对广大官兵开展的政策学习是全方位、多领域的，通过学习以上文件，他们初步掌握了城市工作的原则、方法和要领，这为上海解放后顺利完成接管上海、妥善安置旧职员的工作奠定了坚实的政策保障。

第三，纪律教育。

严明的纪律是马克思主义政党区别于其他政党的显著标志，是我党克敌制胜的重要法宝。丹阳集训期间，开展严格的纪律教育是我党为顺利接管上海所做的又一项重要准备工作。通过梳理共产党于丹阳集训前后颁布的一系列重要文件及中央和华东局领导人所做报告发现，几乎所有文件都涉及了严明军纪的相关规定，较为重要的有：《华东局关于接管江南城市的指示》（1949 年 4 月 1 日）、《中国人民解放军布告》（1949 年 4 月 25 日）、《中央关于城市纪律的指示》（1949 年 5 月 16 日）、《华东局关于外交纪律的七项规定》（1949 年 5 月）、《饶漱石关于接管上海问题的报告》（1949 年 5 月 6 日）、《华东局直属党委关于进入上海前后的政治工作指示》（1949 年 5 月 8 日）、《陈毅同志在丹阳一次会议上的讲话》（1949年 5 月 10 日）等。

值得一提的是，1949 年 4 月 1 日华东局所颁布的《华东局关于接管江南城市的指示》。该文件是七届二中全会做出党的工作重心由农村转向城市的指示后，共产人在认真总结了石家庄、沈阳等城市接管经验和教训的基础之上，制定出来的一个关于城市接管问题的较为完整的重要文件。其中不仅有针对参与解放、接管上海的广大官兵干部的纪律要求，还有关于如何对待敌方人员，如特务、间谍、破坏分子、侨民、外国人等特殊群体的具体办法，这体现出了共产党人宏观着眼、谨慎细致的优良品性。可以说，随后中共中央、华东局所出台的针对接管上海以及接收、安置旧职员的一系列具体方针政策，均是在此基础之上制定出来的。

1949 年 4 月 25 日《中国人民解放军布告》颁布，文中进一步强调了公平交易，不得接受群众馈赠的要求："人民解放军纪律严明，公买公

---

① 《上海市军管会关于接管工作的通知》（1949 年 5 月 20 日），载于中共上海市委党史研究室、上海市档案馆编《接管上海》（上卷），中国广播电视出版社 1993 年版，第 62—63 页。

卖，不许妄取民间一针一线。"① 随后，中共中央又在《中央关于城市纪律的指示》（1949 年 5 月 16 日）中明确指出："一切入城部队和接管城市的人员，须仿照我军进入平、津的榜样，切实遵守人民解放军三大纪律、八项注意、约法八章与入城守则，严格保护一切原封不动，以等候接收，力戒进入锦、沈时的不守纪律、乱抓物资等不良现象"；"军队之骡马大车不得入城，必须入城者，可在将所运物资、弹药、粮食等装卸后，即应出城，在城郊外择地关喂，禁止在市区内关喂，禁止在市内树上拴牲口，以保护树木不让牲口啃树，必须驻城市的应以师或团为单位，在市外组织马场喂养。"此外，还对保护市民生命财产安全、借住或租住民房、看戏、理发、乘坐电车、保护外侨、接见记者等方面做出了严格规定②。

1949 年 5 月 8 日，华东局又在《华东局直属党委关于进入上海前后的政治工作指示》中对纪律教育的重要性、纪律教育的内容以及方法做出了详细说明。如关于纪律教育的内容，有"（1）中国人民解放军布告；（2）'三大纪律八项注意'；（3）'入城三大公约，十二项守则'；（4）外交纪律；（5）城市生活常识与城市人民风俗习惯"。关于教育方法则有："（1）以部队在行军沿途经过城市时发生的违犯纪律的事实及其他在城市中可能违犯纪律的事实结合教育材料进行教育；（2）采用群众性的教育方式，干部以阅读、讨论、检讨等方式进行，战士以上课方式为主，在上述材料学完后，可发动大家评入城资格，根据本单位具体情况订立入城公约，挑应战等；（3）利用行军休整间隙，争取时间，运用文娱方式，个别谈话等方式进行教育。"③

5 月 10 日，陈毅同志在丹阳的一次讲话中，严肃批评了中共接管干部在丹阳期间的一些不良行为，如：光明戏院上演《白毛女》前，某些身穿黄色军服的战士聚集在戏院门口，企图强行闯入，使老百姓有票进不了；解放军拿走简易师范学校的灯泡，所幸是第二天带钱还了回去；干部

---

① 《中国人民解放军布告》（1949 年 4 月 25 日），载于中共上海市委党史研究室、上海市档案馆编《接管上海》（上卷），中国广播电视出版社 1993 年版，第 16 页。

② 《中央关于城市纪律的指示》（1949 年 5 月 16 日），载于中共上海市委党史研究室、上海市档案馆编《接管上海》（上卷），中国广播电视出版社 1993 年版，第 16—17 页。

③ 《华东局直属党委关于进入上海前后的政治工作指示》（1949 年 5 月 8 日），载于中共上海市委党史研究室、上海市档案馆编《接管上海》（上卷），中国广播电视出版社 1993 年版，第 46—47 页。

自由上街，整日闲逛，完全置请假制度于不顾；部队干部要坐汽车，带领士兵上街拦阻，未果，在车后投掷石块后便跑等一系列不良行为后，指出"入城纪律是入城政策的前奏，是见面礼，入城纪律搞不好，入城政策要走弯路……会造成损失，今后要费很大功夫，甚至很难挽回"的道理，希望上海市民继续将共产党看作"天神""圣人"，而非"剩人""庸人"。① 饶漱石于同日所做《关于接管上海准备工作的情况致中共中央电》中也同样强调了严明军纪的重要性。

从《华东局关于接管江南城市的指示》到饶漱石所做《关于接管上海准备工作的情况致中共中央电》，共产党始终在不断强调严明纪律的重要性，对参与解放与接管上海之广大官兵战士的要求也就越发严格，且更为全面、具体，不仅涉及作战、武器、弹药、骡马等方面，而且对共产党员公平交易，不拿群众一针一线，不入民宅，对待敌特分子，保护侨民等各个方面，事无巨细，均有详细规定。为了使广大官兵干部真正掌握这些纪律要求，进而将其内化为指导个人行动的行为准则，文件中还对进行政策、纪律教育的方法、内容、时间等做出了具体要求。

正是因为共产党反复强调纪律建设的重要性，且从上到下，坚决执行，进入上海后，才避免了接管井陉、阳泉、张家口、石家庄等城市时出现的不良行为，如"士兵乱拿东西并鼓动城市贫民搬去公物、抢夺私人财产，酷刑清算工厂监工、工头与伪保长等"② 等。真正做到了"我们野战军的'野'，在城市不能'野'"③，"不惊扰市民，不入民宅而露宿马路；军长在马路边搭帐篷指挥作战；骡马辎重和伙房不进市区，指战员用钢盔盛饭就餐"④；以实际行动为上海市民奉上了一份厚重的见面礼，赢得了上海各界人士的一致好评。

第四，组织准备。

组织准备是完成接管上海的又一项重要任务，此处的组织准备主要包括接管干部的配备与接管方案的出台。进驻丹阳后，华东局开始着力解决

---

① 范征夫：《回忆入城纪律》，《解放日报》1994 年 5 月 26 日。

② 《中央工委关于收复石家庄的城市工作经验》（1948 年 2 月 19 日），载于中央档案馆编《中共中央文件选集》（第十七册），中共中央党校出版社 1992 年版，第 54、57 页。

③ 《综述》，载于中共上海市委党史研究室编《接管上海》（下卷），中国广播电视出版社 1993 年版，第 12 页。

④ 同上。

这两个问题，在干部配备过程中，始终坚持按照原来工作部门并促进个人专长发挥的原则，遵照 5 月 20 日《中共中央关于接管上海的机构及干部配备复饶漱石、华东局电》的重要指示："必须吸收一部分产业界民主人士及职工中有威望的领袖参加接管工作。""同时亦必须吸收一部分党外文化工作者参加接管。"① 于是，广大知识分子、民主人士、各行各业的专家被吸收进接管上海的干部大军，陈毅在七届二中全会上所发肺腑之言："对接收上海，希望中央如当年全党抢东北一样，全党抽调干部帮一把"② 得以实现。

经过慎重考虑与研究，上海党、政、军和军管会人员的名单得以初步确定。接管工作被分为政务、财经、文教、军事四个系统，各个系统的接管委员会随之成立，接管方案出台（详见表 2-1）。

表 2-1　　　　　　　上海市军管会接管上海的方案（1949 年 5 月）

政务接管委员会接管单位 （主任：周林　副主任：曹漫之）	政务部
	司法部
财经接管委员会各部接收单位 主任：曾山　副主任：许涤新、刘少文 委员：骆耕漠、龚饮冰、顾准、陈穆、徐雪寒、 孙冶芳、黄逸峰、吴雪之 秘书长：骆耕漠　秘书主任：方原	财政部
	金融部
	贸易部
	轻工业处
	重工业部
	农林部
	铁道部
	邮电部
	航运部
	公用部
	地产调查清理部
文化教育接管委员会接管单位 主任：陈毅　副主任：夏衍、钱俊瑞、范长江、 戴白韬	市教育接管部
	国立学术机关接管部
	宣教机构接管部

---

① 《中共中央关于接管上海的机构及干部配备复饶漱石、华东局电》（1949 年 5 月 20 日），原件存于中国人民解放军档案馆。载于中共上海市委党史研究室、上海市档案馆编《接管上海》（上卷），中国广播电视出版社 1993 年版，第 53 页。

② 胡乔木：《胡乔木回忆毛泽东》，人民出版社 1994 年版，第 312 页。

续表

军事接管委员会接管单位 主任：粟裕　副主任：唐亮	军事部
	海军部
	空军部
	后勤部
	训练部
公安部接管单位	警察局
	反动党务机构接收处
	特务机关接收处
警备司令部接管单位 司令：宋时轮　政委：郭化若	警备机构接收处
	要塞接收处

资料来源：本表根据中共上海市委党史研究室、上海市档案馆编：《接管上海》（上卷），中国广播电视出版社 1993 年版第 51、67—77、79—81 页内容编制。

在调配干部的过程中，每个人不论出身贫富、受教育程度，更不论职务级别高低，完全服从华东局的统一指挥与调度，真正做到了"党指向哪里就奔向哪里，安排干什么工作和职务就干什么"①，相比之下，谋求私利、贪图升官发财之人，极少见到。

第五，物资调运与筹备。

此处的物资，主要包括两方面，一方面是生活资料、工业原料、食油、煤炭等；另一方面是指解放与接管上海所需要的各种文告、条例、细则、印信等。败退台湾之前，蒋介石大肆掠夺，大量的黄金、银圆和重要物资被国民党卷走。在蒋介石的策划下，中央银行分批成功将巨额黄金和银圆运至台湾和广州，第一批黄金 200 万两于 1948 年 12 月 1 日被运往台湾，随后，1000 万银圆被南运至广州，57 万两黄金及 2200 万银圆于 1949 年 1 月又被运至厦门。时任沪杭警备总司令的汤恩伯离沪之前，又携走中央银行库存黄金 198000 两和银圆 146 万枚②。

新中国成立之初的上海已是临近全面崩溃的边缘，生活资料、工业原

①　周林：《接管上海大事记实》，载于中共上海市委党史研究室编《接管上海》（下卷），中国广播电视出版社 1993 年版，第 79 页。

②　张继凤：《金融接管》，载于中共上海市委党史研究室、上海市档案馆编《接管上海》（下卷），中国广播电视出版社 1993 年版，第 197 页。

料，食油、煤炭、棉花尤为紧缺。陈毅充分意识到了这点，"上海一天要烧 20 万吨煤，几百万人一张嘴天天要吃饭，不那么简单，要从困难方面多考虑一些"①。为保证解放后上海市民的日常生活，维持正常的社会秩序，尽快使工业生产恢复正常，华东局华东军区机关工作人员和接管上海的干部日夜奔波，四处筹措物资，经过多番努力，终于备齐 12000 万斤粮食（计皖北 5000 万斤，苏北 5000 万斤，山东 2000 万斤）、700 万斤食油；此外，淮南煤矿也储备好 12 万吨煤炭，可保证每日 2500 吨的产煤量，贾旺每日可出煤 2000 吨。②但当时津浦、沪宁铁路尚未竣工，倘若仅仅依靠木质帆船，实在难以完成运输物资重任。于是，在华东局的带领下，广大军民不畏艰险，任劳任怨，及时抢修了明光至浦口段与新安镇至连云港的铁路，确保了物资运输的通畅。

除了粮食、煤炭、棉花等生活资料及工业原料外，丹阳集训期间，军管会还专门召集了所属各单位秘书处会议，就入城后所需之各项文告、条例、细则、印信等准备情况做了详细汇报。该项任务烦琐但非常重要，广大官兵鼓足干劲儿，加班加点，在极短的时间内保质保量地完成了接管单位所需的招牌、接管命令、布告、印信、文告、委任令、通知、文件以及各种印章等，为上海的解放及顺利接管做好了充分的后勤准备③。

二　除旧迎新：旧职员的接管与安置

（一）中共中央关于接管旧职员的方针、政策④

总体而言，共产党对旧职员采取了"包下来"的政策，按照系统，自上而下，全盘接收，但具体到每个系统、不同类型的旧职员，其接管方针和政策又存在着一定差异。以下将按旧职员的从业性质，将其大致分为

---

①　吴跃农：《陈毅接管大上海的台前幕后》，《党史纵横》2007 年第 2 期。

②　《饶漱石关于接管上海准备工作的情况致中共中央电》（1949 年 5 月 10 日），载于中共上海市委党史研究室、上海市档案馆编《接管上海》（上卷），中国广播电视出版社 1993 年版，第 52 页。

③　《上海市军管会所属各单位秘书处第一次会议记录》（1949 年 5 月），载于中共上海市委党史研究室、上海市档案馆编《接管上海》（上卷），中国广播电视出版社 1993 年版，第 64—66 页。

④　本节主要内容发表于《上海党史与党建》2017 年第 5 期，第 12—15 页，题为《1948—1949 年我们党的接管旧职员政策》。

政务、企业、文教、军队四个系统，对其接管政策做一简要分析。

1. 打击与留用："破结构"与"分散人"——对政务系统旧职员的政策

第一，警察、法院、监狱等特殊部门旧职员的接管要求与改造方法。

市政公用机关、卫生机关等部门的旧职员尽量予以留用；对军队、警察、法庭、监狱等原国民党反动统治的政治机构，要彻底打破；对服务于以上机构的公务人员，应对其进行彻底改造，尔后分别加以任用①。改造的重要途径之一即是送去政治训练班集中培训。因"年老或资格太高，不能进普通训练班者，则组织特别训练班"。其他职员，可送人民革命大学或华大、军大，不宜进华大、军大者可考虑进人民大学进行学习②。

至于训练结束后的去向，中央规定"除必要者可回本机关工作外，一般可用人员亦不应回到原来机关工作，而应根据我们工作的需要分派其他机关或其他地方工作，或平、津、唐、张几个城市对调任用，或派到江南去，或派到各县区工作，以便分散他们"。对于受训之后暂时无法安置的人员，中央要求应服从命令，等待分配，等待期间职员可以领取基本的生活费用③。

对于供职于国民政府司法机关工作人员，如原检察官、书记官、推事等，因其"思想上充满了反革命反人民的法律观念"，故必须一律停止原职；执达吏、法警等专门以压迫和敲诈人民为生者，须立即收缴其武装，加以遣散；对于那些非劣迹昭著、非反革命的职员，若想继续参加新政府统治之下的司法工作，必须接受思想改造，尔后对其进行甄别录用。而对于那些留用的技术人员，应立即对其进行宣传教育，解释共产党领导的人民民主专政制度下的司法政策与国民政府专制统治时期的司法政策的根本区别，制定并宣布新民主主义司法工作人员应遵循的简明守则④。

对于旧律师，一律不准其继续执行业务。处分作恶多端、贪污腐化、

① 《中央关于接收官僚资本企业的指示》（1949 年 1 月 15 日），载于中央档案馆编《中共中央文件选集》（第十八册），中共中央党校出版社 1992 年版，第 33 页。
② 《中央关于对旧职员的处理原则的指示》（1949 年 3 月 22 日），载于中央档案馆编《中共中央文件选集》（第十八册），中共中央党校出版社 1992 年版，第 191 页。
③ 同上。
④ 《关于接管平津国民党司法机关的建议》（1949 年 1 月 21 日），载于中央档案馆编《中共中央文件选集》（第十八册），中共中央党校出版社 1992 年版，第 61—62 页。

声名狼藉或反革命分子，或令其改业。其他愿意继续在新政权下从事律师行业的职员，须一律重新进入人民政府所办之政法学校、司法训练班或法学研究机关受训，学习的主要内容为马列主义、毛泽东思想、人民民主专政、为人民服务的政策法令及司法制度与司法作风，目的是让广大旧职员树立起新的社会观、国家观与法律观。与此同时，彻底批判国民党的和一切欧美日本反动的旧的社会观、国家观与法律观。受训期满经司法行政机关审查合格者，发给允许执行律师业务的执照。不愿受训以改造自己思想与作风的旧律师，均不得执行公律师或私律师的业务①。

第二，旧职员的薪资问题。关于旧职员的薪资水平，中央规定，与企业实行薪水制不同，在行政、司法、军事、警察等机关，除警察须特定待遇标准外，其他必须实行供给制，因此，对留用以上部分的旧职员而言，其薪资水平原则上与共产党方面的工作人员保持同等水平。但因供给制而致使家庭生活困难者，对其家属给予一定津贴，水平等同我方人员家属待遇。对于家中存有积蓄，不要津贴者，可不给或少给津贴。针对原领取高薪具有特殊才能且为我方必须任用的技术人员，须给以高薪，继续任用。原职原薪的口号不可提出，因"照原薪发给一月或二月薪水，是可以做的"，但鉴于目前困难的经济形势，长期为之，实属困难②。

2. "保结构与思政教育"：对企业系统旧职员的政策

与"打破原有机构""分散原工作人员"的基本思想不同，针对企业的旧职员，共产党采取了"必须严格地注意到不要打乱企业组织的原来的机构"③，以确保企业"迅速恢复秩序，继续生产"④的策略。具体来讲，中央出台的一系列文件对接管企业时，划分旧职员成分的注意事项、企业的人事管理制度改革、官僚资本企业的接管方法、接管民族工商业和

① 《中央关于改革律师制度的指示》（1949 年 9 月 2 日），载于中央档案馆编《中共中央文件选集》（第十八册），中共中央党校出版社 1991 年版，第 439 页。

② 《中央关于对旧职员的处理原则的指示》（1949 年 3 月 22 日），载于中央档案馆编《中共中央文件选集》（第十八册），中共中央党校出版社 1992 年版，第 192 页。

③ 《中央关于接收官僚资本企业的指示》（1949 年 1 月 15 日），载于中央档案馆编《中共中央文件选集》（第十八册），中共中央党校出版社 1992 年版，第 31 页。

④ 《中央关于修改〈接收敌伪和蒋占企业后的改造管理与工运方针的决议〉给东北局的指示》（1948 年 8 月 23 日），载于中央档案馆编《中共中央文件选集》（第十七册），中共中央党校出版社 1992 年版，第 313 页。

私营企业的注意事项以及企业职员的改造教育问题做了详细规定。

第一，关于划分旧职员成分的注意事项。

中央指出：一是不过分地强调职工间的区别；二是不过多地调动他们，特别是当调动使技术和业务发生不利时，宁肯留厂教育或带职受训一段时期；三是对于个别做过坏事甚至犯了较大罪行，但有特殊能力或技术，为企业不可少，而我又无适当人选代替的旧职员，仍应利用其为我服务，在一定监督之下，允许其戴罪立功①。

第二，关于企业人事管理制度，中央规定应始终坚持批判地吸收的原则，积极汲取资本主义管理制度的合理、进步之处，如"劳动纪律、厂规、领班和工头（我们许多工厂叫组长）制度，尤其是紧密的考工制度（包括考勤在内）等"②，不断改进其不合理之处。即要查清反动分子、劣迹昭著令众人反对及无真本事，仅凭借亲戚或朋友的势力而在企业中白领薪水之人。对于技术差、水平低但因与国民党负责人关系密切而占据较高职位，领取高薪者，须降低其薪水及职位；而对于技术好，能力强，但因与国民党负责人有不合而处于较低职位，领取微薄薪水者，须提高其相应待遇和地位③。

第三，官僚资本企业的接管方法。

在接管官僚资本企业时，"必须严格地注意到不要打乱企业组织的原来的机构。对于接收来的工厂、矿山、铁路、邮政、电报及银行等，如果原来的厂长、矿长、局长及工程师和其他职员没有逃跑，并愿意继续服务者，只要不是破坏分子，应令其担负原来职务，继续工作，军管会只派军事代表去监督其工作，而不应派人去代替他们当厂长、局长、监工等"④。

第四，关于职员的改造教育问题。

---

① 《中央关于修改〈接收敌伪和蒋占企业后的改造管理与工运方针的决议〉给东北局的指示》（1948 年 8 月 23 日），载于中央档案馆编《中共中央文件选集》（第十七册），中共中央党校出版社 1992 年版，第 316 页。

② 同上书，第 315 页。

③ 《中央关于对旧职员的处理原则的指示》（1949 年 3 月 22 日），载于中央档案馆编《中共中央文件选集》（第十八册），中共中央党校出版社 1992 年版，第 190 页。

④ 《中央关于接收官僚资本企业的指示》（1949 年 1 月 15 日），载于中央档案馆编《中共中央文件选集》（第十八册），中共中央党校出版社 1992 年版，第 31 页。

"不管是职员、工人，均应加以教育，着重的是政治教育"①。具体方式可通过短期培训班（一两个月毕业，三四个月毕业）或上大课（初期的主要形式）、夜校等形式。应将被改造对象调离本企业，使其到指定训练班受训，尔后根据受训情况决定另行分配工作还是予以开除。一般而言，职员接受完教育后，仍回原单位工作。至于政治训练班，可由企业开办，也可由企业高级机关或市政府来开办②。

3. 就地留用与团结改造：对文教系统旧职员的政策

第一，关于学校的接管原则。

1948 年 7 月 13 日，《中央宣传部关于新收复城市大学办学方针的指示》出台，对新收复城市学校（包括中学和大学）的办学方针做了明确规定，即"维持原校加以必要与可能的改良"③。相应地，对除了反动分子和破坏分子以外的，"原有教职员凡仍在者应给予原薪原职，使之继续供职，凡逃走者应设法聘回供职"④。类似的规定在《华东局关于接管江南城市的指示（草案）》（1949 年 4 月 1 日）和《中国人民解放军布告》（1949 年 4 月 25 日）中也能见到。

《中国人民解放军布告》（1949 年 4 月 25 日）明确指出"保护一切公私学校、医院、文化教育机关、体育场所和其他一切公益事业。凡在这些机关供职的人员，均望照常供职，人民解放军一律保护，不受侵犯"⑤。1948 年 11 月 8 日颁布的《中共中央关于新解放城市中中外报刊通讯社的处理办法》，则对新闻报刊及其从业人员的接管方针做出了具体要求。

第二，关于私营报刊、通讯社的接管办法。

对于私营报刊、通讯社，除了鼓励并扶助其中极少数能鼓舞群众革命

---

① 《关于城市工作的几个问题》（1949 年 3 月 12 日），《刘少奇选集》（上卷），人民出版社 1981 年版，第 423 页。

② 《中央关于对旧职员的处理原则的指示》（1949 年 3 月 22 日），载于中央档案馆编《中共中央文件选集》（第十八册），中共中央党校出版社 1992 年版，第 191 页。

③ 《中央宣传部关于新收复城市大学办学方针的指示》（1948 年 7 月 13 日），载于中央档案馆编《中共中央文件选集》（第十七册），中共中央党校出版社 1992 年版，第 240 页。

④ 同上书，第 241 页。

⑤ 《中国人民解放军布告》（1949 年 4 月 25 日），《毛泽东选集》（第四卷），人民出版社 1991 年版，第 1458 页。

热情的进步刊物外，其他均不予以鼓励。① 尽量争取原服务于新闻报刊的编辑与记者，因其本身遭受过官僚资产阶级的剥削与压迫，这使争取他们存在着客观可能性；但与此同时，必须坚持"慎重地甄别留用，和有步骤地使用"的策略，这是因为他们中的大多数接受过长期的反动教育，且不同程度参与过反动宣传活动，普遍具有浓厚的糊涂思想②。具体而言，应坚持以下几点：

（甲）对于已经登记许可之旧有报纸、刊物、通讯社的新闻工作人员，除已指明撤换的反动分子外，一般采取争取、团结与改造的方针。应以我们党员及进步分子为领导组织新闻团体，进行学习，改进工作与生活等方式，加强对他们的领导。（乙）已被接收、没收及停刊之报纸、刊物、通讯社，对其工作人员之处理分别如下：（1）反动者不用，其中特务分子应按一般特务分子处理。（2）明显的进步分子与确有学识的中间分子留用，一般地应先任用于次要工作和内勤工作，根据进步程度，逐步提升。（3）一般的编辑与记者，其比较容易改造者，应经过短期教育后分别留用，然亦不应轻易使其担任编辑与记者工作；其思想顽固，生活腐化不易改造者，应听其或助其转业。（4）技术人员（例如出版、经理、广播、电务等方面的技术人员），则按对待一般技术人员的方针办理。"③

4. 政治教育与充分利用：对军事系统旧职员的政策

关于军事系统旧职员的接管政策，主要集中体现在 1949 年 2 月 16 日中央军委所颁发的《中央军委关于对国民党军官的处理方针》中。

中央军委将国民党军官分为"反动腐化军官""无学识，无技术，但可能在政治上靠拢我方且有希望被改造者""政治上不反动，且为我军建设所必需的专门型人才"，以及"军事上有较高学识，可在我军事教育岗位上服务，且在群众中有一定的影响，政治上又真正愿向我靠拢者"四类。针对不同群体，施以不同策略。

第一，对于"反动腐化军官"，应由政府发动群众对其进行监视，利用社会的力量来迫使他们接受改造，参加就业。第二，对于"无学识，

---

① 《中共中央关于新解放城市中中外报刊通讯社的处理办法》（1948 年 11 月 8 日），载于中央档案馆编《中共中央文件选集》（第十七册），中共中央党校出版社 1992 年版，第 465 页。

② 同上书，第 466 页。

③ 同上书，第 469—470 页。

无技术，但可能在政治上靠拢我方且有希望被改造者"，应令其进入军校或其他学习机关参加政治教育和训练，尔后，根据学习结果给予其相应的出路或工作岗位。第三，"政治上不反动，且为我军建设所必需的专门型人才"，如炮兵、工兵、战车、航空、海军、医务、电信等专门技术型人才，即使没有什么社会声望，也应积极吸收他们参加工作，但前提是他们必须先参加各地军校组织的政治教育或训练。第四，"军事上有较高学识，可在我军事教育岗位上服务，且在群众中有一定的影响，政治上又真正愿向我靠拢者"，在对其进行教育后，分配适当工作。客观来讲，这部分军官人数并不多。对于自愿投效我方，经过考察后确符合上述条件者，应先送军校训练而不应给予参议头衔。只有某些极少数真心靠拢我方的高级军官，才可给以市政府参议名义。①

通过梳理共产党对旧职员的接管方针与政策，可以发现以下三点。

第一，共产党在处理旧职员时，始终秉持宽大处理、认真负责的态度。"宽大处理""认真负责"，不仅可以尽可能少地树立敌人，最大限度地降低因社会转型所带来的剧烈社会动荡和由此可能引发的民众恐慌和心理失衡，而且有助于团结一切可以团结的力量，最大限度地激发旧职员发挥才干，为新中国的政权稳固和经济建设做出贡献。

第二，坚持分类处理的原则。

对待旧职员，新政权并未简单地采取无产阶级革命"打碎一切旧的国家机器"的原则，而是从新中国的国情出发，创造性地运用和推行了一系列较为缓和的政策和措施。而分类处理旧职员的思想，不仅体现在处置不同系统的旧职员时共产党采取的措施不同，如：对政务系统要"彻底破坏原有机构"，而在企业系统，则"应加以保持"，尔后"进行改良"；即使是在同一系统内部，由于职员职级、政治取向、社会地位等的不同，具体措施也有差异。这体现了共产党人一切从实际出发，具体问题具体分析的优良品质。

第三，突出政治教育。

尽管针对不同系统、不同类型的旧职员，共产党采取了不同的接管措施，然而，接受政治教育与训练几乎是所有旧职员必不可少的一项任务。

---

① 《中央军委关于对国民党军官的处理方针》（1949 年 2 月 26 日），载于中央档案馆编《中共中央文件选集》（第十八册），中共中央党校出版社 1992 年版，第 143—144 页。

从根本上来讲，这是共产党思想先行，注重政治品格和修养的必然结果，更是社会转型初期为执政党的中共巩固政权的必然要求。

最后，需要指出的是，在内战犹存，外部环境极为恶劣的情况下，共产党所宣布的"包下来"政策，并非"原封不动""原职原薪"，而是"三个人饭五个人均着吃""房子挤着住""待遇适当降低"，这是特殊时期共产党所采取的特殊政策，它有利于使我们在最大限度地接收与安置旧职员的同时，尽可能减少由此给国家所带来的沉重财政负担。

（二）接管与安置工作的开展

1949 年 5 月 10 日粟裕下达作战命令，12 日解放军对上海外围发起进攻，东、西两兵团封锁吴淞口，切断敌军后路；25 日，总攻开始；27 日杨行地区敌军缴械投降。此次战役共历时 16 天，战斗中各路官兵始终服从命令，听从指挥，实施了"瓷器店里捉老鼠"的战术，灵活机动迎战，成功歼灭敌人 153243 人（含毙、伤、俘虏、投诚等），击毁击伤一批舰艇、坦克装甲车、汽车、飞机，并缴获大量武器装备。[①] 27 日上海解放，翌日军管会正式成立，接管工作正式开始。

整个接管工作分为政务、财经、文教、军事四个系统进行，不同系统的接管方针存在一定差异；对政务系统和军事系统，一般都进行了全盘改造；经济、文教系统，以业务与技术为主的领域，其中科学、合理，符合人民利益的部分予以保留；反人民、反科学的部分，则实施了改造。

所有工作按照接收、管理和改造三个环节依次推进，接收阶段主要进行清点、移交工作，以不影响与扰乱现有工作的开展为基本原则；管理阶段则开始考察与研究，着手局部改造与整编；到了改造阶段，原有的反动制度被全盘肃清，人民民主专政制度逐渐建立起来。事实上，接收、管理、改造三个环节并非完全割裂开来，而是相互交叉进行的。接收中包含着管理和改造，管理和改造本身又是一个非常复杂的过程。

由于政策得当，准备充分，再加上得到了地下党及群众的鼎力相助，接收工作进展顺利。截至 1949 年 6 月 30 日，我方人员共接收了伪机关 1397 个单位，旧人员 243820 人，其中 122316 人为职员，121504 人为工人（见表 2-2）。

---

① 中共上海市委党史研究室编《浴火新生：上海解放图录》，上海辞书出版社 2009 年版，第 103—131 页。

表 2-2　　　　上海市军管会接管各伪机关单位人员明细

（1949 年 5 月 30 日至 1949 年 6 月 30 日）　　　　　单位：人

接管单位	被接管单位	参加接管人员			旧有人员				小计
		干部	勤杂	小计	职员		工人		
					技术	普通	技工	工役	243820
总计		1397	9645	7955	17600	122316		121504		243820
军管会办公厅		28	153	96	249		441	1	27	469
外侨事务处		2	6		6	25		1	10	36
政务接管委员会	民政处	16	92	10	102		596	142		738
	人民法院	9	60		60	1513		351		1864
	各区接委会	20	263	60	323		1616		151	1767
军事接管委员会	陆军部	20				486	1645			2131
	海军部	30	212	162	374					
	空军部	9	206	513	719	2815				2815
	政工部	32					267		68	335
	后勤部	109	504	3602	4106	2826	24317		7748	34891
	训练部	2								
淞沪警备司令部		6	26	46	72	7	43	28	108	186
公安部		108	1958	2008	3766		12916	398	1017	14331
文化教育接管委员会	高教处	19	20	23	43	1190	620		1026	2836
	市教育处	471	157	18	175	5856	1312		1758	8926
	新闻出版处	55	256	41	297		1046		1153	2199
	文艺处	18	22	14	36		493		414	907
财政经济接管委员会	金融处	46	437	68	505		11000		4000	15000
	贸易处	10	592	88	680		5493		7025	12518
	重工业处	52	258	34	292	1361	2441	4765	4357	12924
	轻工业处	17	335		335		5979		60661	66640
	财政处	11	752	73	825	5379		1270		6649
	航运处	17	148	40	188	4019	1303	1067	875	7264
	邮政处	3	251	76	327		1927	1128	907	3962
	农林处	31	179		179	1144	873	499	933	3449
	铁道处	44	240	47	287	3474	6216			9690

续表

接管单位	被接管单位	参加接管人员			旧有人员				小计
		干部	勤杂	小计	职员		工人		
					技术	普通	技工	工役	
总计		1397	9645	7955	17600	122316		121504		243820
财政经济接管委员会	电讯局	61	582	102	684	5406	1178	948	874	8406
	公用处	28	336	118	454	5788				5788
	工务处	18	106	27	153	625	489	2163	2854	6131
	卫生处	70	246	237	483	1623	1279		5637	8539
	房地产管理处	2	112		112		215		103	318
	工商处	8	101	9	110		284		92	376
	劳工处	8	82	19	101		165		21	186
	物质处	13	116	126	242	290		728		1018
工作大队			53	14	97					
近郊接管委员会		10	954	284	1238	551				551

注：

①军事部及公安部接管人员中勤杂人员包括战士、警卫部队在内。

②重工业处干部中有 145 名系工人参加接管工作的。

③物资接管之勤杂人员中有技工 60 名，警卫员 6 名。

④公用处旧职员工共 5788 名，在小计栏内将其归入职员栏，特注明。

⑤本表系统计五、六月底的人数，因工作调动很多，恐有不确之处。

⑥淞沪警备司令部技工 28 人系军乐队员。

资料来源：本表根据上海市档案馆编《上海解放》（中），中国档案出版社 2009 年版，第239—259 页内容编制。

　　除此之外，军管会还接收了伪市府（包括各局、各区及各系统），文书档案 2247000 卷。其内容涉及蒋介石、汪精卫政权，公共租界、法租界之政府机构、金融、工业等信息以及社会知名人士（包括政界、商界等）个人材料。这些档案的完好保留，对新政权成立后，政治、经济、社会的发展有着非常重要的意义。

　　至 1949 年 8 月，以清点、移交为主的接收工作基本结束，接管工作顺利进入第二个环节，管理和改造任务接踵而来①。

此时，摆在执政党面前的一个严峻问题是：一方面，旧职员数量庞大，鱼目混杂，冗员很多。如：市府原有人员（含职员及工人）约达4万余人②，仅民政局及其所属各区公所，就有2060人③。另一方面，从政治声誉的角度考虑，绝不能一脚踢开他们，但当时国内经济、政治的现实国情又不允许将其无条件保留。因此，如何处理这部分人，着实让中共煞费脑筋。

鉴于此种情况，中共按照"团结、教育、改造"的原则，本着认真、负责、慎重的态度，从实际出发，针对各部门的具体情况，制定了适合本部门的方针、政策④。经过中共的不断努力，旧职员的管理和改造工作最终得以顺利完成，但不可否认的是，在这一过程的开展中，由于种种原因，中共的政策出现了一定偏差，这使旧职员的处理工作出现了一些失

---

① 需要说明的几个问题：第一，上海解放之初，在军管会的全权负责之下，接管上海的工作被分为政务、财经、文教、军事四个系统，有条不紊地展开；第二，军管会所接管的对象既包括以上四个系统所对应的相关单位（如政府部门、企业、学校、医院、银行、公司等。一般而言，主要是国民党军、政、警、特机构，文教、新闻、出版事业单位，以及官僚资本的经济机构和工厂），也包括在其中供职的劳动者（工人、职员）；第三，由于《华东局关于接管江南城市的指示》（1949年4月1日）明文规定"对私人经营的企业以及一切民族工商业的财产，应一律保护不受侵犯"，因此，接管初期，外商经营的工厂和企业，私立学校、教会学校等单位未被纳入接管范围。截至1949年8月，上海市军管会接管来自市府、财经、文化、军事系统的旧职员约20万人。

② 《上海市军管会关于对原伪市府旧人员处理的办法》（1949年6月29日），载于上海市委党史研究室，上海市档案馆编《接管上海》（上），中国广播电视出版社1993年版，第119页。另据陈毅于1949年8月3日所做报告《关于上海市军管会和人民政府六、七月份的工作报告》指出，市府接管旧人员职工共计49000余人。

③ 这是国民党统治时期，直接执行反动政策的机关，其业务范围涉及民政局，具体分四科四室，第一科管理地方行政，第二科户政工作，第三科兵役工作，第四科社会俚俗工作，四室则为秘书室、会计室、统计室、人事室。全局有151个职员，再加上社会局转来的两个科（社会福利工作）35个职员，共186人。各区公所亦分民政、经济、文化、警卫等四股，区以下则设保甲成为直接统治人民的最基层组织，实际执行工作专为保干事与保队附，亦最为人民所痛恨，20个市区公所职员共490人（包括各区正副区长40人在内）、保干事保队附共1384人。详见：《上海市军事管制委员会政务接管委员会民政接收处关于处理旧职员的报告》，上海市档案馆，资料号：B168-1-385-38。

④ 关于每个系统接管与处理旧职员的具体办法，详见《中共中央关于接管旧职员的方针、政策》。

误。然而，善于学习和自省的共产党人，通过在实践中不断探索，逐步纠偏，较好地解决了问题，挽回了声誉。

第二节　接管过程中的宣传教育工作剖视

“一个没有共同信仰的社会，就根本无法存在，因为没有共同的思想，就不会有共同的行动”①；“任何社会为了生存下去，都必须成功地向社会成员灌输适合于维持其制度的思想”②。由此可见，无论任何国家，何种社会制度，一个政治体系想要维持其政治的合法性以及政治秩序的稳定，就必须想方设法使社会成员接受与认同其主流意识形态。因此，作为执政党，必须主动、积极地向社会成员传播、灌输主流意识形态，普及政治知识，培育公民的政治技能与政治参与意识，从而引导民众认同与信仰他们的政治价值观念、政治价值取向等。

作为权威合法性资源中的最基础部分，意识形态为执政党获取政治合法性地位，以及社会成员的政治认同，提供了思想上的保证和道义上的诠释。从这个意义上来讲，合法性的获得、政治认同的确立、政权的稳固、社会秩序的稳固等都依赖于意识形态的有效传播。

中国共产党自诞生之日起，就非常重视通过宣传教育等方式传播马克思主义的意识形态与价值观念。“思想先行”是其坚持的一贯原则。“宣传是为解决群众对革命、对建设的认识问题、态度问题、感情问题和进行革命与建设的积极主动性问题”③，从某种意义上而言，中国革命胜利和社会主义建设取得伟大成就的重要原因之一，即是中国共产党善于宣传群众、教育群众、组织群众、武装群众。新生政权初建之时，以毛泽东为代表的中国共产党领导人，创造性地发展了无产阶级革命导师关于宣传教育的理论，在实践中成功培养起了旧职员对新政权的认同感。

为便于分析起见，下文将从对政治认同活动的构建者，即参与解

---

① ［法］托克维尔：《论美国的民主》（下卷），董果良译，商务印书馆1991年版，第524页。

② ［美］安东尼·M.奥勒姆：《政治社会学导论——对政治实体的社会剖析》，董云虎、李云龙译，浙江人民出版社1989年版，第365页。

③ 所谓“思想先行”，也就是解决思想问题的宣传工作先行。参见林之达《中国宣传史》，四川人民出版社1990年版，第1页。

放上海及接管与安置旧职员的广大党员干部及政治认同的被构建者，即广大旧职员群体两个方面入手，对接管时期共产党所开展的宣传教育活动做一简要描述，以期揭示出宣传教育活动对于构建政治认同的重要性。

一 对政治认同活动的构建者——广大党员干部的宣传教育

新生政权初建之时，为了巩固政权，获取政治统治的合法性地位，作为执政党的中国共产党亟须构建对旧职员的政治认同，这不仅需要中国共产党领导人卓越的政治才能且需要广大干部、积极分子的密切配合。实际上，构建主体政治素质、道德素质、思想素质、知识素质、能力素质及生理心理素质水平的高低，直接关系到政治认同构建事业的成败及其程度。为了最大程度地提升构建者的综合素质，确保构建政治认同伟业的成功，共产党高层自始至终高度重视对构建活动的实施者进行宣传教育。

以参与接收与安置旧职员的广大干部为例，入城之前，尤其是丹阳集训期间，共产党便有组织地对接管干部展开了统一培训。该时期宣传教育的主要内容是入城纪律、上海概况等，使用的方法基本为强制性理论灌输，由于高层重视，方法得当，政策与纪律教育效果显著。如：据时任"济南第一团"第7连政治指导员的迟浩田回忆：当他们于1949年5月初进军至嘉兴城西乌镇一带，为解放上海短暂整训时，根据上级要求，集中了三天时间，认真学习《约法八章》《三大公约》《十项守则》和有关外交政策的布告。为了保证良好的教育效果，上级要求大家都能背下来。这对几乎80%近乎文盲的解放军战士来讲，着实是一件苦差事。然而，在大家的集体努力之下，不仅连长、排长一字一句地完整背诵，就连不识字的战士也能背得滚瓜烂熟了①。

入城之初，广大干部对接管工作普遍表现出高度的责任心与进取心，接管过程中，认真负责，主动钻研，刻苦耐劳，秉公办事，创造了很多模范事迹。如农林水利部干部李人凤同志，在本部门接管干部严重不足的情况下，积极带头，勤奋工作，尽管因病经常吐血，但依然坚持率领少数人

---

① 迟浩田：《上海战役亲历记》，载于中共上海市委党史研究室、上海市档案馆编《记忆：1949》，上海教育出版社2009年版，第2页。

员保质保量地完成了庞大的接收任务①。

随着接管工作逐步接近尾声，部分同志对胜利的形势开始盲目乐观，加之上海形势的复杂多变，以及物质条件改善、生活水平提高，纪律约束、思想教育却日渐松懈等原因，部分接管干部中逐渐出现了一些不良思想和倾向，虽然数量不多，但却足以产生极为不良的影响。概而言之，主要表现在以下几个方面。

（一）功臣思想

持有这种思想的同志具体有牢骚满腹型与公然对抗型两种表现。

第一，牢骚满腹型。在他们看来，革命胜利，自己劳苦功高，但组织上却并未"论功行赏"，太失公允。如有的同志说"我参加工作好几年，没有功劳也有苦劳，上级应该照顾照顾"；"革命好几年，还不如一个临时工"（临时工每天两个单位）；"革命错了，我要复员回家"。总体而言，这部分同志情绪多不稳定，希望上级能够提高其职级，并给予相应的待遇②。

第二，公然对抗型。这部分同志面对"不平等"的职级和待遇，基本不能控制自己的情绪，他们一般会选择一些比较尖锐的方式公然与上级领导对抗，以表达其对现行政策的不满之情。如：有的同志公开吵闹；还有的同志表示不服从上级分配，拒绝到新岗位报到；已经报到的人，也消极怠工，"做一天和尚撞一天钟"；另有人向上级提出申请，要求转业；如：财经系统的某些同志，要求薪金制，在请求未得到满足的情况下，随即牢骚满腹，抱怨上级，"上级拿我们当雇工，我们六七十个单位就卖了也不解决问题，要求回山东复员（工业部）"；还有人甚至颠倒是非，恶意攻击，污蔑组织和上级领导③。

（二）歧视旧职员思想

很多接管干部对旧职员存在不满心理，根据他们对待旧职员的态度和行为，又可将这种歧视大体分为刻意排斥型、歧视抵触型以及恶意污蔑型

---

① 该部门仅有党员85人，却接管了32个单位。详见中共上海市委党史研究室、上海市档案馆编《接管上海》（上卷），中国广播电视出版社1993年版，第244页。

② 中共上海市委党史研究室、上海市档案馆编：《接管上海》（上卷），中国广播电视出版社1993年版，第253页。

③ 同上。

三种。

第一，刻意排斥型。

负责接管工作的一些同志，不喜欢旧职员或对他们存有轻视心理，因此，在实际工作中时常刻意排斥他们。如面对政府予以留用的人员，他们并不尊重，言行举止中处处流露出对旧职员的不满和歧视心理，讲话时，总是刻意用"留用人员""旧人员""你们""我们"等诸如此类的言语，刻意与旧职员划清界限。又如，吴淞分局在接管中不敢运用旧警岗位，甚至有人有多一事不如少一事的想法①。

第二，歧视抵触型。

负责接管的一部分同志，对旧职员抱有严重的歧视和抵触心理。如：某些同志在遣散过程中表现出了"一脚踢开，不负责的倾向"；面对同样领取薪金制，工资反倒高于自己的旧职员，部分接管干部表现出了不满，牢骚满腹。如有同志说"薪资太低了，与旧人员相比，一个工友打扫厕所都是百多个单位，我们只有六七十个单位"②。

第三，恶意污蔑型。

由于职位及薪资分配等问题，某些接管干部对旧职员产生了强烈的不满，有的同志更是将这种不满公然演变成了对党的不满与愤恨，而且恶意污蔑、抹黑旧职员。如：有的同志在群众学习会议上大发牢骚，随便批评党的政策，说"我们的财经政策有毛病，对旧人员待遇太高，国家开支浩大，财政困难，是像中国银行那样旧职员吃穷的"；"抗日时期参加革命的大部分是职员，学会一套手腕，爬上地位歪曲政策，听喜不听忧，致上级领导不了解真实情况，党内老实人吃不开"③。

（三）男女问题

男女问题也是解放之初发生在部分接管干部身上比较典型的问题。大体来讲，有以下几种情形。

第一，渴望成家，结束单身型。

---

① 《上海市军管会公安部关于接管工作的总结报告》（1949 年 6 月 30 日），载于上海市档案馆编《上海解放》（中），中国档案出版社 2009 年版，第 286 页。

② 中共上海市委党史研究室、上海市档案馆编：《接管上海》（上卷），中国广播电视出版社 1993 年版，第 252 页。

③ 同上书，第 253 页。

伴随着战争岁月的结束与和平时代的到来，告别单身，娶妻生子成为了广大干部普遍关心的"头等大事"，于是，要求介绍对象、早日成婚的同志越来越多。如，负责接管法院的个别同志，开始与旧女职员谈恋爱[1]；负责接管财经系统的有些同志，三番五次向组织打报告，要求解决个人问题；有的同志认为自己是土包子，年纪大，个人问题在南方城市无法解决，要求回山东；还有的同志，如粮食局分仓库主任为了早日成婚，甚至不经组织同意，直接通过流氓介绍而私自与民妇成婚[2]。

第二，想要离婚，更换妻子型。

除了上述渴望成家，早日结束单身的接管干部外，已婚人士中自觉"与配偶差距太大"要求离婚的亦不在少数。

第三，违法乱纪，奸淫妇女或公然嫖娼型。

某些同志为了一己私欲，置党纪国法于不顾，乱搞男女关系，产生了极为不利的影响。如：济南来的警校学生××（此人过去曾在敌军青年军中及浦东干过警察，济南解放，投机考了我警校）霸占敌空军队长之老婆，说是其未婚妻[3]；某粮站副站长企图强奸妇女；更有甚者如金融处一股长居然去妓院嫖妓，嫖妓期间，为了显示自己身份，还公然在妓院玩枪，不小心走火，打伤妓女腹部，出事后，旋即逃回住处，企图掩盖罪行，直到公安机关追查，才自行承认[4]。

（四）享乐腐化思想

部分初到城市的革命干部，面对都市生活的种种诱惑，逐渐滋生了享乐腐化思想，主要有以下几种表现。

第一，脱离群众型。

新中国成立初期，接管干部沉迷享乐，滋生腐化的第一个表现即是开始脱离群众，积极向资产阶级靠拢。经历了最初的新鲜与奇特感后，他们

---

[1]　《上海市人民法院八月份综合报告》（1949 年 8 月 20 日），载于上海市档案馆编《上海解放》（中），中国档案出版社 2009 年版，第 294 页。

[2]　上海市委党史研究室、上海市档案馆编：《接管上海》（上卷），中国广播电视出版社 1993 年版，第 252 页。

[3]　《上海市军管会公安部关于接管工作的总结报告》（1949 年 6 月 30 日），载于《上海解放》（中），中国档案出版社 2009 年版，第 287 页。

[4]　上海市委党史研究室、上海市档案馆编：《接管上海》（上卷），中国广播电视出版社 1993 年版，第 252 页。

逐渐被五光十色、丰富多姿的城市生活所深深吸引，旧社会之诱惑力产生了极强的作用。政府人员与工人群众见面少，与资产阶级见面多，不团结的现象日渐增多，纪律亦渐渐松懈起来。①

第二，盲目攀比型。

这种攀比，既有来自干部与干部之间的攀比，亦有干部与旧职员之间的攀比。一般来讲，攀比的对象主要是职业、职务以及收入等要素。如，某些干部之间，互相比高低、论资格②；有的同志说"留在山东和派到西南去的都提拔了，就是留在上海的倒霉"；"看不见过去老同志还好，见了过去的同级或下级的，人家都是什么级的干部，我自己不是这样一个工作，真难受（工业部）"③。法院的某些同志更是认为地下党员容易被提拔，根源在于上级歧视外来干部，看不起老干部。个别干部甚至因此质疑干部政策不公，对领导满腹牢骚④。

与此同时，某些干部还对旧职员表现出了极大的羡慕，嫌政府对其过于"厚爱"；如有的干部说，"旧人员居然当仓库副主任，有权有利有名，一个月好几百单位，咱还是一斤肉"⑤。

第三，为己牟利型。

某些同志认为，自己为革命的胜利抛头颅洒热血，如今，新中国已经成立，是到了该为自己考虑的时候了。于是，他们开始利用自己的职权或关系，为个人积极牟取利益。如有的同志利用"关系"，将自己老婆安置在私人皮革厂工作拿取薪资，以增加收入⑥。

第四，贪污腐败型。

享乐腐化情结严重者甚至走上了贪污腐败的罪恶之路。如财政部镇江

---

① 《上海市人民政府接管工作第一个月综合报告》（1949 年 7 月），载于《上海解放》（中），中国档案出版社 2009 年版，第 236 页。

② 《上海市人民法院八月综合报告》（1949 年 8 月 20 日），载于《上海解放》（中），中国档案出版社 2009 年版，第 294 页。

③ 中共上海市委党史研究室、上海市档案馆编：《接管上海》（上卷），中国广播电视出版社 1993 年版，第 252 页。

④ 《上海市人民法院八月综合报告》（1949 年 8 月 20 日），载于《上海解放》（中），中国档案出版社 2009 年版，第 294 页。

⑤ 中共上海市委党史研究室、上海市档案馆编：《接管上海》（上卷），中国广播电视出版社 1993 年版，第 252—253 页。

⑥ 同上书，第 252 页。

粮站副站长×××与商人合伙经商牟利，包庇商人，走私漏税，从中贪污米 30 余石，人民币 20 万元；物资接管处×××倒卖物资，贪污金戒指 2 只，人民币 20 万元①。

（五）不安心工作

很多同志认为革命已然成功，现到了可以选择"理想"生活的时候了，然而，一旦遇到挫折或不如意之处，感受到现实与理想之间存在的差距依然很大之时，便产生了消极悲观心理，无法安心工作。具体来讲，造成接管干部无法安心工作的原因主要有以下两种。

第一，无法适应城市工作和生活。

与贪恋城市美好生活的部分同志不同，某些同志因长期生活在农村，习惯农村的工作方式，而对城市的一切感到不适应，不适应逐渐演变成不喜欢与逃避心理，这在北方来的同志身上表现尤为明显。他们纷纷表示，希望能够早日返乡。还有的同志自认为文化程度低，旧人员看不起，上级也看不起，在上海吃不开，还不如回山东（工业部）②。

第二，对自己的工作强烈不满。

某些同志对上级分配的工作表现出了强烈的不满之情。如：粮食干部不愿做粮食工作，盐务干部不愿做盐务工作，会计干部不愿做会计工作，党政干部不愿做党政工作，仅财政部一个单位县团级以上干部不安心者约 20 余人；纺织工业部做党务、人事工作者，极不安心，屡次要求调动工作③。被分配去法院、监狱的干部，也表示讨厌此项工作，有些在监狱工作的同志，写信时都不肯明说在监狱工作④。

（六）家属困难问题

解放之初，面对严峻的经济形势，广大接管干部逐渐由薪金制转为供给制，而实行供给制的干部中来自皖北、苏北、山东等灾区的人为数众多，很多同志由于家中灾情，父母年老乞食，亲属丧失劳动能力或长期失业等问题，长期背负着沉重的思想和经济负担。面对沉重的家庭负担，接

---

① 上海市委党史研究室、上海市档案馆编：《接管上海》（上卷），中国广播电视出版社 1993 年版，第 251—252 页。

② 同上书，第 251 页。

③ 同上。

④ 《上海市人民法院八月份综合报告》（1949 年 8 月 20 日），载于上海市档案馆编《上海解放》（中），中国档案出版社 2009 年版，第 294 页。

管干部大致有以下几种表现。

第一，克服困难，独自担当。

大多数干部因深刻体会到国家面临的经济困难，而甘愿默默忍受，独自担当。如货物税局殷××，宋××，隋××，他们每月省吃俭用，仅留下少量的生活费，其余全部邮寄回家，救助家人①。

第二，沉默不语，消极应对。

有的同志虽然认识到了国家存在着困难，但由于客观环境的影响，既不向组织提意见，也不积极主动克服困难，或多或少流露出一些消极应对组织的离心倾向②。

第三，先斩后奏，向组织发难。

有的同志一心为了"小家"，在未向组织汇报的情况下，先斩后奏，私自把家属带来上海，要求组织予以解决，使组织陷入被动困难局面③。

第四，埋怨组织，公然泄愤。

部分同志对党、对上级表现出强烈的不满，气愤埋怨，消极怠工，甚至要求复员回家，说"干共产党干坏了，胜利是旧人员的胜利""参加党没有好处，过去受苦受难，今天家属到处要饭吃，革命没前途，家属来找，领导叫动员回去，对领导不满""老干部不如新干部，不如回家做生意，教小学"④。

存有以上不良思想倾向的同志虽然为数不多，但若任这种思想继续蔓延下去，必然会造成极为恶劣的影响，为了纠正不良之风，共产党采取了以下措施。

首先，深刻反思，找到"病根"。

经过深刻的反思与总结，共产党认为之所以会出现以上不良思想倾向，主要是因为面对军事上的胜利，共产党放松了对党员干部的思想领导和建设所致，而党的组织松懈无力，政策混乱，处理问题缺乏统一标准等因素则更进一步助长了以上不良思想的蔓延。

---

① 上海市委党史研究室、上海市档案馆编：《接管上海》（上卷），中国广播电视出版社1993年版，第253页。

② 同上。

③ 同上。

④ 同上书，第254页。

其次，对症下药，治病救人。

找到"病根"后，共产党立即着手组织各个部门开展了形式多样的思想教育活动。教育内容包括人民民主专政与人民民主统一战线，国际主义，财经政策等；一般来讲，通过整编节约运动，集中学习"六大文件""评白皮书"，进行国际主义教育和"一边倒"思想学习；通过贸易舞弊案来进行反官僚主义学习；联系陈毅同志关于人民政协的报告和人民大宪章，检查关门主义思想。学习一般经过以下过程：阅读文件——组织报告漫谈与讨论——联系实际检查思想——测验民主评卷，在学习过程中，共产党着重强调团结与改造旧职员的重要性，防止与肃清资本主义思想和个人主义而不安心工作的问题①。

由于方法得当，措施得力，党员干部的学习积极性被极大地调动起来。如邮政处在工会系统与行政的保证下，成立了学委会与校委会，建立起相关学习制度，在自学三大文献时，有1600多人参加；另外，他们还通过文化补习班培养了300多名积极分子；经过不断的教育和学习，广大干部基本上澄清了个人的混乱思想，保持了艰苦奋斗的作风，克服了自卑与功臣主义思想，懂得了团结和改造旧职员的需要，摒弃了某些不安心以及盲目攀比，一味追求享受的倾向②。

农林水利部也针对本部门存在的干部腐化思想倾向，闹工作地位、家庭问题，以及对旧职员团结等问题，及时召开党小组学习会议，通过热烈讨论的方式，解决了部分问题。此后，多数干部开始主动与旧职员交流，并虚心向他们学习生产技术。中国石油公司通过广泛发动职工民众选举整委会，民主讨论公司改组方案等方式，使职工萌生出主人翁的感觉，与此同时，教育了广大干部，促进了旧职员与接管干部之间的团结互助。

最后，针对恶意攻击共产党及共产党政策，且顽固不化者，给予了一定处分。如财委工作大队××，不仅不服从组织分配和鉴定，还污蔑组织和领导，颠倒是非，肆意攻击，经党内决定给予开除党籍处分③。

---

① 上海市委党史研究室、上海市档案馆编：《接管上海》（上卷），中国广播电视出版社1993年版，第246页。

② 同上书，第242页。

③ 同上书，第253页。

总的来讲，通过以整编节约为主的思想教育，广大党员干部的不良思想倾向得到很大程度的克制，但由于运动没有被贯彻到底，再加上思想教育过程中出现了一些新的问题，使得以上不良倾向在后来又有了一定程度的发展①。这实际上也从侧面反映出了新生政权初建之时国内国际环境的错综复杂以及思想政治教育工作的长期性与艰巨性。

二 对政治认同的被构建者——旧职员群体的宣传教育

与对党内同志开展的宣传教育活动相比，共产党对旧职员群体的宣传教育，无论是在时间、形式抑或是程度上，都更为持久、多样和深刻，且更具针对性和有效性。

第一，上海解放之前：揭露将介石罪行，宣传共产党政策。

早在上海解放之前，中共中央下发的多个重要文件就涉及了党的宣传教育工作，这些文件不同程度地论及了开展宣传教育活动的重要性、必要性、目标、方式、内容、口号等问题。如地下党上海市委于1949年2月10日所发《宣传工作指示》十条，不仅指出"宣传工作在今后斗争中更为重要，纠正一切脱离政治宣传的单纯组织活动和经济斗争"，而且对宣传的内容和形式做出了具体要求，"内容以反对国民党假和平，反对破坏，护厂护校"等为主，形式应"多样化、多渠道"②。

1949年4月8日颁发的《中共中央上海局在人民解放军渡江前给上海党组织的指示》更是明确指出要"准备出版报纸，印行小册子、宣言等，利用广播电台等工具，进行有效的宣传工作。在宣传上清算国民党反动罪行，宣扬我党革命政策，扩大我党、政、军影响及威望，宣传上海解

---

① 鉴于国际国内的错综复杂形式以及共产党面临的诸多困难，共产党开展了整编节约运动，在整编节约运动中，共产党确实取得了一定成绩，但党委没有根据既定计划，及时组织深入的检查与定期的总结，表现在领导上不深入与缺乏了解具体情况。因此，在响应反封锁执行六大任务与整编节约运动中出现了领导方法上重于号召，轻于组织的现象，在内容方面偏重于节约有限的水电等小方面的节约，而忽视了改造思想转变作风与提高效率等大方面的领导。而且在处理旧职员时，各单位多从单纯的财政观点出发，大量裁减旧职员，这引起了旧职员的极大不满，中共的政治声誉也因此受损。为了挽回声誉，转变工作作风，上海市市委于1949年9月10日发表谈话，纠正不良作风，整编节约运动也因此暂停。

② 张承宗：《配合解放接管上海，做好调查宣传工作》，载于上海市委党史研究室编《接管上海》（下卷），中国广播电视出版社1993年版，第103—104页。

放时人民大翻身、做社会的主人"①；在科学理论的指导之下，这一时期各级党委发动全体党员和各界群众②，针对不同单位，不同群体，结合党的政策，围绕其所关心的实际问题，开展了形式灵活、极为深刻的思想政治教育工作。

具体来讲，在宣传内容方面，主要有新华社社论、解放区城市报导、军事形势、重要文章等，如毛泽东的"关于时局的声明"，新年献词"将革命进行到底"，毛泽东、朱德的"中国人民解放军布告""向全国进军命令"等。在宣传方法方面，包括口头的，如通过打探消息来秘密传播，达到一传十、十传百的效果；发动学校、行业及群众团体，利用报刊、小报等刊载宣传报道；秘密散发延安广播的社论、消息、文章等，传播党的政策、方针等。

上海解放之前，共产党领导各界群众积极开展了大量的宣传教育工作，真正做到了"大军未到，政策先行"，这对稳定人心、鼓舞斗志、顺利解放上海、妥善接收与安置旧职员具有极为重要的意义。

第二，上海解放初期：时事政治教育与方针、政策宣传并重。

进入上海后，为确保接管与安置旧职员工作的顺利开展，共产党进一步加大了对该群体的教育力度，教育内容涉及专业知识与技能、反封建迷信教育及政治理论教育等，总体来讲，以政治教育为主。以上海市市府于1949年6月16日所公布的《市府旧职员一个月教育计划》为例。

---

① 《中共中央上海局在人民解放军渡江前给上海党组织的指示》（1949年4月8日），载于上海市委党史研究室、上海市档案馆合编《接管上海》（上卷），中国广播电视出版社1993年版，第13页。

② 通过耐心细致的宣传工作，技术人员、专家，很多国民党政府上层人士，私营企业的负责人，甚至外商都选择了留沪，并为上海的解放及建设事业做出巨大贡献；如，官僚资本最大的企业——中国纺织建设公司的高级职员及公司所属的好几个纺织厂的厂长、副厂长积极向共产党靠拢，并在解放上海的过程中积极参与护厂运动；又如，在百货业中具有很大影响，且很多企业分布在国外，甚至12个子女都在国外的永安公司总经理郭琳爽，一开始他对党的政策将信将疑，彷徨于出国和留沪之间，经过我方人员多次争取，他发出了"公司好比一只船，我是船上的大副，船在大副在，我是不走的"豪言壮语，最终，退掉已买好的机票，毅然留在了上海。上海市委党史研究室编《接管上海》（下卷），中国广播电视出版社1993年版，第105页。

市府旧职员一个月教育计划[①]

一　总的方针与目的

认清目前形势和共产党与国民党之本质上的区别，达到在思想上明确认识过去为统治服务之错误与今后为人民服务之光明前途。

二、为达上述目的暂以一个月时间分段进行学习，并初步规定各段学习内容如下

（一）第一周

1. 教育内容重点：以目前形势和我们任务做一个报告

A. 国际形势：说明目前国际形势，澄清模糊思想。

B. 国内形势：特别以目前战争情形，说明国内形势。说明最近三年来，战争的发展过程，打破其对国民党幻想，依靠国民党是没出路的。

C. 形势发展大势所趋，人心所向，从而说明我们这一代的任务及其前途。

2. 时间的分配（按其平时办公时间改为学习时间）

星期一：（或第一天）做报告。

星期二：阅读参考文件，提出问题。

星期三：归纳问题，进入讨论。

星期四：归纳问题，进入讨论。

星期五：解答问题。

星期六：讨论解答，联系检讨。

星期日：休息。

3. 翻印几个参考材料

（1）目前形势和我们的任务（任弼时同志报告）。

（2）将革命进行到底。

（3）刘少奇《论国际主义与民族主义》一文的第四部分。

---

① 《上海市人事局关于1949年处理旧人员的工作计划、总结》，上海市档案馆，资料号：B23-4-58。

（4）新华社关于二中全会一文。

（5）新民主主义论（自备）。

（二）第二周

1. 教育重点

A. 从他们的认识水平上，启发他们认识到国民党从"九一八"到"七七"，从抗日战争到自卫战争的一贯反动政策，抗战时期的消极、观战、反共、投降，如皖南事变、胡宗南包围边区等战役，撕毁政协决议、发动全面内战、同年四月北平和议拒绝签字等。

B. 从现实的国民党各种具体政策（外交、内政、经济、文化）分析其反人民的本质。

2. 时间分配（略同第一周）

星期一：报告。

星期二：阅读参考文件，提出问题。

星期三：讨论问题，思想准备酝酿。

星期四：发起对国民党的控诉，结合切身痛苦或所见所闻（在小组进行）。

星期五：继续揭发其罪恶事实，及其内部之黑暗，并将生动的实例刊登报纸发表（视情况而定）。

星期六：将突出的生动事实、大会控诉或将分散控诉材料综合传达揭发。

3. 资料

（1）淮海战争责任的社论及大事月谈（翻印）。

（2）毛主席关于战犯问题给李宗仁的电报。

（3）卖国"二十一条"（翻印）。

（4）国民党统治中国的二十二年（翻印）。

（5）蒋党内幕，四大家族（自购或公家购印，传阅或借阅）。

（三）第三周

1. 要求与目的

使其离开国民党之后，靠近我们，感到共产党和国民党本质的不同，认识怎样才是真正为人民服务。

2. 介绍我党的目前政策、作风及发展历史

（1）中国共产党的生长、壮大及其发展，从历史上讲，从大革命的

"八一五"（十年内战，八年抗战的简略介绍）。

（2）着重介绍三年的自卫战争及当前的基本政策、路线与方针（怎样建设新中国），特别是城市政策。

（3）人民解放军、人民政府之工作人员的工作、态度与作风（诱导以前进的方向，教以如何为人民服务）。

3. 时间分配

星期一：报告。

星期二：阅读参考文件，提出问题。

星期三：讨论各种政策。

星期四：讨论研究共产党的发展历史与作风。

星期五：解答疑问。

星期六：揭发国民党的作风，检讨自己的作风，学习我们工作人员的态度与作风。

4. 资料

（1）中国革命与中国共产党（自购或借阅）。

（2）城市政策。

a. 安民政策约法八章。

b. 入城守则。

c. 工商界政策。

d. 任弼时同志报告中的土改问题（翻印）。

（3）论联合政府第五节，共产党的作风问题（翻印）。

（四）第四周

站在人民立场上，坦白检查、改造自己、决定方向，树立为人民服务的思想。

1. 宣传我党对知识分子的政策（说明我党对他们改造的决心），指出他们要选择自己要走的路（明确树立自己的人生观，为人民服务），谈明我党对政府职员的态度（基本上进行宽大政策，教育感发其坦白检讨反省）。

以上内容亦可做报告启发他们在确定为人民服务前的决心和诚意，大胆暴露过去所做有损人民的事情，进行反省。

2. 时间分配

星期一：报告。

星期二：讨论漫谈，思想酝酿。

星期三：小组回忆反省。

星期四：培养典型的小组或大会示范（看当时情况发展灵活掌握，防止"左"的要求过程）。

星期五：全面地进入反省，写反省自传。

（五）第五周

总结、交反省自传，审查登记，决定去留与处理办法，分别处理。

这是对非留用之一般旧职员一个月的教育计划，已经上级审查并印发，仅供各单位参考并希望将你们的计划送我们一份以资交流。

三　学习态度

1. 集中精神实现学习计划，因此必须抱着为人民服务的态度来学习。

2. 要弄清是非，追求真理，坚持老老实实、联系实际的态度，反对任何空谈理论而不结合实际、应付塞责的态度。

3. 反复钻研，抱着做小学生的态度向大家学习、虚心研讨，反对粗枝大叶、不求甚解的现象。

4. 在学习中掌握少而精的原则，学一点懂一点，防止好高骛远、贪多嚼不烂的倾向。

5. 破一切顾虑、不虚荣爱面子、发挥自由思想坚持真理、不怕讲错就怕不讲。

四　方式方法

1. 每周有一次或两次的大会讲课。

2. 基本方法以自学为主，在自觉的基础上，抓紧一切时间，自行钻研（如早晨、晚上皆为自学时间）。

3. 对每一文件，皆可粗读了解其大意，精读领会其各段精神，做出笔记，提出问题，然后交小组讨论。

4. 互相帮助、互相启发、自由交谈、互相研究、取长补短以充实自己对问题的认识。

5. 个人疑难问题，以交谈或小组讨论解决。

6. 小组解决不了的问题，以班的会议讨论或大会讨论或请主要负责同志做解答。

五　组织领导（暂略）

六　作息时间

附军管会办公厅作息时间表进行（工作时间改为学习时间）

附：

通知

此系市府本身旧职员的学习计划，并印发各局仅供参考，此计划系前附印发之训练计划之一部，专供训练班中公布、讨论用者。

此致

军管会人事科

六月十六日

这是一个非常生动全面的案例。体现了上海市市委、市政府的政策、方针，从一个侧面反映了党对旧职员教育改造的政策，尤其可见基本过程与方法。其中，思想教育占了很大比例。文件对于旧职员学习训练的方针、目的、每个阶段学习的重点、内容、时间分配、参考资料、学习态度、学习方法等方面都做了详细规定，这使旧职员训练工作的顺利开展有了坚实的政策保障。在此计划基础之上，政务接管委员、卫生处等也纷纷颁布了针对本部门旧职员的训练计划，这些训练计划的共同特点即是结合国际国内形势，重点突出政治教育。但具体到每个部门，每份训练计划又因各自所面临的任务和特点而存有一定差异。

有了政策的支持和保障，上海市各个系统、行业、单位及区域开始根据自身特点，有组织、成规模地对旧职员展开了教育训练活动。总体而言，这一时期，针对旧职员的训练和教育活动是正确的，且是成功的。在学习过程中，广大旧职员基本积极向共产党靠拢，主动要求进步，通过系统的学习与训练，旧职员实现了蜕变，但这一蜕变并非轻而易举，而是经历了一个极为复杂的过程。

第三节　接管之个案研究：以财经系统为例

财经系统的接管工作，由上海市军管会财政经济委员会全权负责，该会下设财政处、金融处、贸易处、工商处、劳工处、轻工业处、重工业处、农林处、铁道处、电讯处、邮政处、航运处、工务处、公用事业处、房地产管理处、卫生处、复兴岛接管处共计 17 个处及 1 个接管工作队，各部门负责人详见表 2-3。

表 2-3　　　　　　　　上海市军管会财政经济委员会
负责人一览（1949）

	财政处	顾　准
	金融处	陈　穆
	贸易处	徐雪寒
	工商处	石　英
	劳工处	马纯古
	轻工业处	刘少文
	重工业处	孙冶方
	农林处	何　康
主任：曾　山	铁道处	黄逸峰
副主任：刘少文、许涤新	电讯处	曹丹辉
秘书：骆耕漠	邮政处	赵志刚
	航运处	于　眉
	工务处	郝一军
	公用事业处	叶进明
	房地产管理处	刘平若
	卫生处	崔义田
	复兴岛接管处	邝任农
	接管工作队	黄耀南

　　资料来源：本表根据中共上海市委党史研究室编《接管上海》（下卷），中国广播电视出版社 1993 年版，第 18—19 页编制。

　　一般而言，参与接管上海的干部，都经过了严格的选拔，而能担任军管会相关系统负责人的同志，更是优中选优，精挑细选的。具体来讲，过硬的政治素质是先决条件，一定的文化修养与专业技能则是重要因素。财经系统由于其领域的特殊性，对专业知识和技能方面的要求，相对而言就更高一些。以该系统委员会主任曾山、副主任许涤新为例：曾山自解放战争起，就任华东财经办事处主任，并兼任中共中央华中分局财经办事处主任；许涤新更是早年毕业于国立上海商学院（现上海财经大学），系统、全面地接受过财经专业相关知识。而副主任刘少文则做过政治教员，并在上海有过多年地下工作经验。正是因为共产党在配备接管干部时充分考虑到了个人专长与灵活性相结合的原则，拥有了一支政治硬、业务专的干部队伍，财经系统的接管工作才得以顺利、圆满完成。

以 9 月 10 日上海市委发表讲话为界，财经系统的接管工作大体可分为谨慎探索和纠偏完善两个时期，两个阶段处理旧人员的情况详见表 2-4①。

表 2-4　　　　上海市军管会财经系统处理旧人员情况统计（1950）

种类	谨慎探索时期		纠偏完善时期		人数总计（人）
	人数（人）	占总人数的百分比（%）	人数（人）	占总人数的百分比（%）	
遣散	9878	52	142	3.4	10020
离职	2898	15.8	160	3.8	3058
回乡生产	1303	6.7	590	13.9	1893
调往内地	1263	6.5	469	11.1	1732
转业	1256	6.5	624	14.7	1880
学习	1255	6.5	966	22.8	2221
开革	671	3.5	76	1.8	747
其他（在薪候用、停薪留资、死亡、撤职等）	601	3.2	1036	24.5	1637
退休	195	1.0	167	3.94	362
法办	25	0.1	3	0.07	28
总计	19345		4233		23578

注：

原始档案中所载"接管人员共处理旧人员总数分别为 19975 人和 3621 人"，但根据笔者计算所得，该数据应为 19345 人和 4233 人。

资料来源：本表根据《华东区财政经济委员会人事处关于接管与处理旧人员的基本总结》，1950 年 1 月，上海市档案馆，资料号：B23-4-621-1 编制。

与谨慎探索时期相比，财经系统在纠偏完善时期被遣散、离职、开革的旧职员占总人数的比重明显有所下降，与之相对应地，回乡生产、调往内地、转业、学习等方面的人数占总人数的比重均有所上升。究其原因，最根本的一点就在于不同时期，由于内部、外部形势有所变化，使得共产

———————————

① 因受材料所限，很难将旧职员从旧人员中完全剥离出来进行分析，但这并不妨碍我们以此来窥视旧职员被处理之整个过程。本部分写作主要依据《华东区财政经济委员会人事处关于接管与处理旧人员的基本总结》（1950 年 1 月），上海市档案馆，资料号：B23-4-621-1。

党对待旧职员的方针、政策也随之调整变化。这反映了共产党人与时俱进，一切从实际出发的优良品质。下面将对该系统于两个阶段处理旧职员的基本情况做一简单梳理和分析。

一　谨慎探索

谨慎探索自 1950 年 5 月 27 日上海解放开始，至 9 月 10 日上海市政府发布谈话为止。

1950 年 5 月 28 日财政经济委员会成立当日，便着手开始了财经系统的接管工作，该时期，接管人员按照"自上而下，按照系统，原封不动，整套接收"的方法，对企业原工作人员（含厂长、局长、监工、工程师及其他职员），除个别破坏分子必须逮捕外，均一律留用，并许其继续担任原职[1]。在接收步骤上，接收人员谨慎行事，分"快接"与"细收"两个阶段依次进行："快接"时期主要查封仓库、物资、账册，以求尽快恢复生产，如铁道处接管人员在 5 月 27 日凌晨 6 时枪声一停，即进入北站开始接收路局，28 日交通即恢复正常；"细收"阶段主要是清点财物，届时，参与接管的干部全面发动群众，进行彻底清点，如航运处明文公布奖惩条例，宣传"检举有功，补报无罪，隐匿破坏者必罚"[2]；最终，很多隐匿物资得以顺利查获。

如战犯孔祥熙之扬子建设公司于上海解放前所分散隐藏在十多家中外商公司、商号、堆栈、工厂、仓库及私人住宅中的价值数百万美金的巨额物资；阎锡山所办西北实业公司在沪隐匿的一百三十张栈单，一千七百袋面粉，一百箱西药等物资；以及宋子文系的孚中公司所藏匿的巨额物资亦在群众的协助之下，顺利查获[3]。

进入上海约 8 周的时间里，接收任务基本完成，"共接管伪国民党机构的部、处、会、厅、室、行、所、台、厂、公司、办事处共计 237

---

[1]　《华东局关于接管江南城市的指示》（1949 年 4 月 1 日），载于中共上海市委党史研究室、上海市档案馆编《接管上海》（上卷），中国广播电视出版社 1993 年版，第 4—5 页。

[2]　《华东区财委党委关于自进入上海以来党的工作的总结》（1950 年 2 月），载于上海市委党史研究室、上海市档案馆编《接管上海》（上卷），中国广播电视出版社 1993 年版，第 237 页。

[3]　《军管会在人民协助下战犯隐藏物资大批查获没收》，《文汇报》1949 年 6 月 23 日第 1 版。

个单位，163879 名旧人员，其中 118616 人为工人，占总数的 72% 强；45263 人为职员，占总数的 28% 弱"①。然而，帝国主义和国民党残余势力并不甘于失败，1950 年 6 月 23 日公然宣布对上海口岸进行武装封锁，其目的在于阻止我内外交通，断绝我们必要工业原料的进口，摧毁我们的生产机构，窒息上海经济，待上海生产建设无法维持之时，解放军束手就范②。

面对敌人的全面封锁，新生的人民政权已无力容纳庞大臃肿，以人浮于事、挂名领干薪以及依靠恶势力居高职者甚为普遍的留用人员队伍，"7 月初物价猛涨，整个财经收支情况又处于极困难之境地，而旧人员薪资支出浩大，×等供给制 100 万之经费开支，各公营企业当时又严重亏损"③，于是，自 7 月下旬《解放日报》发表"粉碎敌人封锁为建设新上海而斗争"的社论并颁布整编节约方案，华东财政经济委员会在接收与清点工作告一段落以后，就积极响应中央号召，开展整编节约运动；旧职员首当其冲，成为被裁减的对象。

整编方案第一项关于处理旧员工的原则中明确指出："这是一个严重的政治问题""各企业、各机关在处理这一问题时，必须审慎负责，分不同情况妥为安置，使得他们都能够有工作、生活和学习的出路，防止任何不负责任一脚踢开的偏向。"④ 但事实上，在上海市人事处理委员会成立以前，处理旧职员时，并无统一具体的原则和标准，财委会所定"旧职员去留的标准"，大都根据"政府旧职员遣散办法"及员工的资历、技术水平、平日里的思想表现、工作业绩以及全体员工对其本人的评价。

---

① 《华东区财政经济委员会人事处关于接管与处理旧人员的基本总结》（1950 年 1 月），上海市档案馆，资料号：B23-4-621-1。

② 《潘汉年副市长讲词全文》，《文汇报》1950 年 5 月 28 日第 1 版。

③ 《华东区财政经济委员会人事处关于接管与处理旧人员的基本总结》（1950 年 1 月），上海市档案馆，资料号：B23-4-621-1。

④ 《上海市人事处理委员会关于对各接管机关旧员工的处理办法》（1949 年 8 月 23 日），载于中共上海市委党史研究室、上海市档案馆编《接管上海》（上卷），中国广播电视出版社 1993 年版，第 123 页。

政府旧职员遣散办法①

一、经训练班初步审查后，认为政治上有问题不愿真正坦白反省，一时无法弄清或老朽昏庸拿干薪吃闲饭分子则予遣返。

二、准备留用者或动员南下工作，但其本人坚决要求退职返籍亦得适用本办法，但须填具自动返籍申请书我批准者。

三、凡遣散或自动退职之人员，必须填写遣散人员登记表两份，一份交市府人事处登记备案，一份留原机关保存。

四、凡是遣散者或自动退职之人员，得按其原薪发给二月的薪金作为遣散费，愿离沪返籍者，酌发车费，并发通行证。

五、凡四项所述离沪返籍者之住址户籍于办完手续后，转知公安局，以促其尽早离开本市，以免×资耗尽影响治安，所发各种费用及证件除开收据外，并于登记表上注明以防重复冒领。

六、此类人员由市府本部及各局按本办法分头自行处理，伙食费折合资金标准，由财政处每日通知各局，乘车证及通行证由市府秘书处签发，各局掌握使此工作结束，分别向主管部门报销。

因此，在实际遣散过程中，除了"反动的匪特，其劣迹昭著的分子"和"有严重贪污违法分子，确为群众痛恨者"依法被开革外，"无工作能力，只凭借靠山领取干薪者"和"没有技术的冗员与年老力衰不能支持工作者"就成为了重点遣返对象。

在裁员过程中，接管人员一般遵循了以下步骤。

首先，开展深刻的思想动员活动，使旧职员从思想上做好充分的准备。思想动员的一般形式为召开大会；在会上，发言人通常会讲述目前的胜利形势与存在的严重困难，由此启发旧职员联系自身深刻反省。如航运部门引导旧职员通过联想因敌人封锁而在航运上所出现的新情况，来号召

---

① 该遣散办法于 1949 年 6 月 29 日公布，7 月 7 日，上海市军管会又下发紧急通知，要求，其中"第［四］项第二行［酌发车费］及第［六项］第二行［乘车证］等字样应予涂去"，详见《中国人民解放军上海市军事管制委员会关于政府旧职员遣散办法的通知》（1949 年 7 月 7 日），上海市档案馆，资料号：B23-4-57-1。

大家漫谈如何才能克服困难？通过这种启发式教育，让职员们认识到了节省开支与提高效能之间的关系，进而认识到精简现行的编制的重要性。

其次，由军代表、地下党负责同志与积极分子，对旧职员在接管工作过程中的实际表现及其身份背景、个人经历等做进一步了解，待负责同志集中讨论过后，方可初步内定去留人员的名单。有的单位在这一环节比较慎重，如中纺公司将初步确定的名单与群众讨论，经修正后再行决定，但多数单位则是由军代表直接拍板决定。

最后，旧职员的去留名单确定以后，开始进入处理环节。但具体处理时，则采用了不同方式：第一，凡罪大恶极者予以开除或法办；第二，过去言论上反动或有贪污嫌疑，稍有劣迹者则授意辞职；第三，对不易找到工作或回乡有困难者，帮助其转业；第四，对工友们发放资助下乡生产，并根据对象分别进行集体欢送或个别谈话予以精神鼓励，且留下通信地址，说明待业务开展之时，允以优先录用。

大多单位，在处理旧职员时能够坚持群众路线，严格按照上述步骤，稳妥推进，包括裁减及工资发放等问题。如人民银行在确定留用人员名单时极为谨慎细致，1950年8月初先交由全部候命人员分组讨论，复于该月14日、15日两天由职工会召开两次候命人员大会详细讨论，尔后又经留用人员自己讨论，经过反复的协商与研究，在广泛吸收群众宝贵意见的基础上，原3500多名旧职员于8月18日被处理完毕。

其中，自动响应下乡号召者1034人，参加集体到中小城市工作者357人，参加市财政局普查房捐工作者167人，留用人民银行者1660人。尽管只有约47%的人员予以留任，但因为程序公正、坚持了群众路线，所以不但没有发生困难，而且人人心平气和，毫无怨言①。

关于工资待遇问题，人民银行同样非常严谨认真。针对接管初期旧职员按伪洋行"行员工资打七折"的办法领取工资非常不满意的问题，1950年8月军代表依据群众路线，开展了集体讨论，最终使问题得以圆满解决。具体过程如下。

1950年8月1日开始通过全行学习小组展开工资问题讨论，5日汇集了一百二十几个小组的结论（包括1500多名职工），经归纳整理后，大

---

① 《群众路线的成功　人民银行好榜样　三千五百旧员处理完毕》，《文汇报》1949年8月19日第2版。

家的意见有如下几点：第一，取消雇员工资七折办法，略做提高；第二，学习候命人员既不办公，交通费、办公费应取消，并将全部收入酌予减低；第三，借用人员中低级职工工资略予提高；第四，适当时期实行民主评定工资。

最终，1950 年 8 月的工资发放完全接受了这些意见，重新公布了暂行工资补充办法，明确规定雇员工资七折办法取消，另加 40 个折实单位，学习候命人员工资递减折扣，最高并不得超过 200 个单位，借用人员底薪在 40 元至 300 元者均分别增加 35、30、25、15、10 等折实单位不等，300 元以上者照旧。因此，虽然工资下降了，但职工方面不但没有反感，反倒都觉得公平合理。①

但部分单位的很多同志，对该问题的重视程度是相当不够的，他们事先并没有经过充分的政策研究与统一领导，再加上工作人员急于完成任务，工作不够认真，以致实际工作开展过程中，出现了个别偏离党的政策方针，甚至表现出严重的无政府、无组织与无纪律倾向。具体表现在：

某些单位在确定遣散标准时过于随意，不够谨慎。如上海邮局，在确定遣散人员标准时，未经请示即在旧人员中发动了群众性的公开检举运动，带来了极其恶劣的影响；有些单位更是在极短的时间里就裁减了大量的旧职人员，如在农林水利部，整编运动初期便将所接收旧人员总数之 1/3 以上的人员（1203 人）予以裁减；电讯局国际电台（上海局）为求得自给，且唯恐裁减过慢而增加下一次发放薪金的数额，3 天就裁减旧人员 300 多名②；市工商联筹委会负责人黄延芳、毛啸岑、秦柳方、颜耀秋、张汝砺等人于 1950 年 9 月 5 日赴江西路工业会接管时亦称因在筹备初创时期，限于经费及编制问题，仅能留用 14 人，其余人员均拿到 1 个月薪金后予以遣散③。

从《上海市军管会财经系统处理旧人员情况统计表》中可以看出，自 1950 年 7 月整编开始，至 9 月 10 日市委发表讲话，接管人员共处理旧

---

① 《群众路线的成功　人民银行好榜样　三千五百旧员处理完毕》，《文汇报》1949 年 8 月 19 日第 2 版。

② 《华东区财政经济委员会人事处关于接管与处理旧人员的基本总结》（1950 年 1 月），上海市档案馆，资料号：B23-4-621-1。

③ 《旧工业会昨接管工商联委员和旧理监事办移交　留用十四位人员其余发费遣散》，《文汇报》1994 年 9 月 6 日第 2 版。

人员 19345 人，占接管总人数的 12%，强，其中遣散 9878 人，开革 671 人，法办 25 人，退休 195 人，回乡生产 1303 人，转业 1256 人，学习 1255 人，调往内地 1263 人，离职 2898 人，其他包括在薪候用、停薪留职、死亡、撤职等共 601 人。

这也就意味着，在整编节约时，52% 的人都遭遇了遣散，超过一半的旧人员即将面临失业的危险。面对"悲惨"命运，部分人表示能够理解，可以坦然接受，如公路局的员工认为"国民党时代机构本来太庞大，好多人吃饭不做事，目前整编节约减少冗员是需要的"；贸易部石油公司的员工也反映"把这批冗员裁减出去非常公道"；运输部部分员工，尤其是年老或过去吃饭不做事的人，认为过去"自己太对不起人民，能力也有限，现在时代改变了，自己追不上时代，遭到遣散也是心安理得"。部分人比较乐观，对人民政府依然心怀希望，觉得有朝一日，自己还能回沪工作，如航运处被遣散的员工反映，"我们今天虽然被裁减了，但国家还发了我们的服务证，以后航运业务开展，我们还有回来的希望"①。

在笔者看来，这部分人之所以在面临失业的情况之下依然能认同共产党的施政理念，固然与多数单位事先都开展了不同程度的思想动员，且确定留用名单时非常慎重有关，但更重要的原因恐怕还在于裁员活动对于其个人利益的冲击比较有限。

但对共产党表示强烈不满的人也大有人在，如农林水利部接管单位少数员工反映"国民党在这里，我们还有工作做；共产党来了，反而失业了"；运输部系统少数员工认为，"我们帮你们保护了这样多的财产物资而且帮助了你们接管，现在非但无功，反而定罪了（指遣散），共产党自己不遵守约法八章，一切也是假话"；财政部有员工亦反映，"毛主席约法八章明文规定无罪大恶极者准予录用，勿使流离失所，我们有什么恶迹，否则为什么要我们流离失所呢?"贸易部国外贸易公司员工反映，"对一般生活无着的人，照顾不够，一脚踢开遣散了之，这样在本机关来说，固然达到精简目的，而在社会上就留下了一群失业的人"，这对共产党在政治上是有一定损失的；国际电台少数员工更是对共产党给予极大的讽刺，"共产党做事三部曲：原职原薪—清点器材—裁减人员"，个别更

---

① 《华东区财政经济委员会人事处关于接管与处理旧人员的基本总结》（1950 年 1 月），上海市档案馆，资料号：B23-4-621-1。

坏的分子甚至在厕所写下不记名的反动标语："毛泽东是毛杂种……共产党先甜后苦制造失业。"①

各行业、各部门职员的怨愤与不满很快传到了整个社会，伴随着失业现象的日益增多，社会上关于共产党的不良言论亦随之而来。有的人认为"共产党说话不兑现，上海解放时说的好，要原职原薪，可是来了不久，便逐渐裁员，是言行不符"；有的人要求政府"公布裁减人员的具体标准，切实按照标准去做"；亦有开明之人认识到了"裁员固可减轻财政问题，但社会问题却不能不注意，必须有善后补救办法才好"。②

事实上，共产党在遣散旧员时，也曾酌发路费，鼓励其回乡生产。对于发放路费之事，大多数人认为人民政府体恤百姓，为此对共产党心存感激，如铁路员工反映"共产党做到坦白讲道理，不是一脚踢开，这样死了也不怪的"③；但是，真正愿意回乡生产的人数却并不多，如表2-4所列数据，在处理的 19345 名旧人员中，只有 1303 人，仅占处理总人数的 6.7%，究其原因，可能在于生产困难，回乡着实不易，正如当时社会上比较理性之人所言：

> 当局对被裁减人员提出回乡生产的号召，殊不知多年的公务员，特别是中下级的物资方面已经相当贫困，他们大多是处在生活上很困难，他们没有不动产，叫他们回乡生产，似乎很难办到，只有各地政府对他们加以帮助才成（如介绍关系，分配土地，酌发基金等)④。

在其他被处理的人员中，主动要求离职的人占到 15.8%，据笔者推测，这部分人大概是自知留用无望，又不愿响应政府号召回乡生产，但家中有部分存款，尚可维持生计；或因为其他关系，可以自行找到出路之人。

调往内地、转业、学习的人数相当，基本都为 6.5%。调往内地的人中，部分人尚能安心工作，但多数人因习惯了昔日上海的繁华，无法适应

---

① 《华东区财政经济委员会人事处关于接管与处理旧人员的基本总结》（1950年1月），上海市档案馆，资料号：B23-4-621-1。

② 同上。

③ 同上。

④ 同上。

与融入新的环境，纷纷要求返沪。但实际上，绝大多数人并未能如愿。

参加学习的 1255 人，命运尚不知会如何。开革占 3.5%，在薪候用、停薪留职、死亡、撤职等占 3.2%，退休占 1.0%，法办仅占 0.1%，从被法办的数量来看，这一时段，共产党处理旧职员时，政策比较宽大，被列为"罪大恶极，情节恶劣"之人并不是很多。

二　纠偏完善

纠偏完善工作主要自 1950 年 9 月 10 日上海市委发表谈话以后开始，至年底基本结束。

为及时纠正整编节约运动中某些部门在遣散旧职员过程中出现的偏差行为，挽回共产党的政治信誉，市委经研究决定成立由周林、骆耕漠、曹漫之、张承宗、赵行志、杨仁声、郝一军、李立知、钟望养、徐仑等同志及总工会代表一人组成的人事处理委员会，来指导和督促各单位旧职员的处理工作。按各接管单位的性质，分设财经、公安、市政、文教四个人事处理委员会，它们分别在各自党委或党组织领导之下，开展工作①。在上海市与财委人事处理委员会的领导下，工作组初步检查并总结了前一阶段的工作，各种错误倾向基本得以克服。

1950 年 9 月 10 日，上海市委发表讲话，财委处理旧人员的工作由此进入一个新的阶段，过去主要从经济成本出发考虑问题，一味地减少财政开支与机械追求保本自给的错误倾向开始被摒弃，自行处理旧人员与无组织的倾向得以纠正，请示与报告制度被加强，政策观念与意识开始深入人心。各级领导处理旧职员时变得更为审慎和负责，之前凡由各接管单位处理之离职人员，原则上准予登记召回，并重新审查处理。其过程一般是：检查证件、予以登记，了解情况，征询意见，进一步收集情况，集体讨论，做出处置决定。

但以下六类人员不在召回之列：第一，罪大恶极经法办或予以开除者；第二，由伪国民党遣散而非我接管人员遣散者；第三，各外省区域来沪申请召回者；第四，经审查决定复职，但又不接受分配坚持己见者；第五，遣散后已谋取职业，有一定薪资收入者；第六，家庭生活尚属宽裕可

---

① 《上海市人事处理委员会关于对各接管机关旧员工的处理办法》（1949 年 8 月 23 日），载于中共上海市委党史研究室、上海市档案馆编《接管上海》（上卷），中国广播电视出版社1993 年版，第 123 页。

维持生计者①。

被召回人员前来登记时，接管人员均热诚接待，并为其耐心讲解人民政府之政策，以期收回人心，挽回损失。其中如因遣散而致流离失所，经查询属实者，即可予以召回；对有较严重劣迹行为的违法分子，则据实指责其过去反人民的罪行及我们宽大处理之本意，并为其指明自新之路。至于一般召回人员的审查方式，主要有如下几种②：

A. 深刻谈话，了解其遣散后工作与生活情况；

B. 通过对其熟悉的人员进一步补充了解；

C. 把已了解的情况尤以对×已处理的人员提交在职人员小组做群众性的审查，并×求处理意见供领导参考；

D. 派人访问其家庭并将综合情况提会讨论，初步决定安置办法，再召回本人谈话由军代表签署转上级机关核准。

截至 1950 年 12 月 18 日，召回工作结束，被裁旧人员中，共有 9026 人申请登记，计占市委发表谈话前后共资遣 10020 人总人数的90%弱。在申请登记的 9026 人中，有 7108 人经审查并予以处理，占申请登记总人数 79%弱③，其中经审查复职或另行分配工作者 2491 人，调往学习者 2182 人，给薪候用者 227 人，资助转业者 69 人，回乡生产者 4 人，派调内地者 336 人，年老退休者 30 人，不准复职、逾期不来与不接受分配者 57 人，其他包括自动转业、尚在处理、听候学习者等共 172 人④。

关于复职人员的待遇问题。尽管由于支援解放战争，财政负担繁重，但为了确保旧职员的正常生活，中央规定不得歧视召回人员，应根据原定

---

① 《华东区财政经济委员会人事处关于接管与处理旧人员的基本总结》（1950 年 1 月），上海市档案馆，资料号：B23-4-621-1。

② 同上。

③ 另有 1918 人虽亦申请登记，但当时并未来得及对其进行审查，至于最后究竟被如何处理，笔者未找到相关文字记录。

④ 据档案所载数字，即"经审查复职或另行分配、调往学习、给薪候用、资助转业、回乡生产、派调内地、年老退休、不准复职、逾期不来与不接受分配及其他包括自动转业、尚在处理、听候学习的具体人数，笔者计算应为 5568，而非 7108。详见《华东区财政经济委员会人事处关于接管与处理旧人员的基本总结》（1950 年 1 月），上海市档案馆，资料号：B23-4-621-1。

之薪级办法发放，对召回学习者按军管会统一的学习待遇办理，即本着三个人饭五个人吃的精神，按下列折扣办法发放：单位（折实单位）

　　1. 50 单位（折实单位，下同）以下者不动；

　　2. 51—100 单位者，除 50 单位不动外，余按八折计给；

　　3. 100—150 单位者除 100 单位照 2 项规定外，余按七折计给；

　　4. 151—200 单位者，除 150 单位照 3 项规定外，余按五折计给；

　　5. 200 单位以上者，除 200 单位照 4 项规定外，余按五折计给；

　　6. 如按此办法折扣后实际所得超过 200 单位者一律以 200 单位计给。[1]

　　对于候命者之待遇，并未统一标准，一般而言，主要有以下几种形式：第一，不给待遇或不规则地予以补贴；第二，按半薪发给，如国际电台；第三，按原自行择定候命标准的八折进行发放，如华东区行。

　　经历了被召回并被再次安置的命运，旧职员的心情非常复杂。有的人为"三人饭五人吃"而发愁，他们担心会重新减薪。通常情况下，持有这种想法的旧职员家庭经济负担较重，他们担心再度减薪，将无法维持家庭生计。有的人担心召回人数如此之多，难免有人会浑水摸鱼，人浮于事，吃闲饭者会再次出现；一般而言，抱以这种心态的旧职员多为下层职员，他们在过去终日忙碌，但却领取微薄的薪水，眼睁睁看着"吃闲饭、领干薪"者再度出现在自己身边，他们心中的不满情绪便再次被激发出来。还有职员（如运输部某些旧职员）对共产党的政策表示怀疑，认为共产党在政策上总是摇摆不定，既然现在要召回，当初何必要遣散，真是出尔反尔[2]；这部分旧职员不仅对共产党及其政策了解非常有限，而且通常情况下，对新政权表现出一种非常冷漠的态度，几乎完全抱着一种"走着看""等着瞧"的心理；在被接管，进入改造阶段后，他们始终是被共产党推着、拉着走，而非主动积极向党靠拢的一群人。

---

　　[1]　《上海市军事管制委员会关于统一正在学习训练旧人员待遇标准的通知》（1949 年 10 月 1 日），上海市档案馆，资料号：B35-2-13-3。

　　[2]　《华东区财政经济委员会人事处关于接管与处理旧人员的基本总结》（1950 年 1 月），上海市档案馆，资料号：B23-4-621-1。

但更多的人则对共产党交口称赞，认为人民政府召回遣散人员，以免流离失所，究竟还是与国民党不同，做事踏实，对人民负责。如电讯局、农林水利部及贸易部被召回人员认为，共产党上级机关的政策是正确的，但下级执行政策时犯了错误，对此，人民政府能够出面来纠正，这说明共产党是勇于改正自身错误的①。

对于处于社会剧烈转型期的旧职员而言，衣食住行等生存需要是他们最基本、最原始的需求，而满足这些需要的一个最基本条件就是保障他们的生存权。新旧社会交替之际，犹豫徘徊的他们，在共产党"团结、教育、改造"基本政策的引导之下，分属政务、财经、文教、军事四个系统，被接管了下来。尽管在此过程中，接管工作出现了一些偏差，旧职员的利益受到一定损害，但总体来讲，共产党始终坚持了"团结、教育、改造"的方针，并以严谨、认真、负责的态度对待整个接管工作，因此，至1950年年底时，大多数旧职员已被处理完毕。还有一些老弱病残者，共产党也对他们进行了妥善安置，以免其流离失所。

总的来看，接管与安置旧职员的工作是成功的。正是因为得到了妥善安置，根本利益得到了维系和保障，广大旧职员开始一步步靠近共产党。

---

① 《华东区财政经济委员会人事处关于接管与处理旧人员的基本总结》（1950年1月），上海市档案馆，资料号：B23-4-621-1。

第三章　改造：身份转化与政治认同
（1950—1956）

妥善安置了旧职员，初步树立起良好形象的中共亟须在全社会范围内建立更为强大的权威，以获取执政的合法性地位。为此，新政权继续探索，对该群体实施了一系列改造行为，在此过程中，围绕其政治认同宣传政治主张，以灌输意识形态，采取了一系列方式与途径，大体来讲，可将这些途径与方式分为两种，"柔性"的有教育、疏导、感化、劝慰等，"刚性"的如政策、法令、措施、政治运动等；总体来讲，方式灵活、形式多样，且基本遵循了从营造政治绩效出发，制定政策、制度，并始终坚持思想政治教育的模式，在此过程中，马克思主义开始逐步深入旧职员的内心，他们对共产党的认知、情感、立场等也发生了由外到内、心悦诚服的转变，最终旧职员由旧制度下的小资产阶级分子成长为社会主义制度下的光荣劳动者，步入工人阶级行列。

第一节　改造的进程

新中国成立后，共产党延续了其在民主革命时期对待旧职员的基本策略，即"团结、改造、利用"，但由于国际、国内形势的变化，中共针对旧职员的具体政策，在不同时期侧重点有所不同。在既定政策的强力整合之下，旧职员的主体身份被重新建构，在此过程中，他们由过去的小资产阶级最终成长为社会主义制度下的新型劳动者，成功步入工人阶级之列。

一　政策沿革

科学、合理的政策是中国共产党获取执政合法性地位的重要基础。新中国成立后，共产党延续其在民主革命时期对待知识分子的一贯政策，区别对待、分类处理了旧社会遗留的庞大知识分子，尤其是旧职员。从整体上来看，共产党始终坚持了"团结、教育、改造"的基本政策；但从微观层面来考察，由于国内外客观复杂因素的制约和影响，共产党在对待旧职员时，在不同阶段其侧重点是有所不同的。根据政策的内容和实施情况，可将其分为"争取、团结为主，教育、改造为辅"和"教育、改造为主，争取、团结为辅"这两个侧重点略有差异的发展阶段①。

第一，争取、团结为主，教育、改造为辅（1949—1951年秋）。

该时期，共产党在对待旧职员时，之所以重在争取和团结他们，而以教育和改造为辅，完全是由当时的客观形势和共产党面临的紧迫任务所决定的。

从当时的客观形势来看，国内各阶级、阶层与共产党的关系正处于紧张时期。诚如毛泽东在七届三中全会上所言：共产党正遭遇帝国主义、台湾、西藏的反动派、国民党残余、特务、土匪、地主阶级、帝国主义在我国设立的教会学校和宗教界的反动势力，以及共产党接收的国民党的文化教育机构中的反动势力的一致反对，但与此同时，面临的任务却极为艰巨。"为了孤立和打击当前的敌人，就要把人民中间不满意我们的人变成拥护我们"②。因此，不要四面出击，以免树敌太多。于是，共产党在对待知识分子，尤其是旧职员时，就采取了以争取和团结为主，改造教育为辅的政策。具体体现在以下两方面。

一方面，对旧职员采取了"包下来"的政策。新中国成立初期，党根据旧职员的实际情况，对其进行了妥善安置，其中绝大部分人得到了适当工作，并在工作中积极发挥了其个人所长。部分旧职员在此过程中还成长为积极分子，甚至获得了一定政治地位。另一方面，共产党还积极关注

---

①　此处关于时间段的划分，参考了国内学者崔晓麟关于党对知识分子政策的历史演变。详见崔晓麟《知识分子政策中国化的历史演变》（1949—1957）《广西民族大学学报》（哲学社会科学版）2008年第6期；另外根据杨凤城的研究，社会主义初期，党的知识分子政策，大体可以1955年为界，划分为两个阶段，其中第一阶段，又以1953年为界，前后有所不同。详见杨凤城《1949—1956年党的知识分子政策研究》，《中国人民大学学报》1999年第1期。

②　《不要四面出击——毛泽东在中共七届三中全会上的讲话》（1950年6月6日），载于中央档案馆、中共中央文献研究会室编《中共中央文件选集》（第三卷），人民出版社2013年版，第146页。

和解决失业人员的实际困难，帮助他们尽快重新就业。1950 年 6 月，毛泽东在七届三中全会上指出："必须认真地进行对于失业工人和知识分子的救济工作，有步骤地帮助失业者就业。"① 6 月 17 日，中共中央出台的《中共中央关于救济失业工人的指示》中再次指出"必须认真地进行对失业工人和知识分子的救济工作，有步骤地帮助失业者转业"，这是目前的主要任务之一②。经历了长沙失业工人骚动事件，中央更加重视失业问题，认识到"主要原因是由于我们对失业工人的困难关心不够，没有及时设法加以救济，特别是由于我们干部包办代替，强迫命令的作风所造成"③。由于得到了中央的重视，失业问题得到了一定程度的解决，失业问题有所好转，许多失业的旧职员也被重新纳入体制之内。

以高校系统为例：1949 年服务于高校及科研院所的员工共计 45983 人，1950 年教职工数为 48170 人，1951 年增至 65064 人，1952 年为 72287 人④。

第二，教育、改造为主，争取、团结为辅（1951 年秋—1955 年年底）。

教育、改造为主，争取、团结为辅政策的形成，与当时的国情以及共产党执政效力的大力提升密切相关。从时间上来看，1951 年 9 月拉开序幕的高校知识分子思想改造运动是进入该时期的显著标志。

截至 1951 年 10 月，大陆全境已全部解放，国内财政形势也开始好转，共产党的政治威望增强，执政效力初现。朝鲜战争的爆发使共产党对知识分子尤其是旧职员的政策发生了很大转变。为了彻底清理一切潜在的反动势力和非无产阶级思想，以巩固政权，共产党给以旧职员为代

---

① 《为争取国家财政经济状况的基本好转而斗争——毛泽东在七届三中全会上的书面报告》（1950 年 6 月 6 日），载于中央档案馆、中共中央文献研究会室编《中共中央文件选集》（第三卷），人民出版社 2013 年版，第 143 页。

② 《中共中央关于救济失业工人的指示》（1950 年 6 月 17 日），载于中央档案馆、中共中央文献研究会室编《中共中央文件选集》（第三卷），人民出版社 2013 年版，第 159 页。

③ 《中共中央关于处理长沙失业工人骚动事件给中南局并湖南省委的指示》（1949 年 7 月 17 日），载于中央档案馆、中共中央文献研究会室编《中共中央文件选集》（第三卷），人民出版社 2013 年版，第 221 页。

④ 崔晓麟：《知识分子政策中国化的历史演变（1949—1957）》，《广西民族大学学报》（哲学社会科学版），2008 年第 6 期，第 129 页。

表的知识分子群体再次贴上资产阶级或小资产阶级的标签，于是，但凡与新政权格格不入的意识形态和价值观念都被视为资产阶级的思想，而长期以来被定性为小资产阶级性质的职员群体自然就成为思想改造的重点。

1951 年 9 月，受中共中央委托，周恩来向京津地区 3000 名高校师生做了《关于知识分子的改造问题》的报告。周恩来结合自身经历，现身说法，强调了知识分子改造思想，树立正确立场的重要性。这场报告极大地鼓舞了知识分子，尤其是旧职员的积极性，广大师生迅速投身到思想改造运动中去。随后，中国共产党发动了一系列政治运动，如批判《武训传》、"三反""五反"、批判俞平伯的《红楼梦》、肃反运动等。政治运动在教育、改造知识分子的同时，由于其作用方式和手段的不当，使知识分子的感情受到一定伤害，工作积极性也因此受到影响。为了修复与知识分子的感情，挽回政治声誉，中共及时调整政策，在 1956 年 1 月召开的全国知识分子会议上，对知识分子的政策又转变为以团结使用为主，教育改造为辅。此次政策调整再次调动起了知识分子的积极性、主动性与创造性。

遗憾的是，在 1957 年 3 月召开的全国宣传工作会议上，毛泽东又强调："我们现在的大多数的知识分子，是从旧社会过来的，是从非劳动人民家庭出身的。有些人即使是出身于工人农民的家庭，但是在解放以前受的是资产阶级教育，世界观基本上是资产阶级的，他们还是属于资产阶级的知识分子。"[1] 这一文件直接造成了从 1957 年开始至十一届三中全会召开这段漫长的岁月里对待知识分子政策的偏差和失误，而党的工作、国家建设事业也因此受到一定影响。

二　身份转化：从旧职员到"新职工"

所谓身份，是指"在特定社会结构模式中所占据的一个位置"[2]。在斯图亚特·霍尔看来，"主体在不同时间获得不同身份，再也不以统一自我为中心了。我们包含相互矛盾的身份认同，力量指向四面八方，

---

[1] 《建国以来重要文献选编》（第十册），中央文献出版社 1994 年版，第 116 页。

[2] ［美］林顿：《人类研究》，阿波顿出版公司 1936 年版。转引自陈喜强《中国城市基层社区组织身份治理模式研究》，中国经济出版社 2011 年版，第 39 页。

因此我们的身份认同总是一个不断变化的过程。"① 在现实生活中，主体在不同时间里，各种身份的获得，并不是个人的主观选择，而是统治者权力的客观作用结果。恰如福柯所言，"个体不是给定的实体，而是权力运作的俘虏。个体，包括他的身份和特点，都是权力关系对身体施加作用的结果。"② 新中国成立后，在巩固政权、获取执政合法性地位的任务紧迫驱使下，共产党对旧职员的主体身份进行了重新建构，在此过程中，旧职员从过去的社会中间阶层，典型的小资产阶级变为社会主义制度下的新型劳动者，成为光荣的工人阶级一员，有些人甚至成功晋级进入干部队伍。

第一，旧职员的传统身份。

按照社会分层理论，职员群体在民国时期处于社会中间阶层，是稳定社会的一支重要力量。这已被政治学的鼻祖亚里士多德于 2000 多年前就从理论层面进行了很好的阐述。在他看来，"惟有以中产阶级为基础才能组成最好的政体。中产阶级（小康之家）比任何其他阶级都较为稳定。他们既不像穷人那样希图他人的财物，他们的资产也不像富人那么多得足以引起穷人的觊觎。既不对别人抱以任何阴谋，也不会自相残害，他们过着无所忧惧的平安生活。"③ 从这个意义上，我们可以毫不夸张地将职员群体看作影响到中国革命和社会主义建设事业，稳固社会基础的一个关键阶层，与工人、资产阶级一样，不可或缺。因此，如何处理与该群体的关系也就成为关乎共产党事业成败的重要因素之一。

从阶级属性来看，职员属于小资产阶级。毛泽东于 1925 年 12 月 1 日所撰写的《中国社会各阶级的分析》一文，大概是目前所能见到的在共产党人的权威文献中，较早论及职员阶级属性问题的文章。毛泽东写作此文的初衷是为了反对当时党内存在的右倾机会主义与"左"倾机会主义。在文中，他对中国社会各阶级的经济地位及其对待革命的态度做了深刻的分析与论证。

毛泽东指出："自耕农，手工业主，小知识阶层——学生界、中小

---

① 何成洲：《跨学科视野下的文化身份认同：批判与探索》，北京大学出版社 2011 年版，第 2 页。

② 同上。

③ ［古希腊］亚里士多德：《政治学》，吴寿彭译，商务印书馆 2009 年版，第 209 页。

学教员、小员司、小事务员、小律师、小商人等"都属于小资产阶级的范畴①。尽管小资产阶级内的各阶层同处于小资产阶级的经济地位，但其组成不尽相同，大致可分为以下三类。

第一种是小资产阶级的右翼，人数较少。他们主要依靠"体力或脑力劳动所得，除自给外，每年有剩余"，因此又被毛泽东称之为"有余钱剩米的"。一般来讲，他们发财的欲望极强，胆小、怕官，怀疑革命，也害怕革命是其显著特点。第二种是小资产阶级的中间派，人数众多，占小资产阶级近半数。他们在经济上基本可以自给自足。因深受帝国主义、封建主义、官僚资本主义的盘剥和压迫，他们的生活非常艰苦，因此他们极其痛恨被压迫；但同时又由于惧怕敌对势力，而不敢贸然参加革命，但也绝不反对革命，一般保持中立姿态。第三种是小资产阶级的"左翼"，人数不少。这部分人过去生活殷实，但现在生活水平逐年下降，他们的精神压力很大，常常"瞻念前途，不寒而栗"。②

以上三部分人，尽管他们对待革命的态度"平时各不相同"，然而，一旦战争爆发，革命洪流高涨，能够看到胜利希望之时，"不但小资产阶级的'左'派参加革命，中派亦可参加革命，即右派分子受了无产阶级和小资产阶级'左'派的革命大潮所裹挟，也只得附和着革命"③。毛泽东的这种分析是其新民主主义理论的重要组成部分，也是新中国成立前后对小资产阶级、旧职员的政策一以贯之的延续。

小资产阶级对待革命的态度恰恰反映出了其重要特征，即妥协性与动摇性。正如马克思所言："在现代文明已经发展的国家里，形成了一个新的小资产阶级，它摇摆于无产阶级和资产阶级之间"④，也正是因此，列宁形象地称小资产阶级为"骑墙派"。

1945年，毛泽东的认识更为深化，关于小资产阶级的特点，毛泽东有过深刻的阐述："小资产阶级由于是一个过渡的阶级，它是有两面性的：就其好的、革命的一面说来，是其大多数群众在政治上、组织上以至

---

① 《中国社会各阶级的分析》（1925年12月1日），《毛泽东选集》（第一卷），人民出版社1991年版，第5页。

② 同上。

③ 同上书，第6页。

④ 《马克思恩格斯选集》（第一卷），人民出版社1995年版，第297页。

思想上能够接受无产阶级的影响，在目前要求民主革命，并能为此而团结奋斗，在将来也可能和无产阶级共同走向社会主义；而就其坏的、落后的一面说来，则不但有其各种区别于无产阶级的弱点，而且在失去无产阶级的领导时，还往往转而接受自由资产阶级以至大资产阶级的影响，成为他们的俘虏。"①

上文所提到的"中小学教员、小员司、小事务员、小律师"，恰恰是职员的重要组成部分。由此可见，毛泽东实质上是将职员划入了小资产阶级的范畴。

第二，成为光荣的社会主义劳动者。

新中国成立后，政治因素成为划分阶级和社会阶层的重要标准。于是，在1949—1956年的中国社会，实际形成了一个三分式阶层结构，相应地，中国社会存在着两个阶级和一个阶层。即：工人阶级、农民阶级、知识分子阶层。当然，此时的工人阶级已不同于过去的无产阶级，因为他们已经占有了生产资料，并在经济社会中开始处于领导地位。

根据社会成员的不同社会身份，出现了干部、工人、农民三个群体。在这三个群体中，干部的经济和社会地位最高，工人次之，农民最低。直至十一届三中全会召开，这三个阶层内部之间的流动一直都受着非常严格的限制②。在这种新的分层模式下，本文所关注的旧职员，在共产党的强力政策整合之下，也被赋予了新的身份。如1950年8月4日在政务院第四十四次政务会议通过了《政务院关于划分农村阶级成分的决定》，其中对职员的定义做了界定："凡受雇于国家的、合作社的或私人的机关、企业、学校等，为其中办事人员，取得工资以为生活之全部或主要来源的人，称为职员"。并明确将其纳入"工人阶级中的一部分"。③

总体来讲，被接管之后的旧职员们，在共产党的强有力调控下，开始朝着"工人阶级"的方向大步迈进。此时的"工人阶级"，不仅仅只是一个简单的身份符号，而是一种普遍化的身份认同，"工人阶级"身份，仿

---

① 《关于若干历史问题的决议》（1945年4月20日），《毛泽东选集》（第三卷），人民出版社1991年版，第992页。

② 师吉金：《构建与嬗变：中国共产党与当代中国社会之变迁（1949—1957）》，济南出版社2003年版，第303页。

③ 《政务院关于划分农村阶级成分的决定》，《人民日报》1950年8月21日。

佛已成了一道国人争先恐后想要获得的护身符。正如周而复在《上海的早晨》所描述的一幕①：

> 场景：年老的审判员见夏世富走进了法庭，丢下朱延年不问，转过来开始严厉审讯夏世富。
>
> 审判员："你是不法资本家夏世富么？"
>
> 夏世富：（非常慌乱回答）"不是，不是，我是工人阶级。"②

"我是工人阶级"实际上喊出了新中国成立初期，非工人群体，尤其是资本家和旧职员的心声，对他们而言，早日归队，成为"工人阶级"，不仅仅意味着简单的身份转换，更重要的是在于他们有望获取一种强烈的"安全感"和"政治资源"。对于"工人阶级"身份的向往和渴望，从职员阶层的衣着上也可以看出来，现以"五反"运动期间，上海市工商局所召开的两次座谈会为例来说明此问题：

> 1952 年 3 月 22 日，在中国经济事业协会召开的座谈会上，某高级职员发言道："我穿着解放前做的绸袍，青工们讽刺我是'老板派头''老作风'等。"在"五反"运动后各行业召开的座谈会上，华×染组一厂的厂长发言道："潘市长说穿西服是没关系的，不过工人没有像潘市长那样高的政治水平，所以我穿人民装，实际是伪装。"③

1949 年之前，职员阶层普遍喜欢穿着"长衫"或西装上班，以此表明其中产阶级的身份和地位，并在社会上获得威信感和信赖感。但是，

---

① 林超超：《新国家与旧工人：1952 年上海私营工厂的民主改革运动》，《社会学研究》2010 年第 2 期，第 2 页。

② 朱延年和夏世富为《上海的早晨》中所刻画的两个人物，朱延年是福佑药房的账房伙计，夏世富则是该药房的经理。

③ 上海市工商局"五反"委员会联络部：《五反运动情况》（1952 年 3 月 29 日），上海市档案馆，资料号：B182-1-373。转引自［日］岩间一泓《在表演和宣传之间——上海民营企业职员阶层的重组与群众运动》（1949—1952），《从城市看中国的现代性》，中央研究院近代史研究所 2010 年版，第 385 页。

"五反"运动开展后，职员纷纷"抛弃"长衫和西装，改穿人民服，以此来表现自己如同工人一般。尽管某些身着人民装，向往工人身份的旧职员，有可能并非完全是出自其真实意愿，对某些人而言，可能更多是由于社会环境的和政治气氛的压力，使得他们不得不做出这种选择，这完全是一种"明哲保身"，识时务者为俊杰的考虑。但无论是出于何种原因，不可否认的一点是，在新政权的强力整合之下，旧职员中那些顺应历史发展潮流的部分，已经开始意识到传统身份为其带来的困扰和弊端，以及工人身份对其个人生存和发展的重要性。正是在这种情愿和不情愿中，他们逐渐成为了"工人阶级"的一员。

1956 年社会主义改造完成之时，虽然作为一个群体，职员貌似已经消失，但在笔者看来，他们实际上只是"潜伏"了起来而已。因为，社会主义改造之后，从事管理、会计、事务、销售等精神、脑力劳动工作，多数仍由社会地位跌落的旧式机关、企业职员来承担。从这个意义上我们可以说，经历了新中国成立初期的一系列社会改造，旧职员已经成长为社会主义制度下的一名光荣劳动者，这也就意味着，此时的新政权，已经成功获取了该群体的政治认同。[①]

第二节　路径与机制研究

政治认同与人们的心理活动密切相关，涉及人的思想、世界观、人生观、价值观等内容，它的实现需要经历一个由外到内的过程，极为复杂，既需要思想政治教育，即"柔性手段"作为教育、疏导政治认同对象的有效手段，更需要强制性的制度性措施，即"刚性手段"来作为坚强后盾，以确保与支撑为实现政治认同而开展的一系列活动有序进行。顺利完成接收与安置旧职员的工作后，共产党人继续在改造旧职员的道路上前行，在实践中通过思政教育、群众运动等方式积极改造和转化他们，在此过程中始终伴随着强力的制度保障，由于方式灵活且有针对性，改造旧职员的任务顺利完成，共产党的执政地位得以稳固。

---

① 1956 年，周恩来在"关于知识分子问题"的报告中将知识分子与农民、工人看作建设社会主义的三大基本力量，知识分子被归入工人阶级的队伍。

一　思想政治教育：政治情感和政治意识的培育

作为共产党克敌制胜的重要法宝，新中国成立之初，初掌政权的共产党在改造旧职员，获取其政治认同的整个过程中，充分运用了思想政治教育这一重要手段，最终在实践中成功培养了旧职员对新政权的认同感。具体来讲，这一时期的思想政治教育活动具有对象广泛、内容丰富、方法灵活、载体多样、时间长久等特点。

从对象来看，既包括共产党员、接管干部，又包括广大旧职员群体；从内容来看，基本涵盖了世界观教育、政治观教育、人生观教育、法制观教育与道德观教育；从方式与方法的选择来看，包括理论灌输法、实践教育法、自我教育法、典型教育法、比较鉴别法、咨询辅导法等；从实施宣传教育的载体来看，涉及了活动载体、会议载体、传媒载体、文化载体等；从时间上来看，则伴随了解放上海，接管上海甚至新中国成立初期建设上海的整个过程①。

在共产党的统一领导、严密组织之下，思想政治教育的个体性功能和社会性功能得以顺利实现，并在旧职员政治人格的塑造、政治价值的构建、政治文化的传承、政治态度的形成以及政治系统的完善等方面，发挥了不可估量的重要作用。在此过程中，执政党获取旧职员政治认同的目标也就逐渐成为了现实。下面将从内容和方法两方面入手，对新中国成立初期，共产党对旧职员开展的思想政治教育工作做一简要描述和分析。

第一，内容丰富的思想政治教育。

从本质上来看，思想政治教育的内容是由一定时代背景下，统治者的主要任务和既定目标来决定的。新中国成立之初，由革命党转变为执政党的中国共产党面临着巩固政权、获取政治合法性的紧迫任务，为此，完成新民主主义革命所遗留的任务，顺利过渡到社会主义阶段，恢复和发展社会生产力就成了共产党必须首要解决的一系列问题。而改造旧职员，最大限度地获取他们的拥护和支持正是解决以上问题时必不可少的一个重要方面。由此也就决定了针对该群体所开展的思想政治教育活动必须时刻围绕执政党的各项中心工作而展开。于是，马克思主义教育、新民主主义教

---

① 严格来讲，从新生政权建立之前一直到旧职员这一群体完全消失，共产党一直都未放松过对他们进行思想政治教育，只是不同阶段，教育的内容、方式、侧重点及表现形式有所差异。

育、形势与政策教育、过渡时期总路线教育、爱国主义教育、集体主义教育就理所当然地成为教育改造旧职员的主要内容。

具体而言，马克思主义是思想政治教育的灵魂，新民主主义教育是思想政治教育的核心，爱国主义、集体主义等则是思想政治教育的基础，形势与政策教育是思想政治教育的重点。以上内容贯穿于新中国成立之初共产党改造旧职员，将其塑造成新型政治认同体的整个过程，且各项内容之间内在地形成了一个层级分明、高低有序，逐步递进、相互交织、密不可分的完整体系。以政治教育的灵魂——马克思主义的宣传和普及为例。

为了提升广大民众，尤其是党员干部的马克思主义理论水平，共产党早在七届二中全会就明确列出学习马克思主义理论的"必读书目"（见表3-1）：

表3-1　　　　　　学习马克思主义理论必读书目（1949）

序号	书名
1	《社会发展史》
2	《政治经济学》
3	《共产党宣言》
4	《社会主义从空想到科学的发展》
5	《帝国主义是资本主义的最高阶级》
6	《国家与革命》
7	《共产主义运动中的"左派"幼稚病》
8	《论列宁主义基础》
9	《联共（布）党史简明教程》
10	《列宁斯大林论社会主义建设》
11	《列宁斯大林论中国》
12	《马恩列斯思想方法论》

资料来源：根据王员《建国初期的思想政治教育及其基本经验》，博士学位论文，江西师范大学，2010年，第58页内容编制。

对此，毛泽东说道："二中全会给予全党的任务是学习。不会要学，学必学会。"与此同时，共产党还专门组织了一套人马，广泛宣传和介绍马克思主义理论读物，较有代表性的有：胡绳、华岗、艾思奇等的作品①。

---

① 如：胡绳《辩证唯物论入门》，新华书店1950年版；华岗《辩证唯物主义大纲》（上、下册），上海人民出版社1954年版；艾思奇：《唯物辩证法的范畴简论》，上海人民出版社1956年版。参见王员《建国初期的思想政治教育及其基本经验》，博士学位论文，江西师范大学，2010年，第62页。

成功攻占上海后，在接管与改造旧职员的过程中，中共中央更是不遗余力，积极开展针对旧职员的马克思主义理论知识的教育和普及活动。以改造教育的灵魂——马克思主义的宣传和普及为例：1953 年上海市高等学校教师学习委员会颁布了《今后两个月的教职员政治理论学习计划》，其中对上海市教育系统广大职员进行政治学习的目的、内容、进度、组织领导、学习方法、制度等做出了严格规定，关于学习目的，文件指出"通过这次学习，使大家了解一些马列主义世界观的基础知识，初步掌握理论与实践一致的学习方法，端正学习态度，启发学习的积极性与自觉性……"① 学习内容则包括马克思主义唯物论的基本观点、实践是认识的基础、认识运动的两个阶段——感性认识和理性认识、理论对于实践的意义、改造自己与改造世界等②。

学习计划和提纲的制定，有利于共产党针对旧职员有条不紊地进行思想政治教育，普及主流意识形态，推进马克思主义深入人心。事实上，除了马克思主义教育外，共产党还始终不忘对他们开展新民主主义教育，爱国主义、集体主义教育，以及形势与政策教育等，真正做到了思想先行，发挥了政治教育的生命线作用。

新生政权初建之时，执政党在选拔与录用旧职员时，除了个人技能、业务水平外，政治素养是关系到他们前途命运的一项决定性因素。从根本上来讲，这是由执政党巩固政权、获取政治合法性地位的目标追求和紧迫任务所决定的，而思想政治教育恰恰肩负了向社会成员传播主流意识形态，正确价值观念，培养合格社会成员，帮助统治者实现其终极目标的重要使命。

第二，方法灵活，显性隐性教育并重。

毛泽东说过，"我们不但要提出任务，而且要解决完成任务的方法问题。我们的任务是过河，但是没有桥或者没有船就不能过。不解决桥或船的问题，过河就是一句空话。不解决方法问题，任务也只是瞎说一顿。"③ 由此可见，科学、合理、恰当方法的选择对于确保宣传教育效果的顺利实现起着至关重要的作用。

---

① 《上海市高校教师学委会今后两个月的教职员政治理论学习计划》（1953 年），上海市档案馆，资料号：A26-2-218-70。

② 同上。

③ 《毛泽东选集》（第一卷），人民出版社 1991 年版，第 139 页。

新中国成立之初，以毛泽东为代表的中国共产党领导人，英明睿智，卓越探索，在认真汲取马克思、恩格斯、列宁等人关于思想政治教育方法的基础上，结合国情，不断发展和创新思想政治教育的方式方法，这在很大程度上促使其获取旧职员政治认同的目标成为了现实。总体来看，理论灌输法、实践锻炼法、榜样示范法、比较鉴别法、自我教育法、咨询辅导法等在当时都有运用，但最为普遍的则属理论灌输法、实践教育法、典型教育法等。当然，在针对不同行业、不同层级的职员进行思想政治教育时，其具体内容和方法又存在一定差别。

首先，理论灌输法。

理论灌输法是思想政治教育最为基本的方法，列宁的灌输理论是其基本理论依据。其含义是指"教育者有目的、有计划地向受教育者进行马克思主义理论教育，引导受教育者逐步树立科学的世界观、人生观、价值观的方法，主要包括理论讲授、理论学习、理论宣传、理论培训、理论研讨等具体形式"①。新中国成立之初，共产党在对旧职员进行思想政治教育时，理论灌输是最为普遍运用的一种方法。以新中国成立初期企业和高校系统所开展的思想政治教育活动为例，试做简要分析。

1952年，为确保车间经济核算制的顺利推行，某厂针对本厂职员制定了详细的思想政治教育日程，见表3-2。

表 3-2　　　　　　　　　　具体日程（1952）

日期	星期	会议	内容	备注
8.14	四	职员大会	动员经济核算	
8.15	五	职员小组会	讨论	
8.17	日	小组会	讨论	
8.23	六	小组会	讨论	
8.26	二	职员大会	报告职员思想改造计划　动员学文件	
8.27	三	小组会	读文件	
8.28	四	小组会	读文件	
8.29	五	小组会	读文件	
8.30	六	职员大会	动员自觉自我批评	
8.31	日	小组会	开展批评	
9.2	二	小组会	开展批评	
9.4	四	职员大会	典型报告	

---

① 陈万柏、张耀灿：《思想政治教育学原理》，华中师范大学出版社2009年版，第183页。

续表

日期	星期	会议	内容	备注
9.5	五	小组会	检查工作，检查思想	
9.6	六	小组会	检查工作，检查思想	
9.7	日	车间科联合会议		
9.9	二	小组会	进一步检查工作，定计划	
9.10	三	小组会	进一步检查工作，定计划	
9.11	四	大会	小结	

资料来源：《结合初步推行车间经济核算进行职员思想改造的计划》，上海市档案馆，资料号：A38-2-418。

从日程表中可以看出，该厂为期近 1 个月的思想政治教育活动，主要都是通过会议这种载体，运用理论灌输以及批评与自我批评的方法来完成。其目的是想要通过加强职员教育，进一步启发全厂职员的政治觉悟，发挥职员的积极性和创造性，使广大职员自觉树立对国家经济建设工作的事业观和集体主义观念，提升阶级觉悟，抛弃个人主义思想和资本主义思想，使全厂各车间之间推行的经济核算的任务顺利圆满完成①。

与上文中所提及的某企业针对本厂内部职员所订立的学习计划较为笼统不同，高教系统所制订的政治理论学习计划，更为详细、周密，因此也更具有针对性。如他们依据受教育程度的高低，将本校职员分入不同组别，每个组的职员在学习内容、方法等方面，都存在着明显的差别，这使得高校的思想政治教育工作更具针对性。以华东师范大学于 1953 年订立的一份政治理论教育计划为例，见表 3-3。

根据文化水平，该校将本校职员分成了甲、乙两个大组。具有一般以上文化水平及一定的理论基础，阅读文件能力较强的职员被编入甲组，而仅具有高小文化水平，理论基础稍微薄弱的人被编入乙组。同时，对于那些文化水平过低，无法阅读文件的工人，则由工会统一组织，进行文化学习；除此之外，该校还允许年老体衰或有其他困难的职员向工会组织提出申请，请求不参加学习②。

---

① 《结合初步推行车间经济核算进行职员思想改造的计划》（1953 年 3 月 3 日），上海市档案馆，资料号：A38-2-418。

② 《华东师大三月至十二月政治学习计划》，上海市档案馆，资料号：A26-2-218-9。

表3-3　　华东师范大学1953年政治理论学习计划（1953）①

事项 \ 组别	甲组	
学习内容	辩证唯物主义与历史唯物主义	
学习第一阶段	3月9日—7月10日	
学习进度与学习时间的具体分配	3月9日—5月9日	5月10日—7月10日
	一、马克思主义的辩证方法的基本特征（斯大林）	二、矛盾论（毛泽东）
学习重点	1. 互相联系、互相制约的观点。 2. 运动、变化、发展的观点。 3. 量变必然引起质变的观点。 4. 以矛盾斗争为发展过程内在的内容的观点。	1. 两种发展观 2. 矛盾的普遍性 3. 矛盾的特殊性 4. 主要矛盾与矛盾的主要方面 5. 矛盾诸方面的同一性与斗争性 6. 对抗在矛盾中的地位
主要读物及主要参考资料	①斯大林：《辩证唯物主义与历史唯物主义》第一部分 ②恩格斯：《反杜林论》第一篇第七、八、九、十、十一节	①毛泽东：《矛盾论》 ②恩格斯：《反杜林论》第一篇第十节
参考资料	毛泽东： 1. 《中国革命战争的战略问题》第一章 2. 《中国红色政权为什么会存在》第一、二、三节 3. 《战争和战略问题》第一节 4. 《星星之火，可以燎原》	毛泽东： 1. 《论持久战》中的关于军事战略部分 2. 《论反对日本帝国主义策略》 3. 《中国共产党在抗日时期的任务》

① 《华东师大三月至十二月政治学习计划》（1953年3月3日），上海市档案馆，资料号：A26-2-218-9。

续表

组别 事项	甲组	
学习内容	辩证唯物主义与历史唯物主义	
学习第二阶段	7月11日—12月11日	
学习进度与学习时间的具体分配	7月2日—8月2日 10月1日—11月1日	11月1日—12月11日
学习内容	三、马克思主义的哲学唯物主义的基本特征（斯大林）	四、实践论（毛泽东）
学习重点	1. 世界按基本矛盾来说是物质的 2. 意识的第二性是物质的第一性 3. 物质世界是可以认识的，客观真理是存在的	1. 实践的重要意义——认识依赖实践 2. 理性认识依赖感性认识而感性认识有待于跃进到理性认识 3. 认识的能动作用——认识服务于实践 4. 认识运动中形式的循环入深入浅，由低级到高级的发展
主要读物及主要参考资料	①斯大林：《辩证唯物主义与历史唯物主义》第二部分 ②斯大林：《列宁主义基础》第二、三节 列宁：《唯物论与经验批判论》第一、二章	①毛泽东：《实践论》 ②斯大林：《列宁主义基础》第三节
参考资料	毛泽东： 1. 《农业调查》序言二 2. 《中国社会各阶级的分析》 刘少奇：《人的阶级性》 斯大林：《无政府主义还是社会主义》第二节 恩格斯：《自然辩证法导言》	毛泽东： 1. 《整顿党风学风文风》的报告第一部分 2. 《改造我们的学习》 中共中央：《关于领导方法的决定》 列宁：《唯物论与经验批判论》第二章

续表

组别 事项	甲组	
学习内容	辩证唯物主义与历史唯物主义	
学习第三阶段	12 月至次年 5 月	
学习进度与学习时间的具体分配	五、历史唯物主义（斯大林）	附志： （一）学习时间系暂行规定，以及须视具体学习情况的量增减 （二）学习参考资料系大体规定，可根据自学情况加以补充或减少
学习重点	1. 社会的物质生活条件中决定社会面貌与制度的发展最主要力量是什么？ 2. 生产的第一个特点 3. 生产的第二个特点 4. 生产的第三个特点 5. 阶级斗争与暴力革命力革命的重要意义	
主要读物及主要参考资料	①斯大林：《辩证唯物主义历史唯物主义》第三部分 *②康士坦丁诺夫：《历史唯物主义》第三章社会物质生活的条件、生产三个特点、第六章马克思列宁主义的《阶级和阶级斗争》的理论（格列泽尔曼著）	
参考资料	毛泽东：《论人民民主专政》 马克思恩格斯：《共产党宣言》第四章 斯大林：《列宁主义基础》	

* 据著者考证，此处所言内容实际为康士坦丁诺夫所主编《历史唯物主义》中的第二编《历史唯物主义》，刘丕坤等译，人民出版社 1955 年版。详见康士坦丁诺夫主编《历史唯物主义》中的第二章《社会物质生活条件》、第三章《生产力和生产关系》以及第五章《阶级和阶级斗争》。

续表

乙组

学习内容：社会科学基本知识讲座（第二册）

学习时间总计：自3月9日至5月30日（星期日不计算在内）

学习时间	学习进度与学习时间的分配	参考文件
3.2—3.7	学习：原始社会	艾思奇著：《历史唯物论—社会发展史》70—75页
3.9—3.14	学习：奴隶社会	同上书，75—78页
3.16—3.21	学习：封建社会	同上书，78—82页
3.22—3.28	学习：资本主义社会（一）	同上书，83—85页，120—132页
3.30—4.18	学习：资本主义社会（二）（三）	同上书，85—90页 艾思奇著：《解放版—社会发展史》，83—95页
4.20—4.25	小结	
4.27—5.2	学习：共产主义社会（一）	艾思奇著：《历史唯物论—社会发展史》，90—93页，133—146页
5.4—5.9	学习：共产主义社会（二）	艾思奇著：《解放版—社会发展简史》113—122页
5.11—5.16	学习：共产主义社会（三）	同上
5.18—5.23	学习：中国半封建半殖民地社会和新民主主义社会	艾思奇著：《历史唯物论—社会发展史》146—160页 毛泽东著：《中国革命与中国共产党》第一、二章第五、六节
5.25—5.30	小结	

学习内容：社会科学基本知识讲座（第一册）

学习时间总计：自6月4日至7月31日（星期日不计算在内）

学习时间	学习进度与学习时间的分配	参考文件
6.1—6.6	学习：生产力和生产关系（一）	艾思奇著：《历史唯物论—社会发展史》第二章第三题"劳动创造人类社会"；第二、三章第一题"生产力和生产关系"
6.8—6.13	学习：同上（二）	同上
6.15—6.20	学习：阶级	艾思奇著：《解放版—社会发展简史—各种阶级的发展》
6.22—6.27	学习：阶级斗争	艾思奇著：《历史唯物论—社会发展史》第二、三章第四题阶级斗争 毛泽东著：《论人民民主专政》
6.29—7.4	小结	
7.6—7.11	学习：国家与革命	艾思奇著：《历史唯物论—社会发展史》四五章第六题—什么是国家？（上、下）毛泽东著：《论人民民主专政》
7.13—7.18	学习：社会思想意识	同上书，"第五章第一、三题"社会思想意识决定社会物质生活"意识
7.20—7.25	学习：社会发展的基本规律	同上书，"第五章第二、三题社会意识对于社会物质生活的作用"（上、下）
7.27—8.1	总结	

资料来源：《华东师大三月至十二月政治学习计划》（1953年3月3日）：上海市档案馆，资料号：A26－2－218－9。

由华东师范大学针对甲、乙两组职员所订立的不同学习计划可以看出：对于甲组职员而言，他们的学习的内容主要是《辩证唯物主义历史唯物主义》《实践论》《矛盾论》等，而乙组职员则学习《社会科学基本知识讲座》（第二册、第一册）[①] 等。事实上，除了学习内容不同外，甲、乙两组学员的学习方法也不尽相同。如甲组基本以自学为主，同时，还结合有组织、有准备、有重点的小组或联组讨论，此外，还可自由参加报告或讲座；乙组采取自学、讨论、报告相结合的方法。[②]

由此可见，随着改造旧职员工作的逐渐深入，共产党在对旧职员进行思想政治教育时，所考虑的问题也更加全面、具体，且更有针对性。也正是因为如此，获取旧职员政治认同的目标才越来越接近现实。

其次，实践教育法。

实践教育法是指"教育者组织、引导受教育者积极参加各种实践活动，在改造客观世界的过程中改造自己的主观世界，不断提高思想觉悟和认识能力，养成良好品德行为的方法"[③]。马克思主义的实践观和认识论是其直接理论依据。

社会生活在本质上是实践的，为了使知识分子出身的广大旧职员深入了解国情，密切与农民阶级及工人阶级的联系，新中国成立之初，共产党有组织、有计划地安排旧职员们积极投身到各类政治运动当中，如土地改革、发放农贷、清查户籍、镇反运动、抗美援朝等。如 1949 年 8 月上旬上海县发放了 46736 斤肥田粉农贷，马桥、西贤、北桥、颛桥四个地区共计 1558 户农民获得了贷款。除县府及区一级的同志外，人民银行县办事处的 5 位旧职员也参与了此次放贷工作[④]。

又如，为了确切掌握全市人口的基本情况，以便规划市政建设，保护人民生命财产安全，上海市民政局决定从 1949 年 12 月 20 日起，开展全市户籍校正工作，规定 20 日内完成。为此，将动员包括民政公安两局户政工作干部（1500 人）、各区市民群众积极分子（1500 人，旧保甲长摒

---

① 第一册：历史唯物主义的基本观点，第二册：社会的发展过程。在学习程序上先学第二册后学第一册。

② 《华东师范大学三月至十二月政治学习计划》（1953 年 3 月 3 日），上海市档案馆，资料号：A26-2-218-9。

③ 陈万柏、张耀灿：《思想政治教育学原理》，华中师范大学出版社 2009 年版，第 184 页。

④ 邵之久：《下乡发放农贷印象记》，《解放日报》1949 年 8 月 21 日。

弃不用），及市府、公用局、工务局、卫生局、高教处等部分遣散后召回训练之旧职员（1000 人）共计 4000 余人参与此次活动①。

　　通过参与共产党所开展的各项实践活动，旧职员更好地了解国情，加深对共产党的认识与了解，并增强主人翁感，在了解与适应新生政权的过程中，其个人对社会，对国家的认识、态度以及立场也随之发生转变。因此，这不仅对旧职员而言，是一次极好的锻炼机会，对共产党而言，更是获取政治认同的有利途径。如，经历过发放农贷活动之后，各位旧职员纷纷表示下乡受到了很好的锻炼，经验终身难忘。袁连容同志说："我们下乡去，首先碰到很高兴的事，就是农民忠厚的性格，例如我们走路不知路途，他们总是有头有绪地告诉我们从哪里走，从哪里转弯，有的还愿意为我们带路……我们也总算第一次脚踏实地地下乡为人民服务！"有些同志向领导说："有机会，我也要去，农村中的确正有不少事情在等着我们去做呢！"②

　　最后，典型示范法等。

　　典型示范法也称榜样示范法，是指"通过具有典型意义的人或事的示范引导、警示警戒作用，引导受教育者提高思想认识、规范自身行为的方法"③。此处所言"具有典型意义的人或事"，既包括正面、先进的人或物，也包括负面、落后的人和事。新中国成立初期，执政党在对旧职员进行思想政治教育时，既树立了可爱、可敬，为人们热情讴歌的英雄人物，也不乏卑鄙至极，遭人唾弃的龌龊之徒。

　　如通过主流媒体的不断渲染和传播，黄继光、邱少云、罗盛教等"最可爱的人"的光辉形象深入人心，感动并激励着后人勇往直前；郝建秀、田桂英等一批工厂中的劳模，在党的大力宣传下，也开始进入人们的视野，在她们先进事迹的影响和感召之下，"个个争劳模，人人当先进"在企业，甚至是整个社会逐渐蔚然成风。与此同时，李顺达等"劳动英雄"也在农村被树立起来；此外，保尔·柯察金等苏联英雄人物也成为中国几代人效仿、学习的偶像级人物。

　　在树立大量正面、先进典型，促进、激励广大民众为社会主义建设事

---

① 《规划市政建设保护人民安全校正户籍廿日执行》，《解放日报》1949 年 12 月 14 日。

② 邵之久：《下乡发放农贷印象记》，《解放日报》1949 年 8 月 21 日。

③ 陈万柏：《思想政治教育学原理》，中国人民大学出版社 2012 年版，第 174 页。

业奋力前行、鞠躬尽瘁之时，王康年等负面人物成了过街老鼠，痛遭人人
喊打。正如香港人华明在《三反五反的剖视》中对当时情形的描述："上
海所有报纸，以封面的地位对准他攻击达十余天之久。电台、戏剧、相
声、歌唱也没有不拿他做材料的，真是'满街尽唱王康年'！大康西药行
里板箱的木板，都被'华东实验剧团'的袁雪芬、傅全香、范瑞娟等当
作'真凭实据'搬上舞台。"①

　　值得注意的一点是，在思想政治教育活动开展的具体过程中，很多时
候，各种方式方法并非彼此孤立、单独存在着，而是相互交织、共同作用
的，正是在各种显性、隐性手段的综合作用，且借助了活动载体（纪念
活动载体、党团活动载体等）；会议载体（党政会议载体、政治协商会议
载体、宣传思想工作会议载体等）；传媒载体（广播载体、报纸载体），
以及文化载体等（如文学载体，有戏剧、小说、诗歌、散文等艺术形式，
音乐美术载体，电影载体）等各类载体，思想政治教育的作用才能得以
淋漓尽致地发挥，构建旧职员政治认同的目标也才最终得以实现。

二　以政治教育为核心的群众运动：获取政治认同的有效途径

　　群众运动，是指"有广大人民群众参加的具有较大规模和声势的革
命、生产等活动。如中国的"五四"运动，新中国成立以后的增产节约
运动、农业合作化运动等。它是中国共产党贯彻执行群众路线的形式之
一"②。通过发动群众运动来推进社会与政治变革，构建政治认同，是新
中国成立之初，中国共产党改造和形塑新型政治认同体，以获取合法性统
治地位的另一重要手段。

　　被妥善安置的旧职员在接受了初步的思想教育之后，对共产党和新生
政权有了一个感性的认知与了解，并开始逐步认同共产党，但这种认同仅
仅是浅层次，处于感性阶段的，广大旧职员还无法很好地将所接受到的理
论知识自觉内化为个人的思想和行为。在这种情况下，执政党通过鼓励旧
职员参与土地改革、抗美援朝等社会实践，切身体会新政权下所发生的巨
大变化与面临的紧迫任务，来增强他们对新政权的政治认同情感，并努力

　　①　华明：《三反五反的剖视》，友联出版社1952年版，第72页。
　　②　辞海编辑委员会：《辞海》（下），上海辞书出版社1999年版，第5451页。

促使这种认同由感性阶段跃升至理性阶段。

（一）新中国成立初期的群众运动

1949 年新政权的建立，标志着中国共产党政治身份的巨大转变，即：由革命党变身为执政党，面临巩固政权、发展经济以及意识形态建设这三大重任，共产党毅然决然地选择了群众运动这一方式，来作为整合政治与变革社会的重要手段。客观来讲，这既与新中国成立之初高度集中的政治、经济体制，毛泽东个人等因素有关，又具有一定程度的路径依赖情结，更是共产党在面临多重危机且各种资源严重匮乏情形之下的一种无奈选择[1]。由于以往文献对"新中国成立之初高度集中的政治、经济体制"以及"毛泽东个人因素"作为群众运动发生之原因探讨的较多，下文仅从"路径依赖"和"危机状态下的无奈选择"出发，简要剖视新中国成立之初群众运动频发的原因。

此处的路径依赖，类似于物理学中的"惯性"原理；运用到社会变迁领域，则意味着人们过去的行为，无论好的还是坏的，都可能会对未来的选择产生极大的影响，即"过去的行为、文化信仰、社会结构和组织都影响着价值观念的发展，从而压制了背离旧行为模式的灵活性"[2]。

中国共产党自成立之初，就积极放手发动群众，参加社会运动；民主革命时期更是领导了工农群众，为追求民族的独立与自由孜孜以求，艰辛探索；这一时期的群众运动涉及了政治、经济、文化等各个领域，调动起了包括工人、农民、妇女、学生等在内的各类群体；正是在一次次成功抑或是失败的群众运动中，共产党不断总结经验，一步步走向了成熟；与此

---

[1]　实际上，国内外学者对于群众运动发生的原因，有过许多独到的见解；如李建方认为群众运动爆发的原因在于高度集中的政治经济体制、乡村社会结构的变迁和社会团体的行政化、服从与崇拜意识的盛行；孙其明通过考察整风运动，认为群众运动的产生有着一定的思想基础和时代背景，中国社会深层次的社会心理因素和严密的政策传导体制也孕育了群众运动的发生；唐靖则强调自卫心态是群众运动得以发生的一个重要心理因素；陈方猛认为马克思恩格斯对亚细亚生产方式的研究有助于解释群众运动形成的社会历史根源；美国学者詹姆斯·R. 汤森和布兰特利·沃马克认为，中国革命战争年代形成的群众运动的思维性和行为惯性、毛泽东重视和发动群众运动的反官僚主义动机是新中国成立后不断开展群众运动的原因所在。参见唐经纬、李宁《"群众运动"的马克思主义中国化路径阐释——1949 年以来中国群众运动研究综述》，《河海大学学报》（哲学社会科学版）2011 年第 3 期，第 13—14 页。

[2]　[美] 约翰·N. 德勒巴克、约翰·V. C. 奈编《新制度经济学前沿：从新制度经济学角度的透视》，经济科学出版社 2003 年版，第 110 页。

同时，"一切为了群众、一切依靠群众，从群众中来、到群众中去"① 的
群众路线得以形成，"全心全意为人民服务"的宗旨得以确立。可以说，
没有千千万万创造和推动历史发展的人民群众，中国革命能否取得胜利，
是值得怀疑的。

恰如亨廷顿所言："政治动员是旧政体灭亡的原因，尤其是在东方国
家。"② 正是因为群众运动在民主革命时期所爆发出的巨大力量，让初为
执政党的共产党着实体验到了"人民群众是历史的创造者"，因此，也就
自然而然对群众运动产生了一种"难以割舍"的深厚情感，形成了一定
的路径依赖。于是，尽管已完成华丽转身，历史任务业已发生变化，然
而，一旦类似于往日的诱因和问题出现，长期以来形成的运动思维和习惯
就会按照惯性原理发挥作用，群众运动便毫不犹豫地走到了历史的前台。

除了具有一定程度的路径依赖情结以外，能够满足现实需求也是群众
运动在新中国成立之初备受共产党高层青睐的一个重要原因，从一定意义
上我们可以说，新中国成立之后普遍的群众运动正是共产党在面临多重危
机且各种资源严重匮乏情形之下的一种无奈选择。迅速胜利的革命战争固
然令人欢欣鼓舞，但来自多方面的危机和人力、技能以及经验的严重不足
却更让人头痛③。新中国成立伊始的共产党，面临着多重危机，这些危机
既有来自政治方面的，也有来自经济和社会方面的。

从政治方面来看，来自国内外各种敌对势力的反抗和破坏活动，依然
非常猖獗。在国内，国民党仍控制着约占全国 1/3 的地区，尚有 140 多万
国军残余势力驻守在此誓死相抵；而新解放区，仍有各种国民党残余势力
和反动分子，他们秘密潜伏，伺机而动，暗中破坏新生政权；在国际上，
以美国为首的帝国主义阵营国家，对新生政权实行军事包围、外交孤立、
经济封锁以及意识形态的侵蚀。从经济方面来看，共产党面临的是一个基
础薄弱、濒临崩溃的烂摊子，如何尽快恢复经济秩序，促进生产，这是摆
在共产党领导人面前的又一重大难题；从社会方面来看，基础薄弱、秩序

① 群众路线是党的根本工作路线，是毛泽东思想活的灵魂之一。此概念最早出现在 1929
年 9 月 28 日《中共中央给红军第四军前委的指示信》中。

② ［美］塞缪尔·P. 亨廷顿：《变革社会中的政治秩序》，生活·读书·新知三联书店
1989 年版，第 243 页。

③ ［美］R. 麦克法夸尔、［美］费正清编《剑桥中华人民共和国史：革命的中国的兴起》
（1949—1965），谢亮生等译，中国社会科学出版社 2007 年版，第 73—75 页。

混乱、民心迷茫也在很大程度上影响到新生政权的稳定。

除以上危机外，共产党在经济、人力、技术与制度等资源方面也严重匮乏。经济方面的匮乏直接导致了经济结构畸形发展、通货膨胀居高不下、工厂大量倒闭、失业人口倍增、工厂产品质量大幅下降、农村经济走向破产等，正如周恩来所发出的感叹："像我们这样一个经济落后人口众多的国家，在相当长的时期内，各种物资缺乏是经常的现象。"[①] 人力资本不足、技术水平低下突出表现在，中国的科技远远落后于西方发达国家水平，以至于到了仅仅能制造桌子椅子、茶碗茶壶、种粮食、磨面粉，却无法制造汽车、飞机、坦克，甚至拖拉机的地步[②]。据统计，至1952年年底，全国平均每万人口中的科技人员不足7.5个；1955年年底，科研人员达到1.8万人，高等院校毕业生超过21万[③]，虽然科技人员总量有所增加，但这对于遭受过百年凌辱，迫切需要摆脱"一穷二白"之面貌的新中国来讲，却只是杯水车薪，还远远不足。

"与面临紧迫任务时求助于钱袋子的西方政府相比，中国政府往往求助于扩音器"[④]；战争时期曾屡屡用于各个领域各个方面不同常规做法的群众运动对于克服以上困难、满足现实需求、稳定新生政权似乎更具诱惑力。可以说，具有强大动员功效、爆发力强和突击性的群众运动，是当时最能满足共产党现实需求的最佳手段，于是，大规模的、普遍性的群众运动就在"旧政权已灭亡，新政权初建，尚存在诸多真空地带"的中国，被大力推广，并再度流行起来。而作为在我国的政治、经济、社会等方面皆具有举足轻重地位的上海，就更是成为群众运动萌发并走向高潮的重要场域。

正如杨凤城所言："在一个通过武装斗争夺取政权的国家，往往面临的是一个险恶的缺乏运用常规手段渐进地解决社会与政治问题的环境，相反必须运用大规模的、急风暴雨式的横扫方式奠定日后进入正常社会状态

---

① 《周恩来选集》（下卷），人民出版社1984年版，第222页。

② 《毛泽东文集》（第六卷），人民出版社1999年版，第329页。

③ 薄一波：《若干重大决策与事件的回顾》（上），中共党史出版社2008年版，第352页。

④ 这是美国学者汤森对中国政府在面临危机时习惯于依赖群众运动的一种较为形象的比喻。参见詹姆斯·R.汤森、布兰特利·沃马克《中国政治》，江苏人民出版社2007年版，第216页。

的基础。"① 共产党高层领导人也坦言："不搞群众运动是不行的"②，"不采取这种形式，便不可能把广大人民群众动员起来取得运动的胜利，没有这些运动的胜利，便不可能在新中国成立不久的短短时间内，就取得社会主义革命的基本胜利。"（见表3-4）③

表 3-4　　　　中华人民共和国各种政治运动一览（1949—1956）

时间（年）	政治运动	主要内容	范围
1949—1953	剿匪斗争	共歼灭土匪及武装特务 260 余万人	全国
1950	打击投机资本家	使囤积、投机资本家破产	上海、天津等大城市
1950—1953	整党整风	克服工作中所犯的错误，克服以功臣自居的骄傲自满情绪，克服官僚主义和命令主义，改善党和人民的关系（1950 年 5 月 1 日毛泽东签发中共中央《关于全党全军进行大规模整风运动的指示》，1951 年 3 月和 1953 年 9 月中共中央两次召开全国组织工作会议，正式颁布共产党员八项标准）	党内、军内
1950—1952	土地改革	3 亿多无地少地农民共分得 7 亿多亩土地，以及大批生产和生活资料（1950 年 6 月中央人民政府通过《土地法》）	农村
1950 年至1953 年秋	镇压反革命	1950 年 3 月和 10 月中共中央两次发出《关于镇压反革命活动的指示》，1951 年 2 月中央人民政府公布实施《惩治反革命条例》，1951 年 5 月中共中央批准《第三次全国公安会议决议》	全国
1949—1953	农业互助组运动	1952 年，全国共有 803 万个互助组，参加农户 4500 万户，占全国农户总数的 40%；1951 年 7 月《中共中央关于农业生产互助合作的决议（草案）》	农村
1950—1952	知识分子思想改造运动	学习马克思、列宁、毛泽东的著作，社会发展史，历史唯物论和党的各项基本政策，全国 91% 的高教职员、80% 的大学生、75% 的中专教职员参加（1951 年 10 月毛泽东在一届政协三次会议讲话）	教育、科技、文化领域

---

① 杨凤城：《新的民族国家整合——新中国头三年历史的宏观审视》，《教学与研究》2000年第 6 期。

② 《董必武选集》，人民出版社 1985 年版，第 449 页。

③ 周恩来：《一九五七年政府工作报告》，《人民日报》1957 年 6 月 27 日第 2 版。

续表

时间（年）	政治运动	主要内容	范围
1950—1952	查禁烟毒运动	据华北、东北、华东、西北四大区不完全统计，已收缴毒品折合鸦片 2447 万余两（1950 年 2 月政务院发布《关于严禁鸦片烟毒的通令》，1951 年 2 月发布《政务院重申毒品禁令》，1952 年 4 月中共中央发出《关于肃清毒品流行指示》，1952 年 5 月政务院发布《严禁鸦片烟毒的通令》）	全国
1951	批判《武训传》	1951 年 5 月 20 日《人民日报》社论《应当重视电影〈武训传〉的讨论》	文艺界
1951—1952	"三反"运动	精兵简政、增产节约、反贪污、反浪费、反官僚主义（1951 年 12 月中共中央《关于精兵简政、增产节约、反贪污、反浪费、反官僚主义的决定》）	党政军机关
1951—1952	"五反"运动	反行贿、反偷税、反盗骗国家财产、反偷工减料、反盗窃国家经济情报（1952 年 1 月中共中央《关于在大中城市开展"五反"斗争的指示》，大批私人商业者停业）	城市工商界
1953—1954	学习和宣传过渡时期总路线	"一化、三改"（1953 年 12 月中共中央批发中央宣传部《关于党在过渡时期总路线的学习和宣传提纲》，1954 年 2 月中共七届四中全会决议）	全党、全国
1953—1954	学习苏联经验	学习《联共布党史简明教程》	全党、全国
1953—1955	批判资产阶级唯心主义的斗争	批评俞平伯的《红楼梦》研究观点，批判胡适的实用主义哲学思想	文化界
1953—1954	反对"高饶反党集团"	批判高岗、饶漱石（1954 年 2 月中共七届四中全会《关于增强党的团结的决议》，1955 年 3 月中共全国代表会议《关于高岗、饶漱石反党联盟的决议》）	党内
1953—1956	初级合作社运动	1956 年年底，加入合作社的农户占全国总农户数的 96.3%，其中加入高级社的农户占总农户数的 87.8%，1955 年 10 月扩大的七届六中全会批评邓子恢	农村
1953—1954	党内审干	从政治上进行干部审查，清除混入党政机关内的反革命分子、阶级异化分子、蜕化的堕落分子等（1953 年 11 月中共中央《关于审查干部的决定》）	党政机关
1955—1957	内部肃反运动	1955 年 7 月中共中央发布《关于展开斗争肃清暗藏的反革命分子的指示》	国家机关、人民团体、共产党和各民主党派

续表

时间（年）	政治运动	主要内容	范围
1955	批判"胡风反革命集团"	胡风发表 30 万言书，后 1955 年 3 月中共中央转发中央宣传部《关于开展批判胡风思想的报告》，1955 年 5—6 月毛泽东就《人民日报》关于《胡风反党集团材料》写"按语"	全国
1955—1956	对资本主义工商业改造	1956 年年底，8.8 万户私营工厂，有 99%实现了公私合营；240 万户私人商业，有 82.2%实现了公私合营商店、合作商店或合作小组。参加公私合营工商业者 86 万人。私营资本主义经济占国民收入比例由 1952 年的 6.9%下降到接近于零（1954 年 7 月中共中央《关于加强市场管理和改造私营商业的指示》，1954 年 9 月国务院《公私合营工业企业暂行条例》，1955 年 3 月中共中央批转《第二次全国扩展公私合营工业企业计划会议的报告》，1955 年 10 月中八中央批转李维汉《关于调查研究方针的请示报告》，1955 年 11 月中共中央政治局召开关于资本主义工商业社会主义改造问题会议，陈云《资本主义工商业改造的新形势和新任务》，1956 年 2 月中共中央政治局向中共七届七中全会提交《关于资本主义工商业改造问题的决议》）	城市工商业
1955—1956	对手工业改造	1956 年年底，手工业合作社（组）10.4 万余个，社（组）员达到 603 万余人；个体经济占国民收入比例由 1952 年的 71.8%下降到 7.1%（中共中央批转了《关于第五次全国手工业生产合作会议报告》）	城市手工业

注：括号内为历次运动的重要文件和依据。资料来源：胡鞍钢《中国政治经济史论（1949—1976）》，清华大学出版社 2008 年版，第 560—562 页。

　　从表 3-4 可以看出，新中国成立之初的群众运动具有发生密集、领域广泛、方式灵活、对象多元、时间交错、意义多重等特点；实际上，新中国成立之初几乎所有政治、经济、社会领域内的重大改革，都与群众运动相伴而生，而且思想政治教育与政治宣讲始终贯彻其中，体现在各阶段多方面、全过程。尽管并非每次群众运动都达到其既定目标，但通过连续不断、主动或被动的反复参与，遍及全市各个角落的宣传网络被建立起来，普通民众日益密切与共产党的联系，并开始聚集在拥护新生政权的红旗之下。由此可见，群众运动也是共产党获取社会成员政治认同的一种有效方式。

　　具体到旧职员，共产党要求他们将改造自我与社会实践活动相结合，通过鼓励他们多次参加群众运动，来提升政治觉悟和认识水平，进而达到对中国共产党及其意识形态的政治认同。那么，群众运动如何实现以上目标呢？以下仅以抗美援朝时期上海的政治动员为例，做一具体说明。

　　（二）获取政治认同的有效途径：以抗美援朝时期的上海旧职员为观察对象

　　第二次世界大战极大地改变了国际形势，大发战争财的美国，为实现其称霸世界的"宏图"，在第二次世界大战后依然顽固地实施与中国以及亚洲人民为敌的反动政策。

　　1950 年 6 月 25 日，朝鲜半岛内战爆发，27 日，美国总统哈里·杜鲁门发表声明，公然宣布武装入侵朝鲜，并命令其海军第七舰队驶入台湾海峡，妄图使台湾成为其"不沉的航空母舰"；与此同时，美国利用联合国，使来自 15 个国家①的侵朝军队披上了"联合国军"的外衣，道格拉斯·麦克阿瑟被任命为联合国军总司令。10 月 1 日，杜鲁门总统批准了关于在"三八线"以北进行军事行动的指令，麦克阿瑟得到"圣谕"之后，立即命令朝鲜军越过"三八线"，美军紧随其后，于 10 月 7 日也跨过"三八线"，疯狂向中朝边境进犯。

　　唇亡齿寒，户破堂危，面对敌人的嚣张气焰，中共中央、毛主席高瞻远瞩、英明果断，毅然决然地做出了"抗美援朝、保家卫国"的重大抉择，10 月 19 日，在司令员兼政治委员彭德怀的率领之下，英勇的中国人民志愿军雄赳赳、气昂昂，跨过鸭绿江，同朝鲜的兄弟姐妹们一起，开始肩负起保卫世界和平、反对帝国主义的神圣使命。面对共产党高层的这一重大决策，广大旧职员心情颇为复杂，表现出以下心理。

　　一是坚决支持心理。在中国共产党的领导下，很多民众从美帝国主义发动侵略战争的第一天起，就以无比愤怒的心情，密切关注着整个战局的发展。如经受过长期战争考验的山东人民，当面临美军敌机连续对我国山东沿海地区进行骚扰，进行非法低空侦查、扫射我渔船时，实在忍无可

---

　　① 包括英国、澳大利亚、荷兰、新西兰、加拿大、法国、土耳其、比利时、希腊、卢森堡、南非、埃塞俄比亚、菲律宾、泰国 14 国及韩国。参见胡海波《志愿军全战事》，长城出版社 2010 年版，前言。

忍："不许美帝走日本侵略中国的老路""朝鲜人民的灾难，就是我们中国人民的灾难，就是我们山东人民的灾难！"抗美援朝、保家卫国的呼声响彻全国每一个角落，各地人民纷纷以自己的实际行动，对朝鲜战争表现出极大的支持与坚定的拥护①。

二是冷淡漠然心理。朝鲜内战爆发后，尽管中国政府多次公然抗议美国入朝军队挑衅中国领土、领空，普通民众也对生活在中国东北边境，遭遇美机轰炸的骨肉同胞表现出极大的同情和支持，但由于战争并不直接针对中国，战场也不在中国，实际上，它对中国民众造成的心理创伤和刺激并不强烈，因此，旧职员多对这场战争报以冷淡、漠然心理。如，有的人认为："朝鲜战争碍不着中国的事，只要不打中国就没有关系"②；很多教员态度"沉闷、消极"，大学教授"思想糊涂的也很多，疑虑甚大"，建议政府"不能太认真"，一些教师甚至劝告学生"莫谈时事"③；工商系统的职员则"感到苦闷，生意不好做"，"彷徨犹豫，消极观望"④。

三是崇美亲美心理。广大旧职员，尤其是中上层旧职员群体中，与美国曾有过千丝万缕"亲密关系"的人数量不少，民国时期的教授和工商界的精英人士，很多早年曾留学美国，过去对美国衣、食、住、行等各个方面的亲身体验，使他们心目中沉淀下来对美国的美好印象；而中国经济、政治等各方面的落后更是加深了他们的崇美亲美心理。他们崇尚美国高度的物质文明，习惯用美国的产品，大到科技产品，小到钢笔、小刀；他们坚信美国"科学万能"，"物质文明世界第一，创造出物质文明供全世界享用"；他们向往美国的民主，认为"美国就是天堂"，"美国人善待中国人"，"美国为中国培养了很多革命干部"⑤；"美国不会侵略中国"，

---

① 朱民编《大众日报五十年》（1939—1989）（上），山东大众日报社 1988 年版，第347 页。

② 《人民日报》1950 年 12 月 5 日。

③ 侯松涛：《全能政治：抗美援朝运动中的社会动员》，中央文献出版社 2012 年版，第47 页。

④ 侯松涛：《抗美援朝运动与民众社会心态研究》，《中共党史研究》2005 年第 2 期，第21 页。

⑤ 侯松涛：《全能政治：抗美援朝运动中的社会动员》，中央文献出版社 2012 年版，第51—52 页。

"美国攻朝鲜是维辛斯基骂出来的"①。

在他们眼里，中国的艺术"太粗糙"，唯有《魂断蓝桥》《飘》这样的作品才值得赞美；"提起美国的侵略行为还不像提起日本帝国主义来那样立刻怒火中烧，说到美国的腐朽堕落时还不能立刻烧尽对它的假仁假义的若干幻想"②，即使是面对美军的残暴罪行，在他们看来，也只是"个别事件"而已③；在教会学校中，更是有人发出了"在感情上我仇恨不起来美帝"这样的感慨④。总的来看，新中国成立之初，在上层知识分子、民族资产阶级和青年学生中，亲美、崇美思想非常严重，需要极大的努力才可肃清。

四是恐美畏战心理。朝鲜内战爆发之时的中、美两国，无论在经济、政治抑或是军事方面，势力相差都极为悬殊。我们除了在人口和军队数量方面超过美国以外，其他各项指数均远远落后于对方；即使是军队数量整整多于美国400万，但美国军队武器先进，"掌握着战场的制空权和制海权，其地面部队全部机械化"⑤；而当时我军军种仅以陆军为主，海军、空军尚处于"襁褓之中"，基本"靠步兵和少量炮兵作战，武器装备相当落后，后期参战的少量空军也仅能掩护后方主要交通运输线和局部的空中作战，不能直接支援地面部队作战"。与此同时，新中国成立之初所遭遇的财政困难、匪特盛行、社会秩序动乱等不利因素，也增加了入朝作战的难度。因此，出兵朝鲜，迎战美国，被民众普遍所不看好，不仅是普通民众，即使是在上层领导人

---

① 双云：《打倒亲美论》，《学习》1950年第3卷4期（1950年11月20日）。转引自杨玉圣《中国人的美国观——一个历史的考察》，复旦大学出版社1996年版，第235页。

② 张彦：《为什么有些人对美帝国主义认识不足》，《学习》1950年第3卷第15期（1950年12月1日）。转引自杨玉圣《中国人的美国观——一个历史的考察》，复旦大学出版社1996年版，第235页。

③ 侯松涛：《全能政治：抗美援朝运动中的社会动员》，中央文献出版社2012年版，第51页。

④ 《华东局关于抗美援朝、土改诸问题向中央的综合报告》（1951年1月），《斗争》1951年第66期，中共中央华东局1951年编印，第6页。

⑤ 习近平：《在纪念中国人民志愿军抗美援朝出国作战60周年座谈会上的讲话》，《人民日报》2010年10月26日。

中，持有此类看法的人亦不在少数①。

　　早年留学于美国的上层职员，更是将美国的实力无限夸大，认为美国不是"纸老虎"，担心出兵朝鲜会"引火烧身"；他们极其惧怕原子弹，希望能够"关门搞建设"②；不少人"对战争的前景忧心忡忡"③，如教育系统的旧职员认为"美国是超级大国，如若蒋介石得到他们的帮助，解放台湾的时间会延长，大概2—3年，他们甚至怀疑解放军能否解放台湾"④；很多工商业者对共产党出兵朝鲜感觉费解，"苏联闯祸我们去管"，"退一步而海阔天空"，建议"在忍耐退让中求生存"⑤；一些人听说要入朝作战，瞬间觉得"鸭绿江是鬼门关，有去无回"⑥，一副"壮士一去不复返"的悲壮情绪油然而生。

　　对于抗美援朝组织医疗队、手术队，很多医生怕危险，怕冷，怕参军，顾虑重重。他们反映说："美国有啥勿好，医院里的显微镜，X光和药品、科学书都是美国的"，"打仗都是苏联要我们打的，手术队要去，你们积极分子去好了，我留下来保家……"⑦，"朝鲜离我们太远了，目前还是少管闲事"⑧；"美国是个工业国家，重工业发达，中国是不好与他去

　　① 据时任周恩来秘书的雷英夫回忆，林彪当时就曾提出，为拯救几百万人的朝鲜，而打烂一个5亿人口的中国，确实有点儿划不来；打败老蒋我军很有把握，但能否战胜美军，难有必胜信心，因美军不仅有庞大的陆、海、空军，还有原子弹、雄厚的工业基础。因此，林彪不赞成出兵，即使非出不可，也要采取"出而不战"的策略，屯兵于朝鲜北部，见机行事。参见宋连生《抗美援朝再回首》，云南人民出版社2002年版，第222页；徐焰《毛泽东与抗美援朝》，解放军出版社2003年版，第100—111页。

　　② 李维汉：《回忆与研究》（下），中共党史资料出版社1986年版，第715页。

　　③ 《毛泽东主席谈朝鲜战争》，《团结报》2000年10月26日第3版。

　　④ 《上海市教育局旧人员学习班、教育行政人员学习班总结及工作分配问题》，上海档案馆，资料号：B105-5-156。

　　⑤ 杨玉圣：《中国人的美国观》，复旦大学出版社1996年版，第235页。

　　⑥ 中国人民志愿军抗美援朝战争政治工作经验总结编委会编《中国人民志愿军抗美援朝战争政治工作》，解放军出版社1985年版，第22页。

　　⑦ 《上海医务工会关于组织手术队、医疗队工作报告》（1951年1月17日），载于上海市档案馆编《抗美援朝期间上海医务工作者支前档案史料选》，第384页。

　　⑧ 《上海市抗美援朝支援医疗手术队工作总结》（1953年），载于上海市档案馆编《抗美援朝期间上海医务工作者支前档案史料选》，第405页。

碰的"；"志愿军到朝鲜去会不会引起第三次世界大战"①。恐美畏战情绪的不断蔓延，使一大批旧职员失去了反美的政治勇气，选择了逃避政治、明哲保身的处世法则。

由于原始资料保存以及获取的问题，很难对持有以上消极心态旧职员的具体人数做出精确计量，更无法测算分析出他们所持有以上消极心态的程度；但可以推理出的一个肯定性结论是，当毛泽东和党、国家领导人做出抗美援朝这一重要决策，将其上升为"党和国家的意志"时，普通民众并未能立刻接受，并将其转化为"个人自觉的行动过程"；由于"现代社会的骤然巨变对人类心理生活的强烈影响"，"甚至能够使人们在前所未遇的社会压力面前张皇失措，无所适从，产生心理上的麻痹与震撼"②，所以，普通民众心理和思想上表现出以上消极心态实属正常，这完全符合社会心理发展的正常规律。但是，它却会造成旧职员对侵略者真实面目的认知不清，对时局的错误判断，进而不利于抗美援朝战争的顺利开展。

为统一思想，推进战事，共产党通过一系列手段，开展了大规模的宣传教育活动，以使民众尤其是旧职员更好地了解共产党政策、认清抗美援朝战争的必要性、树立正确的美国观，克服"崇美亲美、恐美畏战"心理，提高"仇美、鄙美、蔑美"思想和民族自尊心、自信心。为此，共产党主要从以下方面着手开展工作。

一方面，宣传抗美援朝的必要性、重要性及党的方针、政策，强化民众的爱国主义情感和国际主义责任感。

向国内民众宣传抗美援朝的必要性和重要性，主要集中在朝鲜内战爆发到 1950 年 11 月初这一时段，严格来讲，这属于抗美援朝的准备时期。朝鲜内战爆发，美军海军舰队开进台湾海峡之初，我国将"保卫国防安全、解放台湾，反对美军入侵朝鲜，保卫世界和平"作为媒体宣传的重点，这时并未表现出入朝作战的意向；随着美军增兵迅速北上，朝鲜战局明显发生变化，待朝鲜向中国求助之后，周恩来才代表中国政府于 9 月

---

① 《上海医务工作者工会组织手术医疗队总结》（1951 年 3 月 14 日），载于上海市档案馆编《抗美援朝期间上海医务工作者支前档案史料选》，第 387 页。

② 周晓虹：《现代社会心理学》，江苏人民出版社 1991 年版，第 547 页。

30 日在国庆节大会所做报告①中公开透露中国可能参战的信号；10 月 24 日，周恩来正式阐明了中国必须"抗美援朝"的主张②；1950 年 11 月 4 日，中国政府发表《各民主党派联合宣言》，揭露了美帝国主义的真实险恶用心，"主要地不是为了朝鲜本身，而是为了要侵略中国"③，同时深刻阐释了"唇亡齿寒、户破堂危"的道理，此外，官方还从维护本国利益及基于国际道义、责任感的角度说明了抗美援朝的必要性和重要性，救邻即是自救，保卫祖国必须支援朝鲜人民④。

总体来讲，这一时期的《人民日报》《解放日报》《文汇报》《学习》等重要报刊都以报道朝鲜局势和出兵朝鲜的必要性、重要性为主，这对国内民众洞察时局、了解共产党对朝政策，以及拥护政府抗美援朝的决策具有极其重要的意义。

另一方面，开展"二视"教育，增强民族自尊心和自信心。

所谓"二视"，即"仇视、鄙视、蔑视"美国，这是针对普通民众中普遍存在的"崇美、亲美、恐美"心理所开展的宣传教育活动，其目的是为了使民众"进一步清除一切顽固思想的残余，批判'超政治的第三者态度'"⑤，在意识形态领域形成"舆论一致"主导下的"相同的认识和立场"，从而获取战胜美帝的"犀利武器"，即强大的民族自尊心和自信心⑥。

---

① 参见周恩来《为巩固和发展人民的胜利而奋斗》，《人民日报》1950 年 9 月 30 日第 1 版。

② 1950 年 10 月 24 日，周恩来总理在政协一届全国委员会常委第十八次会议上做"抗美援朝、保卫和平"的报告，向与会者阐明了"唇亡齿寒"的深刻意义，提出中国必须抗美援朝的主张。参见孙丹《论抗美援朝战争的国内宣传工作》，《当代中国史研究》2009 年第 4 期，第 19 页。

③ 中共中央文献研究室编《建国以来重要文献选编》（第一册），中央文献出版社 1992 年版，第 456 页。

④ 同上。

⑤ 崔晓麟：《重塑与思考——1951 年前后高校知识分子思想改造研究》，中共党史出版社 2005 年版，第 129 页。

⑥ 正如当时南京的一位教育工作者所言："我们有足够的力量打败美帝侵略，但感到稍差的就是今天思想战线不够巩固，一定要让广大人民都认识到今天对美帝存在幻想或好感，就同'九一八'以后对日本帝国主义存在幻想和好感，是一样可耻和罪恶的行为。"参见《人民日报》1950 年 11 月 13 日第 2 版。

　　实际上，"三视"教育主要以政府机关、社会团体、部队、学校、工厂为主，而且广大旧职员在抗美援朝运动中接受的思想政治教育，主要是围绕"三认清""三确立"来进行的，即"认清美国民主的欺骗性和它的帝国主义本质，认清美国帝国主义是中国最危险的敌人，以确立'仇视美帝'的观念；认清美国文化思想的浅薄、生活方式的堕落，以确立'鄙视美帝'的观念；认清美国经济与军事力量的下降趋势和反动本质，强调完全可以战胜，以确立'蔑视美帝'的观念"①。于是，共产党的优秀理论家和宣传工作者开始通过报纸、广播、漫画、歌曲、电影、诗歌、戏剧、小说甚至墙报、黑板报、座谈会、控诉会等形式，深入城乡每一个角落，开展声势浩大的宣传教育活动；宣传过程中，共产党不断重复强调"三视"美国的原因，以此来帮助普通民众彻底划清敌我界限，树立起正确的美国观②。

　　总体来讲，共产党通过有组织、成规模的政治教育和组织动员，使旧职员基本认清了美帝的真实面目和其侵朝的险恶用心，分清了敌友，主要表现在以下两方面。

　　第一，认清了美帝入侵朝鲜的本质，对战争的态度由"消极观望"变为"积极拥护"。抗美援朝运动中，共产党优秀的理论宣传家反复向普通民众宣传"美国是纸老虎，是全世界和中国人民共同的敌人"，民众在社会主流舆论的感召之下，逐渐认清了美帝的本质。如陈旭麓先生从帝国主义侵华史的角度谈道："美帝侵略我们的时间最长，侵略过我们的空间也最大"，曾"在遥远的西藏企图放一把侵略的野火"，"是我们最凶恶的敌人"③；蔡尚思也发出"日帝可恨，美帝更可恨"④ 的呐喊。伴随着民

---

　　① 张济顺：《中国知识分子的美国观》（1943—1953），复旦大学出版社1999年版，第203页。

　　② "三视"教育大大改观了国人对美国的认知，如，在华东地区，"美国鬼子""美国赤佬"已经成为人们的口头禅，无形中渐渐成为"坏蛋"的代名词，若有人说美国好，就会如"过街老鼠"一样，遭遇"人人喊打"。参见中共中央华东局宣传部《华东区半年来的抗美援朝运动》，《人民日报》1951年5月1日第6版。

　　③ 陈旭麓：《怎样从历史上认识美帝侵华》，载于中国教育工会上海市委员会编《从各方面看美帝》，棠棣出版社1950年版，第23页。

　　④ 蔡尚思：《美帝是中国最大的敌人》，载于中国教育工会上海市委员会编《从各方面看美帝》，棠棣出版社1951年版，第14页。

众对美帝本质认知的不断清晰，其各种"消极心态"也被"热爱祖国、打败美国狼子野心"的积极心态所取代，全国各地、社会各界掀起了大规模的"抗美援朝、保家卫国"援助运动。

在上海，各界人士"有人出人、有钱出钱、有力出力"，开展了一场卓有成效的爱国主义运动；黄浦江畔昔日的商界精英，如荣毅仁、胡厥文、吴蕴初、刘鸿生、刘靖基等，纷纷将他们的爱国热忱付诸行动，谱写出一篇篇撼人心扉的壮丽赞歌。早在 1950 年 7 月 21 日，共产党正式出兵朝鲜之前，工商界人士所组成的"工商业联合会"就组织召开了"上海市第一次抗美援朝动员大会"，大会号召"工商业家团结起来，准备抵抗侵略"。11 月 27 日，第二次"上海工商界抗美援朝保家卫国动员大会"举行，会议倡议工商业者以实际行动来支援抗美援朝。"12 月 8 日，刘鸿生向志愿军捐献羊毛衫 1000 件，王性尧捐献慰问金 1000 万元（旧币）；12 月 12 日，唐志尧捐献 1000 万元（旧币），刘公诚捐献 1000 万元（旧币）……1951 年 6 月 1 日，中国人民抗美援朝总会发出《关于推行爱国公约捐献飞机大炮和优待军属的号召》，至 1952 年 5 月，工商界人士共捐献款项 6000 多亿元，折合战斗机 404 架"①；工商界人士捐献物资的行动，确实为抗美援朝运动增添了浓墨重彩的一笔。

白衣天使也不甘落后，截至 1951 年 8 月，全市已有 1071 名医护人员积极报名入朝作战，详见表 3-5：

表 3-5　　上海市支前医工及报名人数分项分类统计（1951 年 8 月）

类别		支前医工总队及四、五队	支前医工手术团及六、七大队	公立机构	私立机构	开业	总计
医师	高级	12	23	16	3	5	59
	中级	22	16	17	8	50	113
	初级	17	7	21	10	28	83
护士	护士	43	21	157	72	7	300
	助理	7		32	12	28	79
	护生	6			40	46	92

---

① 上海市工商业联合会：《历史不会忘记，岁月光照千秋——上海工商界抗美援朝运动史实》，载于石晓华主编《永恒的忆念：抗美援朝六十周年回忆录》，上海三联书店 2010 年版，第 2—4 页。

续表

类别	支前医工总队及四、五队	支前医工手术团及六、七大队	公立机构	私立机构	开业	总计
助产师	15		43	14	4	76
药剂师	2		4	3	1	10
药剂生	3		17	3	11	34
化验人员	9	4	17	4		34
X 光医师	2					2
X 光技士	2		2			4
牙医师			1		10	11
中医师	2		1		10	13
中医配方员				1		1
化验工友				3		3
科室督察员			4			4
副教授						
讲师						
助教						
工友		3	55	35	1	94
其他	10	4	78	13	3	108
总计	152	78	465	221	204	1120

资料来源：《上海市抗美援朝手术医疗队工作统计表》（1951 年 8 月），载于上海市档案馆编《抗美援朝期间上海医务工作者支前档案史料选》，第 416 页。

整个抗美援朝中，上海先后共组织医疗队 6 批 14 个大队，国际医疗服务队、护士教学队、眼科专家小组各 1 个，另有内地巡回医疗队、医疗顾问团等。这是一支拥有 746 人的庞大队伍[①]，云集了诸如沈克非、黄家驷、林竟成、张曦明、李穆生、聂传贤、倪葆春、洪宝源、熊妆成、曹裕本等著名医学专家、医学院教授。他们除了奔赴朝鲜战场和东北边境救死扶伤之外，还承担了一定的教学任务，为部队以及各地医院建立健全医疗机构、培养医护工作人员立下了汗马功劳。详见表 3-6。

————————

① 746 人中医师有 305 人，护士 220 人。参见上海市档案馆编《抗美援朝期间上海医务工作者支前档案史料选》，第 374 页。

表 3-6　　　　　　　抗美援朝期间上海市医疗队工作情况一览

教学及专题报告统计

队别	教学时间（小时）	专题报告（次）	备注
第 1 大队	8278	27	
第 2 大队	940	19	
第 6 大队	975	51	
第 7 大队	565	18	
第 10 大队	502	39	
第 11 大队	1087	21	

编写教材情况

队别	编辑数	内容
第 1 大队	55000 字	耳鼻喉科、眼科、X 光教材，并校阅内科全部讲义
第 6 大队	400 页	耳鼻喉科、眼、矫外、腹外等科教材，及石膏绷带学 2 万字
第 7 大队		编辑写麻醉常规，耻骨上膀胱切开术、骨折牵引常规三文化
第 10 大队	250000 字	编写寄生虫方面教材 10 万字，公共卫生方面教材 15 万字

培养干部情况

第 3 大队	X 光	药剂	检验	备注
	7 人	27 人	14 人	这些同志文化水平都是初中程度，过去不熟悉业务
	可独立工作	可配简单药方	可一般常规检查	

各队收转、医疗伤病员统计　　　　　　　　　　　　　　单位：人

队别	收入	转出	留治	痊愈	死亡	备注
第 1 大队	1379	780	599	493	13	
第 2 大队	1919	1048	851		20	
第 3 大队	17652	10629	7023		84	
第 4 大队	3715	3564	151	7	33	
第 5 大队 *	5806	5510	296	54		
第 8 大队	5487	3557	1930	130	15	
第 9 大队 *	16519	14479	2940	122	178	

各队主要工作统计							
队别	手术	石膏	会诊	检验	X 摄片	X 透视	备注
第 1 大队	1527			22373	459		
第 2 大队	942			17726	1061	2868	
第 3 大队	1238	1191		41456	286	6394	
第 5 大队	967	1423		6856	259	1662	
第 6 大队	712		111	21393	833	2758	
第 7 大队	427	249	212	5841	1376	4234	
第 8 大队	736	1234		7438	1033	2972	
第 9 大队	60		115	35122	287	5297	

注：

1. "各队收转、医疗伤病员统计"一表中，第 5 大队的数据为 3 个月统计所得，第 9 大队数据为 1 个月统计所得；

2. 某些大队数据遗失。

资料来源：根据《上海市抗美援朝支援医疗手术队工作总结》（1953），载于上海市档案馆编《抗美援朝期间上海医务工作者支前档案史料选》，第 412—413 页编制而成。

　　此外，上海的干部、工人、农民、教师、学生也纷纷要求参军入朝作战，全市出现了许多妻子送丈夫、母亲送儿子、兄弟姐妹争相入伍的感人事迹。这些人到了朝鲜战场后，勇于克服恶劣的环境，不顾个人安危，勤于职守，尽职尽责，为取得朝鲜战争的胜利，保卫家园做出了卓越的贡献。如曾为南京路泰昌公司（今床上用品公司）小职员的金忠华，上海解放之前终日与枕头、床单、帐子打交道，新中国成立后，由于在政治学习中表现突出，被分配到东北军区装甲兵技术部修理科负责坦克修理工作；抗美援朝之际，他同来自上海的其他 11 名"阿拉兵"一同唱着"当祖国需要的时候，我们马上拿起枪，跨过鸭绿江，卫国保家乡……"的战歌奔赴朝鲜战场，为支援前线做出了很大贡献①。

　　第二，马列主义、毛泽东思想开始成为社会主流意识形态，民众对共产党的政治认同感大大增强。新中国成立之初，上海的很多民众并不了解共产党，对旧职员而言，"社会主义"几乎是一个全新的概念。新旧政权

---

　　① 金忠华：《我修坦克送前方——一个坦克修理兵的回忆》，载于石晓华《永恒的忆念：抗美援朝六十周年回忆录》，上海三联书店 2010 年版，第 323—326 页。

交替之时，处于社会中间阶层的旧职员更是被包围在封建的、资产阶级以及小资产阶级等各种思想之下，各种思想交互碰撞、冲击，形成了上海独特的多元并存、纷繁芜杂的价值观念。

传统制度的崩溃可能导致人们心理上的混乱，对新的认同感和忠诚感的需求正由此而产生①；在抗美援朝过程中，共产党采取了报纸、广播、漫画、歌曲、电影、诗歌、戏剧、标语、小说甚至墙报、黑板报、座谈会、控诉会等形式，将集体动员和个别教育相结合，走街串巷，深入城乡每一个角落开展了宣传教育活动。通过这种集中的、大规模、有组织性的群众动员，中国共产党密切了与普通民众之间的联系，并在民众中烙下了深刻的印记。尤其是，通过新闻媒体广泛宣传朝鲜前线那些最可爱的人的光荣事迹，如杨根思、黄继光、邱少云等，以及中国军队以少胜多，打破美帝的壮举，更是使长久以来积压在民众内心深处的浓烈爱国热情猛烈迸发出来，广大民众开始由衷敬佩新政权的领导力、凝聚力和战斗力。

可以说，抗美援朝是共产党向国内民众以及国际社会展现国家积极性形象的一个有利契机。由此，饱受了多年凌辱，习惯于仰视西方国家的中国民众，终于凭借国家的力量，成功"逆袭"，"扬眉吐气"，整个民族的自信心、自尊心极大地提升；通过对"抗美援朝—新政府—国家"的层层感知，封建思想、资产阶级、小资产阶级思想逐渐被摒弃，马列主义、毛泽东思想开始占据意识形态领域的主导权，普通民众包括旧职员也开始从内心深处对共产党萌生出新的政治认同。

综上，从抗美援朝的整个过程来看，群众运动在新中国成立之初，作为共产党培养社会成员对其认同感、稳定其统治地位方面的功能更加强大，所产生的效应也更为明显。因此，执政党在社会资源有限，政治整合和社会改革任务艰巨的时期，自然而然选择了群众运动这种激进的方式作为解决棘手问题，度过各种危机的重要手段。事实上，从上海解放伊始，各种各样的群众运动就接踵而来了，在土改、剿匪、"三反""五反"、三大改造等重大历史事件中，群众运动总是时刻冲锋在前，思想政治教育于其中之功效也一直得以凸显，这使得群众运动义不容辞担负起了时代的

① ［美］塞缪尔·亨廷顿：《变化社会中的政治秩序》，王冠华等译，生活·读书·新知三联书店1989年版，第38页。

"助产士"，从而确保了社会主义制度这个"新生儿"安全坠地，并成功度过各种危机。

但当中国已经跨入了社会主义阶段，应将主要任务转向经济建设的时候，执政党却依然"膜拜"群众运动，并在群众运动中采取了一些不当、有点儿"过头"、荒唐甚至非人道的极端方式，这不仅引发了民众的恐慌、社会秩序的混乱，更重要的是弱化了民众对执政党的积极认同心理，也使中国错失了摆脱"运动政治"的良机。于是，全国陷入了群众运动的狂潮而无法自拔，这在"三反""五反"运动中都有所表现，而"文化大革命"更是将这种"丧失理智""沉溺于狂潮"中的各种不当与荒唐行为体现得淋漓尽致。同时，过头的政治运动使改造旧职员的工作陷入一种巨大的压力氛围之中，改造运动突破了正常速度，较快进行。

三　制度建设：旧职员获取制度保障和自身权利的实现

制度是理解历史变迁的关键，它是"一个社会的游戏规则，更规范地说，它们是为决定人们的相互关系而人为设定的一些制约，具体包括正规制约（由人类设定的规则）及非正规制约（如习俗和行为准则）"①。政治认同的获取既需要思想政治教育，即"柔性手段"作为教育、疏导政治认同对象的有效手段，更需要强制性的制度性措施，即"刚性手段"来作为坚强后盾，以确保与支撑为实现政治认同而开展的一系列活动有序进行。现实生活中，每一个个体都是作为"政治人"而存在着，逃避或是脱离政治是不现实的，而在政治系统中，人们面临最多的就是"制度"。

制度作为一种规范体系对理性构成了某种限制，正是因为有了制度，人们的活动被限定在某种特定的"空间"中进行，社会才会变得有序、井然。倘若缺乏或失去一定的制度，仅仅凭借现存的、随机的政策作为一切行动的导向，就很可能会使全体社会成员处于不确定，甚至比较迷茫的状态，由于丧失了必要的制度保障，人们可能会缺失可预见范围内的奋斗目标和美好愿景。在亨廷顿看来，"制度是稳定的、受到

---

① ［美］道格拉斯·C.诺斯：《制度、制度变迁与经济绩效》，刘守英译，上海三联书店1994年版，第3—4页。

尊重的和不断重视的行为模式……制度化是组织与程序获得价值和稳定性的过程"①。

　　1949 年中华人民共和国初建之时，正值剧烈社会转型期，合理、公正的制度不仅有利于社会高效、有序、和谐地运转，更有利于共产党巩固执政地位，获得执政合法性，赢得最广大人民，尤其是旧职员的政治认同。因此，共产党积极从加强政治制度建设，发展民主政治；完善社会经济制度，保障民众经济利益；加强法律制度建设，完善《宪法》《婚姻法》等法规等方面着手，力求实现社会公平、正义，促进旧职员的政治认同。

　　第一，出台法律法规，力求实现社会公平、正义。

　　1949 年 9 月 29 日中国人民政治协商会议第一届全体会议通过的，有着"共和国临时宪法"之称的《中国人民政治协商会议共同纲领》对人民的部分权利做了明确规定，如第一章第四条规定"中华人民共和国人民依法有选举权和被选举权"，第五条规定"中华人民共和国人民有思想、言论、出版、集会、结社、通讯、人身、居住、迁徙、宗教信仰及示威游行的自由权"。第六条进一步指出"中华人民共和国废除束缚妇女的封建制度。妇女在政治的、经济的、文化教育的、社会的生活各方面，均有与男子平等的权利。实行男女婚姻自由"。第三十二条还指出要"逐步实行劳动保险制度，保护青年女工的特殊利益"②。

　　为了保护雇用劳动者的健康和基本权益，真正落实《中国人民政治协商会议共同纲领》第三十二条："逐步实行劳动保险制度，保护青年女工的特殊利益"的规定，1951 年 2 月 23 日政务院第 73 次政务会议通过了《中华人民共和国劳动保险条例》（政秘字第 134 号），该《条例》共 7 章，34 条，含"劳动保险金的征集与保管""各项劳动保险待遇的规定""享受优异劳动保险待遇的规定""劳动保险金的支配"以及"劳动保险事业的执行与监督"等内容。涉及旧职员的有：因工负伤后的就医问题，不能治愈导致残疾，应获取的正常待遇问题；养老问题；丧葬问题；体现男女平等，尤其是女职员的生育问题等。值得一提的是，中央政

① ［美］塞缪尔·亨廷顿：《变化社会中的政治秩序》，王冠华等译，生活·读书·新知三联书店 1989 年版，第 12 页。
② 《中国人民政治协商会议共同纲领》，《人民日报》1949 年 9 月 30 日第 2 版。

府此时关于女职员生育问题的相关规定：

> 女工人与女职员生育，产前产后共给假五十六日，产假期间，工资照发。
>
> 女工人与女职员小产，怀孕在三个月以内者，给假十五日；在三个月以上不满七个月者，给假三十日，产假期间，工资照发。
>
> 产假期满（不论正产或小产）仍不能工作，经医生证明后，均应按第十三条疾病待遇规定处理之。
>
> 女工人与女职员或男工人与男职员的配偶生育时，由劳动保险基金项下付给生育补助费，其数额为五市尺红布，按当地零售价付给之①。

由上述文件可以看出：新政权建立后，中共大力提倡男女平等，出台政策措施保护女职员的切身权益，这为赢得民众，尤其是广大女职员的认同和支持起到了积极作用。女职员经济、社会地位的提高，主人翁意识的确立，又会在整个社会上形成一种良好的示范效应，最终推动所有民众，尤其是旧职员走向共产党，拥护新政权，形成对共产党和新政权强烈的政治认同感。

第二，召开各类大会，努力发展民主政治。

召开各类大会是人民参政议政，实现自身政治权利，认同现存政治统治的重要途径。共产党很早就提议，为了切实代表人民利益，务必要迅速召开各种类型的大会，广泛吸收包括学校、机关、工厂、民主党派、各社会团体等群体的代表参加②。为此，新中国建立之初，共产党就积极组织召开了多次会议，在上海所召开的，比较典型的有上海市各界人民代表会议、上海市政治协商会议等，这些会议参会代表中，职员代表占了相当比重，其中大多是旧职员，这充分体现了他们的政治地位，是一种对思政工作与政治主体的兑现与证明。

以上海市各界人民代表会议为例，1949—1954 年，共召开了三届。

---

① 《中央人民政府政务院明令公布〈中华人民共和国劳动保险条例〉》，《文汇报》1951年 2 月 28 日第 2 版。

② 《中共中央文件选集》（第十八册），中共中央党校出版社 1992 年版，第 564 页。

其中，第一届代表会议于 1949 年 8 月—1950 年 10 月召开，共计 3 次会议；第二届代表会议于 1950 年 10 月—1953 年 2 月召开，共计 4 次会议；第三届代表会议于 1953 年 2 月—1954 年 8 月召开，共计 2 次会议。以上会议参会代表中，职员代表占了相当比重，其中很多都是旧职员，其来源情况详见表 3-7。

表 3-7　　上海市第一、二、三届各界人民代表会议代表界别名额及构成情况（1949—1954）　　　　　　　　单位：名

界别	第一届			第二届				第三届
代表总人数	656	667	710	823	839	863	858	910
工人	115	130	156	165	165	165	165	170
合作社				5	5	5	5	5
农民	23	24	24	20	20	20	20	20
部队	54	50	54	54	54	53	54	32
烈军属及荣军				5	5	5	4	6
青年	78	77	78	77	77	77	77	52
文教	126	140	149	149	149	149	148	179
工商	145	126	128	128	128	128	124	140
妇女	21	30	30	40	40	40	40	40
街道居民				70	70	70	67	114
归侨								3
少数民族				4	4	4	4	10
宗教	8	6	6	6	6	6	6	16
中共上海市委	19	23	20	7	7	7	7	7
民主党派	19	24	20	33	33	33	33	37
市军管会	48	30	15	10	10	9	9	38
市政府			22	20	20	20	18	
特邀		7	8	30	46	72	77	41

资料来源：上海市地方志办公室：《上海通志》第七卷《人大、政协、代议机构》，http://shtong. gov. cn/node2/node2247/node4567/node79171/node79182/userobject1ai103401. html。

参会代表人数众多，来源广泛，充分体现了新政权下，共产党以人为本、民主施政的优良作风。在会议上，各位代表献言献策，为有效治理国家、确保新中国的稳定发展贡献自己的一份力量。如在上海市第一届代表会议第二次会议召开期间①，旧职员代表很多，既有来自工商界的普通职员，又有来自政府部门、公用事业单位如邮电局的官员参会，在会上，广大旧职员畅所欲言，就劳资关系、财政经济、胜利折实公债、增产节约、市政建设、难民救济、公私合营等问题发表了自己的看法，为社会主义新中国建设事业贡献自己的一份力量。现以市府、工商、纱厂系统个别职员的发言为例：

　　A. 市府工作人员代表赵祖康

　　今天我要说些过去几个月来，从我工作中所得到的若干感想。

　　今年七月二十四、二十五两天的台风高潮，冲毁了浦东高桥十多公里的海塘，冲破决口二十余处，工务局和市郊行政办事处，联合了当地的解放军和人民大众，在短短时间内把所有的决口都堵好了，只余下一个最大的吴淞炮台浜决口，起初用麻包装土填堵，其后接受了民众的要求，用木船拖石堵塞，都没有成功。八月底，陈市长亲自和工程人员，一同往高桥视察海塘，向民众讲话，表示人民政府为人民防灾的决心，鼓励了工程师们要和人民打成一片，要努力为人民服务。陈市长还说了许多恳切勉励的话。他这种推诚相见的感召，使得工务局海塘队的工程人员和当地的军队、人民、政治工作人员，以及上海市临时救济委员会的工作人员，只有感动，只有兴奋，加倍地融洽合作，加倍地努力赶工，终究把堵口完成了，使得浦东高桥的小春，能够及时耕种，这是对人态度推诚合作的一个例子，也可以说一个人，他若是从为人民服务的观点出发的，人民政府对他是一定推诚合作的，我想这就是民主。

　　关于用钱方面，工务局是用钱才能做事的机关，在国民党统治时代，因为通货恶性膨胀，预算制度呆板，常常预算方定，已经不够开

_____

① 当时《解放日报》对本次会议的密集报道，题名均为《沪二届人民代表会议》，但据笔者考证，此处实际所指的是"上海市第一届代表会议第二次会议"，召开时间为1949年12月5—11日。

工之用。审计制度又是很不合理，往往使得一个经办工程人员被牵制得啼笑皆非。人民政府的财政管理方法，都大不相同，应省则省，绝不因数额小而浪费；应用则用，绝不因数额大而减少。工务局向人民政府及财政局要工款，有时一个电话，就可拨巨款，后补手续，这是人民政府关于用钱的方针，是节约而又宽裕的一个例子，也可以说打的是生产建设的算盘。

B. 工商界代表王芹荪

自从解放以来，上海的劳资关系，在逐步改善中，这不能不承认劳方政治觉悟的提高，尤其应当归功于劳动局和总工会对工友们教育说服工作的成功。但是，我们也得承认，各业个别工厂的小纠纷，还是有的，我们希望连这些个别的纠纷，也不要再发生，使上海成为模范的劳资关系的地方。我想，在人民政府共产党英明领导之下，　定可以做得到的，为了达到这一目标，固然要依靠劳动局总工会和各业工会的加紧教育劳资双方，与工友们的照顾长远利益，照顾资方业务困难。在我们资方，尤其应当在发展生产的条件下，照顾到工友的生活，处处依靠工友，到那时候，工友的生产情绪提高了，生产增加了，经济繁荣了。我们在伟大的团结精神工作之下，那么毛主席昭示我们的新民主主义建设得以提前完成，也是在意料之中的。

C. 纱厂女工代表施小妹

我代表纱厂工人向大会讲几句话。我们纱厂工人在五、六两日听了市长、副市长和三位局长的报告，觉得非常好，十分满意，我们工人完全拥护。劳动局马局长报告中提到取消工厂中的抄身制度，这是非常好的，是同我们工人有切身关系的。从这件事情上，也可以证明人民政府处处在为工人着想，尽量想办法改善工人的生活。在国民党反动政府时代，工人生活没有保障，生活困难，因此有极少数工人被迫偷窃。解放以后，我们工人生活有保障了，思想认识都提高了，我可以说绝对不会再有偷窃行为，所以取消抄身制度是应该的，是好的。

赵祖康、王芹荪、施小妹等旧职员，在发言过程中，大都通过回忆旧社会的罪恶、旧制度的腐朽，以及感慨新制度的光明，来抒发自己对新社会的热爱与拥戴，他们发自内心，如实、质朴的言语无疑将会引起极大的反响，感染到现场的每一位同志，在此过程中，旧职员与共产党对彼此的了解与认知更加清晰，内心的距离也更加贴近。

通过召开会议，人民政府与各个阶层人民群众的代表们发生了密切的关系，在此过程中，共产党传播了其执政理念，政治思想，方针、政策等，各界群众也通过自己的代表对执政党有了更加清晰、深入的了解与认知，在切身利益不断得到满足，以及内心所滋生出的强烈主人翁心理的驱使下，旧职员对执政党的认同感也越来越强。

第三节　个案研究：文教系统旧职员政治理论学习情况述略

开展以政治教育为中心的思想政治教育活动，是贯穿新中国成立初期新政权构建旧职员政治认同全过程的一项重要工作。总体而言，由于方法多样，针对性强，共产党所开展的政治教育工作是成功的，但在具体学习过程中，由于每位旧职员的身心特点存在差异，致使他们在受教育过程中呈现了多样的思想动态。本节以新中国成立初期，文教系统开展的一次政治教育为例，对此做一简要分析说明。

一　学员基本情况与学习内容

为了使被接管的旧职员尽快认清形势，适应环境，上海市教育局于1950年2月1日开始筹备针对本系统内旧职员和行政人员的学习活动，经过紧张而忙碌的6天准备，学习班于2月7日正式开班①。学员共计158人（男90人，女68人），工作人员仅有17人（内有10人系由学员中调出帮助工作者，1人系临时帮助工作性质）。学员基本情况详见表3-8。

---

① 本次学习于1950年3月13日结束。实际上，除了周末和假日外，整个学习仅仅只有25天，此外，此次学习正逢旧年，又遇搬家活动，因此，学习效果受到了一定影响。

表 3-8 上海市教育局旧人员、教育行政人员学习班学员情况一览
（1950 年 2 月 7 日至 3 月 13 日）

学员总数	学情分析		
	指标		人数（人）
158 人	性别	男	90
		女	68
	来源	经学习班抽调者	44
		登记录取者	44
		市师范本届毕业生	29
		区里各部门抽调	41
	文化程度	初中肄业	1
		高中及以上	75
		专科、大学、留学生	82*
	工作经历	无任何工作经验	
		为旧社会服务多年的老先生	
	学员年龄（岁）	最小	17
		最长	48
		平均	25*

注：

1. 从学员工作经历来看，既有无任何工作经验的青年学生，也有为旧社会服务多年的老先生，但两类群体的具体人数不详；

2. "文化程度"一栏，拥有专科、大学、留学生背景的人数 82 人，系根据推算而得出。

3. "平均年龄"为档案原件所载，并非依据本表计算所得。

资料来源：本表根据《上海市教育局旧人员学习班、教育行政人员学习班总结及工作分配问题》，上海档案馆，资料号：B105-5-156 编制而成。

从学员的实际情况来看，成分较为复杂，无论来源、学历、工作经历抑或年龄都存在较大差异。从学员来源看，经学习班调来者 44 人，登记录取者 44 人，市师范本届毕业生 29 人，区里各部门抽调者 41 人；从文化程度来看，158 名学员中，最低学历者为初中肄业（1 人），一般的为高中及以上学历（75 人），最高者则拥有专科、大学甚至留学生背景（82人）；从工作经历来看，既包括无任何工作经验的青年学生，也有为旧社会服务多年的老先生；从学员年龄来看，最小者为 17 岁，最长者为 48

岁，平均年龄为 25 岁①。

　　尽管学员存在较大差异，但仍可从他们身上找到一些共同点：他们都曾深受旧社会旧教育的影响，部分人曾参加过国民党三青团的反动组织；面临新中国成立后的新形势，大多数人都要求进步等。由于多数人曾参加过共产党举办的学习班、研究会及在职的学习，所以对新的学习方法和内容有一定了解，同时，班里还有 38 个青年团员和 12 个党员，这无疑是本次学习活动得以顺利开展的有利因素。

　　从学习的具体内容来看，主要包括时事、文教政策、全国教育会议总结、上海市教育工作概况及今后任务、初等教育概况、社会教育概况、中苏友好互助同盟条约、土改问题、青年团问题及工作态度、工作方法与工作作风等 10 个报告，另有 11 种参考材料；在学习过程中还开展了检查学习动机，树立正确的学习态度，救灾运动，减薪运动，学习竞赛及以学习为中心的娱乐活动。

二　学习过程中旧职员的思想动态

　　根据学习班的开展过程，可将整个学习活动分为"开班伊始""学习进行"及"临近结束"三个阶段，每个阶段学员们的思想各有特点。

　　首先，开班伊始阶段。

　　一般而言，开班伊始阶段，大多学员思想上都很有顾虑，他们担心学习会比较紧张，生活清苦，同时也害怕过不惯集体生活，为学习过程中可能不准会客，没有假期忧心忡忡。同时，他们还存有非常严重的职业思想和薪金思想，如：没有职业的学员想通过学习得到职业，以便解决个人和家庭的生活问题；有职业的学员却又计较职位高低、待遇厚薄以及地区远近。已经是薪金制的学员认为，学习之后，就能升职、涨薪水；目前仍然是供给制的学员则认为，通过学习，就可以转为薪金制。但是具体到每个个体，他们的思想动态又有所不同，主要表现在对于自己被抽调来参加学习的原因，以及对待本次学习的态度等问题的认识

---

① 《上海市教育局旧人员学习班、教育行政人员学习班总结及工作分配问题》，上海档案馆，资料号：B105-5-156。

上，存在一定差异①。

第一，市师范本届毕业生。

师范毕业生认为，能参加此次学习，实在非常幸运，在他们看来，本次学习班由戴局长②直接领导，学习结束后能很快分配到工作。同时，他们也认识到自己在校读书期间，学习政治的时间太短，水平不高，普遍想利用此次学习机会充实自己，提升自己③。

第二，经学习班抽调者。

一些学习班调来的学员认为之所以被抽调，是因为自己以前没学好，有问题或历史复杂。同时，他们也为自己有机会参加本次学习而感到幸运和光荣。他们乐观地认为，学习结束后，自己很快就能被分配到教育系统工作，生计问题就此得到解决④。

第三，登记录取者。

登记人员认为自己难得有学习机会，想借此机会好好锻炼自己，追求进步。

第四，区里各部门抽调。

经区里各部门抽调来的学员，普遍将此次学习看作受训挨整，在他们看来，之所以被抽调来学习，是因为自己在工作中犯过错误。因此，对待学习的积极性不很高，但却极为关心职业和薪金制等问题。如总工会介绍来的史越庆，当他参加了开学典礼知道即使做教育行政工作，也可能仍是供给制时，索性写信给学习班负责人："我是有工作的，到教育局是为了改薪金制，现在又不可能改薪金制，我不去了。"⑤

针对学员们存在的以上思想，在本阶段的学习中，学习班负责人的主要工作即是稳定广大学员的情绪，使他们尽快安定生活，自觉检查与树立起正确的学习态度，了解学习班的任务，并能积极配合组织，建立起各种

---

① 《上海市教育局旧人员学习班、教育行政人员学习班总结及工作分配问题》，上海档案馆，资料号：B105-5-156。

② 指戴白韬，时任上海市教育局局长。

③ 《上海市教育局旧人员学习班、教育行政人员学习班总结及工作分配问题》，上海档案馆，资料号：B105-5-156。

④ 同上。

⑤ 《上海市教育局旧人员学习班、教育行政人员学习班总结及工作分配问题》，上海档案馆，资料号：B105-5-156。

组织机构和必要的制度。

其次，学习进行阶段。

经过开学典礼，学习动机、目的检查和教育，广大学员逐渐消除了先前的某些顾虑，如认为学习即是受训、挨整，担心学习过程中不准假和会客，生活会非常清苦等；但职业思想中薪金制还是供给制，将来能否维持家庭生计等此类思想仍然存在。与此同时，由于学习班开班之时，恰逢国民党对上海实施"二六"轰炸，班址离法电很近，广大学员普遍担心国民党会继续实施轰炸，自己和家庭及亲友的生命安全面临严重威胁。恐惧心理在当时对学员们的情绪稳定产生了极大影响①。

此外，由于参加此次学习班的学员来源多元，成分复杂，在相处过程中难免发生摩擦，于是，小圈子、宗派主义思想开始流露，尤其是在旧职员和师范生当中表现较为严重。如：师范来的学员看不起旧职员，觉得他们世故虚伪、口是心非，不喜欢这里的环境，想回学校；旧职员则认为师范生完全就是毛孩子，年幼无知②。

除以上共同特点以外，具体到市师范本届毕业生、经学习班抽调者、登记录取者，以及区里各部门抽调人员，他们所呈现的思想动态还存在着一定差异。

第一，市师范本届毕业生。

与学习班开班伊始阶段师范生学习热情普遍较高相比，经过一定时间的学习活动之后，他们的学习热情开始下降，在他们看来，政治学习无论是形式抑或是内容，都很单一、枯燥无味，该学习的文件自己已经完全掌握，故没必要继续学习③。

第二，经学习班抽调者。

随着学习活动的逐步深入，这部人逐渐滋生了自满情绪，在他们看来，所谓学习，不过就是看文件、听报告、讨论；内容无非还是时事、文件政策、立场观点这些，大家程度都差不多④。

---

① 《上海市教育局旧人员学习班、教育行政人员学习班总结及工作分配问题》，上海档案馆，资料号：B105-5-156。

② 同上。

③ 同上。

④ 同上。

第三，登记录取者。

总体而言，这部分人情绪变化最小，内心也最为安定、踏实。他们对学习始终保持了较为浓厚的兴趣，且普遍积极追求上进。他们认为自己什么也不懂，学习班的内容对自己而言，都是全新的知识，愿意好好接受教育[1]。

第四，区里各部门抽调。

区里抽调来的人员，该时期思想变化较大，由最早完全将学习视为受训挨整，学习积极性不高，变为了此时的积极主动学习。他们在经历最初期政治的教育和感化以后，开始逐步认识到上级领导组织学习班确实不容易，过去自己忙于工作，无暇顾及学习，现在要抓住机会好好补课。但随着学习活动的反复开展，他们也逐渐对学习产生了厌倦心理。如有的认为，报告都听过了多次，反反复复，实在无任何新意[2]。

针对这一阶段学员们的思想特点，学习班负责人开始加强思想领导，通过研究指导学习方法、开展批评与自我批评及组织各种活动，如学习竞赛等来活跃与丰富学员们的生活，以使广大学员在轻松活泼的生活中接受新思想，摒弃旧思想。

最后，临近结束时期。

临近学习结束，学员们的思想又起了波澜，主要是因为工作问题。广大学员围绕这一问题，进行的思想斗争最为剧烈，时间也最长。

经25天的政治学习，多数学员真切地认识到特殊时期国家财政经济面临严峻的困难，天下兴亡，匹夫有责，因此作为老百姓，应该支持供给制。但一想到自己的生计问题，又开始留恋薪金制。针对广大学员内心的纠结和煎熬，共产党开始转变工作态度，探索新的教育方法，动之以情，晓之以理，引导学员应以大局为重，从国家财政经济困难着眼，强调服从国家分配的重要性；与此同时，采取了一些方法，适当处理和解决了特殊学员的生活待遇问题。

如，针对薪金制和供给制的确定，共产党制定以下标准：

---

[1]　《上海市教育局旧人员学习班、教育行政人员学习班总结及工作分配问题》，上海档案馆，资料号：B105-5-156。

[2]　同上。

　　A. 个人无负担，家庭有负担，但通过其他方法，如亲友互助、参加生产、能够解决生计问题者，争取动员其接受供给制。

　　B. 对家庭确有困难者，准允其实行薪金制，但要通过教育，使其自愿降低待遇，减少薪金，降低生活水平。

　　C. 对过去无职业，家庭确有困难，必须实行薪金制者，应自觉主动提出最低限度的生活要求（不能超过其工作岗位的薪金），以供行政研究薪金时作为参考①。

　　上述关于薪金制和供给制的判定标准再次体现了共产党人一切从实际出发，具体问题具体分析，分层分类区别对待不同旧职员的基本思想，这一灵活多样、针对性强的指导方针，使接管干部在确立旧职员究竟是薪金制还是供给制时有了参考依据。总的来讲，由于国内外形势的严峻复杂，尤其是共产党所面临的巨大经济压力，在实际工作中，他们一直坚持以最大限度地争取、动员旧职员选择供给制为主，因此，共产党对旧职员进行了各种形式的思想动员和说服教育。经过耐心细致的说服教育，许多之前抱有"多拿钱，想拿薪金制"的同志，纷纷表示愿意接受供给制或"少拿钱，仅维持最低限度的生活水平"，据统计，改为供给制者共有 53 人，占学员总数 1/3，其他大多自动减少薪金的 1/4、1/3 或 1/2；原先没有工作，而确有家庭负担者，也自动提出维持最低生活费用，每月以 50—80 单位者居多②。

　　事实上，3 月 7 日，结业典礼举行之后，工作尚未分配之前，是学员思想上最为紊乱的一段日子，主要表现为心情焦虑、生活散漫，针对这一情况，学习班通过举行学习测验、开展文娱活动等形式，很好地丰富了学员的生活，稳定了其情绪。截至 3 月 13 日学习班结束，158 人中，共有 138 人被分配到区文教役、郊区办事处、教育处及教育局个别直属单位参加工作，其余分别介绍到旧职员学习班继续学习或暂行回家，另谋职业及

---

　　① 《上海市教育局旧人员学习班、教育行政人员学习班总结及工作分配问题》，上海档案馆，资料号：B105-5-156。

　　② 同上。

待有机会时再介绍其参加工作①。

以教育局于学习班结束之后（3 月 14 日）颁发的"不拟录用，希继续学习"的 4 位典型学员的材料为例②：

1. 李占仁：政治上×升，1934 年入 KMT③，1946 年入三青团，曾是反动派之爪牙（入团由 CC④ 特务朱君畅介绍），到目前尚不愿坦白悔过。故我处无适当学校可放⑤。

2. 陈剑秋：政治上××，受过×山童训，中训×训⑥，加之人前一套，人后一套，我处无适当学校可放。

3. 袁晋：政治上、历史上极××升（有×部材可×参考），又"很少暴露自己的历史和政治情况，个性又强"，我处无适当工作，同意×部"该人××转业"的意见或继续学习。

4. 彭卓人：学习时期表现殊成问题"根据他过去言论——一贯反动，对人民政府持有成见，造谣滋事存心不良，顽固成性"。"以前对蒋光×盲目崇拜较深，影响此人的思想变化过程，不免较长"，虽有进步，改变也是在本身的比较程度上而言，且广东化了的普通话

---

① 《上海市教育局旧人员学习班、教育行政人员学习班总结及工作分配问题》，上海档案馆，资料号：B105-5-156。

② 同上。

③ KMT＝Kuo Min Tang（国民党），是威妥玛式拼音关于该党名称的缩写。威妥玛拼音系 20 世纪中文主要的音译系统，尽管中国大陆地区 20 世纪 50 年代开始广泛推广汉语拼音方案以后，威妥玛拼法逐步淡出人们视线，但中国台湾地区仍在广泛使用。

④ CC 简称 CC 系，是指以陈果夫、陈立夫兄弟为首的国民党内的一股势力。他们以国民党组织部和中统局为根基，向文化、教育等区域横向进展，虽然这一派系的政治资历不及"政学系"深（中华民国时期的政治派系，包括北洋军阀时期的政学系和第一次国内革命战争时期的新政学系），但却是组织严密，根基力量深厚。

⑤ 指予以安排任教的学校，下同。

⑥ 档案原件无法识别，据笔者推测，此处是指为强化国民党反动统治和树立蒋介石独裁权威，宣扬"一个政党一个领袖一个主义"之主张而设立的培养、培育国民党官员的专门机构；如以培养高级官员为主的"国民党中央训练团"和以培养基层军政干部为主的"国民党军事干部战时训练团"。关于以上两个组织的详情，可参阅文闻编《国民党中央训练团与军事干部训练团》，中央文史出版社 2010 年版。

以及上海话，殊不宜教书①。

一般而言，未被录用，介绍到旧职员学习班继续学习或暂行回家者，均为不同程度存在政治问题，且在学习期间抵制教育、表现不好甚至态度恶劣的学员，上述材料中的李占仁、陈剑秋、袁晋、彭卓人即是如此。从他们的简历可以看出，他们基本都有过在国民政府机关服务的经历，且参加过三青团、国民党等反动组织，接受过国民党的特殊训练；守旧、反动，留恋旧社会，反感，甚至敌视新政权是其共同特点。由于无法调适自我适应新社会，等待他们的命运唯有继续接受教育、改造，或是被遣散，甚至遭遇处罚。

总体而言，由于密切关注学员切身利益，教育方法灵活多样，且有必要的强制措施作为保障，上海市教育局于1950年年初举办的学习活动是较为成功的。通过耐心的说服教育，广大学员，尤其是旧职员逐渐认识到了国民党的罪恶统治，了解了共产党的政策、方针，改进了工作方法，提高了个人的理论修养和道德觉悟，进而开始慢慢转变立场，接受、认同甚至拥护共产党，这为共产党获取政治统治的合法性，巩固新生政权，开展社会主义建设奠定了坚实的基础。但是，由于干部严重不足；准备过于仓促；学习周期短，学习内容不够精练；未能做到因材施教，集体领导不够等原因，本次学习班的效果还是受到了一定影响，这也从一个侧面说明了新生政权初建之时共产党所面临形势的严峻及思想政治教育工作本身的复杂性及艰巨性。

---

① 《上海市教育局旧人员学习班、教育行政人员学习班总结及工作分配问题》，上海档案馆，资料号：B105-5-156。

第四章　改造效果的考察：一体化和多样性趋势并存

为顺利完成构建旧职员政治认同的重任，共产党坚持了一条从关照其现实利益出发，并辅以坚实的制度保障，在此过程中，时刻注意发挥思想政治教育之强力政治社会化作用的路径，正是在利益、制度、思想政治教育的共同作用之下，获取旧职员政治认同的目标才得以顺利实现。

由于共产党在实际工作中片面地运用了"一刀切"的方式，对思想政治教育和暴力手段之间的关系把握失当，再加上社会的剧烈转型以及旧职员在此过程中不同的心理承受能力，使改造旧职员过程中发生了一些抗拒性事件，如频繁发生的自杀性事件等。从本质上来讲，这既是现代社会的急遽转型所产生的负面效应，更是"制度"与"生活"相互作用的一种结果，对此，我们应理性看待。

1956 年社会主义三大改造完成，我国正式进入社会主义阶段。此时，对于广大旧职员，无论是发自内心的自觉认同，还是继续徘徊游移，甚至是迫于无奈，"屈为臣民"者，他们对共产党和社会主义制度的认同，已在客观上成为大势所趋。尽管此时旧职员赖以存在的经济基础已不复存在，但由于人的思想变化是一个潜移默化的过程，这就决定了构建旧职员的政治认同需要经历一个复杂、漫长、曲折的过程，因此，对该群体的思想政治教育工作也必然是一个长期、反复的过程。

第一节　上海旧职员对新政权政治认同感的形成①

新中国成立后，面对积贫积弱的现实国情以及复杂严峻的国际形势，

---

① 本节主要内容发表于《党的文献》2016 年第 6 期，第 96—103 页，题为《上海旧职员对中共政治认同的嬗变历程（1949—1956）》。

中国共产党运用各种手段，动用多种资源，在全社会范围内成功上演了多次"执政首秀"，如：开展银圆之战，稳定物价；号召增产节约，激发民众生产热情；出征朝鲜，打破美国神话等。共产党在彰显卓越政治智慧和超群执政能力的同时，不仅赢得了良好的国际声誉，而且获取了国内各界民众的支持和拥护。

对从旧社会过来的广大旧职员群体而言，他们于 1949—1956 年大体上呈现了一种由彷徨与观望（1949 年前后）到接受与认同（1949—1952）再到支持与拥护（1952—1956）这一大致的心理变迁规律；当然，这一划分并不是绝对的，实际上，彷徨和观望中有支持拥护、支持和拥护中也夹杂着彷徨与观望，有的人从认同变为不认同，有的人则从不认同变为认同，酸甜苦辣，五味杂陈，各种情绪都有。

一　彷徨与观望（1949 年前后）

早在辽沈战役告捷之时，蒋介石就开始酝酿"抢运学人"计划，这既是为了给即将成为执政党的共产党制造困难，亦是为了日后反攻大陆做足准备，更是企图获取国际认同的战略需要。为此，国民党利用手中各种资源，不惜以高官、美元当作"诱饵"，发动一切力量，企图将人同仪器设备、古籍文献、学术机构等"一网打尽"；国外一些研究机构和高校也适时对大陆学人发出邀请，可最终大多数旧职员还是选择了留居大陆，迎接新生政权。

以 1948 年当选的 81 位国立中央研究院第一届院士为例，留居大陆或于新中国成立之初返回大陆的有 60 人，随蒋介石迁至台湾的有 9 人，旅居美国的有 12 人，分别占院士总数的 74%、11% 和 15%[①]。在上海，"与工商业及航运有密切关系的海关机构员工，除美籍总税务司李度赴穗外，所有其他员工均自愿留沪海关继续工作。全部档卷、关产、船只，除四只缉私艇于解放前被国民党海军劫走外，均保持完整无缺"[②]。

新旧社会更替的关键时刻，广大旧职员义无反顾地选择了中国共产党，究其原因，是在于他们对国民党腐朽统治的痛恨与憎恶以及他们心底所深藏的强烈爱国之情，而并非出于对马列主义、毛泽东思想以及社会主

①　于风正：《改造：1949—1957 年的知识分子》，河南人民出版社 2001 年版，第 7 页。

②　《沪海关完整　员工全未离职》，《解放日报》1949 年 5 月 29 日。

义等理论的了解，更谈不上是对共产党的认同。如曾在华东新闻学院二班学习过的徐捷①认为，"从解放后的北平传来的消息说明了共产党并不可怕，既然如此，共产党就早点打过来吧，换个朝代，没有战争，日子总会好过点的"②。

事实上，由于特殊的战争环境，共产党长期坚持"农村包围城市"的斗争策略，这使他们在城市尤其是诸如上海这般国际大都市的影响力非常有限，再加上国民党反动派恶意扭曲，造谣生事，极力丑化共产党形象，广大旧职员对共产党的了解非常有限，甚至曲解。

在上海，多数人不了解共产党，他们常常抱以"等一等，瞧一瞧"的心态；很多旧职员"过去从来没有听见过啥叫社会主义"③；有的人错误地认为共产党实行公妻制，担心"共产党来了，我别的都不怕，就怕他们的妇女配给我，我六十多岁了，要是配给一个青年的女人，我可受不了"④。还有旧警员怀疑共产党"是否会像国民党一样，没有裙带关系，不会吹拍就吃不开"⑤。更有许多人因听信"共产党有三头主义（刚来时点点头，住些时候摇摇头，最后要杀头）"，"委任级不问不杀，荐任级问而不杀，简任级杀而不问"⑥ 等国民党反动分子散播的谣言，而惧怕共产党，如卢湾区一位旧职员王允周坦言："我从前听见'共产党'三字就怕。"⑦

除以上与共产党少有交集的普通职员不了解，甚至曲解、误解共产党外，就连解放前曾参加过中共地下党组织活动的某些旧职员也没有真正了解共产党。如上海解放后，被分配去华东新闻学院参加学习的记者"行者"在剖析自己当年参加地下党活动的原因时所言："以为这是神秘的，

---

① 此人曾在反动军队里当过翻译官。

② 徐捷：《共产党教育了我》，《文汇报》1949 年 11 月 18 日第 3 版。

③ 《北四川路、北站、普陀区有关里弄整顿工作计划、总结》（1954—1955），上海市档案馆，资料号：党 20-1-55。

④ 《怎样改造?》（六），《文汇报》1950 年 3 月 2 日。

⑤ 《上海市军管会公安部关于接管工作的总结报告》（1949 年 6 月 30 日），载于《上海解放》（中卷），中国档案出版社 2009 年版，第 283 页。

⑥ 王达山：《解放初期上海市对旧政府公务人员的处理与安置》，硕士学位论文，复旦大学，2012 年 5 月，第 7 页。

⑦ 田曼衍：《一个旧人员的蜕变——学习使他在思想上翻了身　王允周自动要求改供给制》，《新民晚报》1950 年 5 月 25 日第 2 版。

时髦的，有时甚至可以像电影上的侦探家一样，偷偷地调查别人行动。"①

不仅是普通职员，很多高级职员也对共产党知之甚少。如：于"四一二"反革命政变后任国民政府劳动部秘书的宋云彬，曾在 1949 年 5 月 4 日《人民日报》"五四"纪念特刊载文一篇，认为共产党"无非说些知识应与工农结合云云，亦八股也"②；我国著名的会计界老前辈潘序伦先生，在上海解放之前也曾吐露心扉："随着上海的解放，也把我推上了社会主义的道路，但我的心情却还是动荡不安，心有余悸，不知何以自处。当时我虽没有跟着蒋介石反动派逃到台湾去，而我对中国共产党的认识，也不是非常清楚的。"③ 报界闻人徐铸成在 1949 年 9 月 30 日政协会议闭幕的当天，于日记写道："此次政协之社会科学工作者代表，陈伯达居首席，陈绍禹反在其下，甚矣，余对共产党历史之少了解也！"④

更有人对蒋介石心生怜惜，以为"'英雄如此下场亦谓惨矣'，又何必打落水狗似的乱骂他呢"⑤。因不了解共产党政策，持中间路线的人也大有人在，在他们看来，"凡是敢骂国民党而又不欢迎共产党的才是好的"⑥；"国民党的反动腐化，但对人民的革命仍是茫无所知。于是倾心'第三条道路'，对当时流行的所谓'新的革命运动'、所谓'温和的社会主义'寄以无限希望"⑦。

身为知识分子，处于中间阶层的大多职员与生俱来对政治抱以"超然"的态度，现实的境况以及生存的理智又使他们虽惧怕，但又非常渴望了解共产党与新政权。于是，在疑虑、猜忌、不安与恐惧的情绪中，他们陷入了暂时的彷徨与观望之中。

二　接受与认同（1949—1952）

初为执政党的共产党深知，旧职员的焦虑与不安情绪不仅会影响到社

---

① 行者：《我怎样丢掉了我的包袱》，《文汇报》1949 年 11 月 7 日第 3 版。

② 宋云彬：《红尘冷眼——一个文化名人笔下的中国三十年》，山西人民出版社 2002 年版，第 125 页。

③ 《财务与会计》编辑部编《潘序伦回忆录》，中国财政经济出版社 1986 年版，第 51 页。

④ 《徐铸成回忆录》，生活・读书・新知三联书店 1998 年版，第 204 页。

⑤ 徐捷：《共产党教育了我》，《文汇报》1949 年 11 月 18 日第 3 版。

⑥ 同上。

⑦ 郑自宜：《我的转变——感谢共产党》，《文汇报》1950 年 7 月 1 日第 5 版。

会的稳定，若不加以正确引导，还有可能会危及到新生政权。因此，他们不仅适时开展以显性思想政治教育为主的理论宣传活动，亦随时随刻运用高超的政治智慧，充分发挥隐性思想政治教育的功能，彰显"新社会、新气象"，让人民体会到"翻身做主人"的喜悦。经过一年多的努力经营，民众已逐渐开始了解共产党，并对其表现出了初步的接受和认同，主要表现在以下方面。

第一，认购公债：旧职员政治参与热情高涨。

解放战争期间，由于军费开支不断增加，财政形势恶化，国民政府大量增发钞票，造成了恶性的通货膨胀。据统计，从 1937 年 6 月—1949 年 5 月，国民党政府的货币发行量增加了 1445 亿倍，物价上涨了 4 万亿倍；物价暴涨，进一步引起投机倒把，大批商人趁机囤积居奇，哄抬物价，炒买炒卖黄金、银圆等。于是，市场混乱，工厂停工，人民失业，整个国民经济处于残破崩溃的边缘①，上海的情形更是不容乐观。至上海解放前夕，教授们最后一次俸禄只相当于 3 枚多银圆（合今 100 元左右，其生活艰辛程度可想而知。也正因此，当时社会上流传着这样一首顺口溜："粒米一百元，寸布 15 万，呜呼蒋介石，哪得不完蛋！"②

以上看似枯燥无味的数字为我们呈现了一个大时代的悲剧与苦难。此时的蒋介石，已将上海中央银行的黄金储备全部运往台湾，这为台湾的经济稳定乃至后来的经济腾飞奠定了财政基础。达官贵人们为了逃难，也纷纷将台湾视为一片乐土。正如包天笑在一首打油诗中所嘲讽的：

> 零三零四满街飞，风卷灰沙雨溅衣。
> 更有教人艳羡处，红妆翠服女司机③。

台湾光复之初，汽车几乎被日本人毁尽，而来自上海的富豪、官僚们却把各式新款豪车带到了台湾，并骄傲地驾车于雨中飞驰，这足以让台湾

---

① 孙健：《20 世纪的中国——走向现代化的历程》（经济卷 1949—2000），人民出版社 2010 年版，第 16 页。

② 张继凤：《金融接管》，载于中共上海市委党史研究室编《接管上海》（下卷），中国广播电视出版社 1993 年版，第 197 页。

③ 包天笑：《钏影楼回忆录续编》，山西教育出版社、山西古籍出版社 1999 年版，第 924 页。

人民心向往之，而当他们看到身着摩登服饰、装扮得体的上海太太们自行开车上街的景象时，更是羡慕不已。车牌号码的多少，则是车主身份和地位的一个象征：车牌号码字数越少，车越名贵，其主人的身份和地位也就越高。

富豪们有了避难场所，而普通民众却无处可躲，只能继续挣扎于水深火热之中，台湾的乐土形象与大陆的破败混乱之间形成了鲜明的对比。为稳定秩序，安定民心，巩固政权，共产党立即将抑制通胀、稳定物价作为自己的首要任务，为此，他们运用强有力的行政干预和一定的经济手段，对经济秩序进行全面整治。至 1949 年 6 月 22 日，物价下跌 8%，银圆之战首战告捷，投机资本受到了致命打击，人民币在市场站稳了脚跟，物价渐趋平稳，人民生活逐步安定和改善①。然而，好景不长，由于投机商人兴风作浪，自 1949 年 10 月 15 日起，"沪津先导，华中、西北跟进，全国币值大跌，物价猛涨；以 7 月底为基期，物价平均指数，京津已涨达一点八倍，上海涨达一倍半，华中、西北亦与此相近"②。仅棉纱一项，从 10 月上旬到 11 月下旬上涨即达 3.8 倍③。

为稳定经济秩序，减少赤字，缓解财政危机，以陈云为首的中财委经过反复的协商与研究，经毛泽东同意后，决定发行公债；1949 年 12 月 2 日，中央通过了《关于发行人民胜利折实公债的决定》④，次日，该决定正式颁布。16 日，政务院又通过了《1950 年第一期人民胜利折实公债条例》，其中对公债发行的目的、单位、数量、发行日期、第一期发行的具体额度、折算办法、面额、偿还办法、利率、负责办理单位、公债还本付

---

① 《综述》，载于中共上海市委党史研究室、上海市档案馆编《接管上海》（下卷），中国广播电视出版社 1993 年版，第 30 页。

② 《制止物价猛涨》，载于《陈云文选》（第二卷），人民出版社 1995 年版，第 29 页。

③ 中共上海市委党史研究室编《接管上海》（下卷），中国广播电视出版社 1993 年版，第 30 页。

④ 考虑到物价波动因素，公债发行采取折实办法，公债的募集及还本付息，均以实物为计算标准，其单位定名为"分"。每"分"以上海、天津、汉口、西安、广州、重庆 6 大城市之大米（天津为小米）6 市斤、面粉 1.5 市斤、白细布 4 市尺、煤炭 16 市斤之平均批发价的总和计算之。每分价格由中国人民银行政务院制定的《公债条例》计算，每 10 日公布一次，确保公债不随着物价的飞涨而贬值。参见迟爱萍《新中国第一笔国债研究——兼谈陈云关于"人民胜利折实公债发行思想"》，《中国经济史研究》2003 年第 3 期，第 46 页。

息方法等做了详细规定①。1949 年 12 月 30 日，《关于发行 1950 年第一期人民胜利公债的指示》（以下简称《指示》）出台，《指示》对公债发行的数额及各区的具体配额、推销对象、宣传方法，发行公债的目的和意义等问题做出了更为详细的规定和说明：

如，关于配额，文件规定：华东区 4500 万分、中南区 3000 万分、华北区 1500 万分、西南区 700 万分、西北区 300 万分②。根据中央精神，华东局对辖区各个省份（地区）的任务做了进一步细分：

表 4-1　　　　　1950 年第一期人民胜利折实公债华东各省（地区）
推销任务一览

上海	苏南	苏北	山东	皖南	皖北	南京	浙江	福建
3000 万分	400 万分	120 万分	400 万分	20 万分	10 万分	50 力分	400 万分	100 万分

资料来源：本表根据《上海市推销人民胜利折实公债史料》，《档案与史学》1999 年第 3 期，第 15 页内容编制而成。

关于推销对象，《指示》指出：工商业者是重点、城市职工自由购买，同时也希望国外华侨能够踊跃购买。然而，第一期人民胜利公债发行任务确定之时，正值新生政权遭遇极大困难，经济形势格外严峻，百废待兴之际。入城不久的共产党如何才能在尚未建立起足够牢固的群众基础之前，令城市市民，尤其是公债推销的重点群体"工商业者"积极支持，倾力付出呢？积极宣传、大力推销就成了关乎公债发行任务能否顺利推行，并圆满完成的关键一环。为此，中共中央在《指示》中对宣传、推销公债的方式也有详细的规定。该文件是新中国成立之初有关公债发行问题的一个非常重要、权威且具体的指示。在它的指导之下，各地的公债推销委员会纷纷成立起来。如：在西安，1949 年 12 月就开始筹备建立公债推销委员会；在上海，1950 年 1 月 5 日（公债发行的同一天）公债推销委员会正式成立；而北京的人民胜利折实公债推销委员会则于 1950 年 1 月 7 日成立③。

---

① 《1950 年第一期人民胜利折实公债条例》，《山西政报》1950 年。

② 《第一期公债下星期发行　华东区四千五百万分政务院发出有关指示》，《新民晚报》1949 年 12 月 31 日第 11 版。

③ 《各地人民争先购债》，《新民晚报》1950 年 1 月 7 日。

　　以上海的公债推销委员会为例：它共有 127 位委员（后增至 137 名），设主任委员 1 名，副主任委员 6 名，常务委员 45 人，下设秘书、推销、设计、联络、宣传、稽查 6 处，办公地址为外滩中国银行大厦二楼 216、217、218 办公室。在总会领导之下，各行各业相继成立了职工、青年师生员工、妇女、市政机关、民主党派、自由职业、宗教慈善、文化艺术、工商、郊区等 11 个分会，以及回民、科技、新法学研究 3 个直属支会①。

　　在各级公债推销委员会的全权领导和负责之下，大规模的宣传教育活动展开了。在宣传过程中，工作人员根据不同群体的特点，开展了形式多样的宣传活动。一般而言，针对机关、部队、师生、员工、青年、妇女以及文艺界，主要以自觉认购、开展竞赛的方式进行，之所以采用这种方式，是因为相对来讲，这些群体自觉性、主动性较高，情绪非常热烈。对于工商界以及职业界的人士来讲，民主协商、自报公议则是较为普遍的方式。而对于殷实富商，工作人员一般采取登门推销或个别协商的方法。除以上方式外，人民银行还积极出动宣传卡车，在上海各个区进行巡回宣传推销②。

　　由于组织得力，方法灵活，宣传有效，公债认购活动如火如荼，有序展开。文教、医疗、财经等行业的职员们迅速投入到认购债券的热潮中来。以上海市的文教系统为例，从大学到小学，教职员工无一例外地参与到认购公债的行动中。如在上海交通大学，截至 1950 年 1 月 10 日，师生员工共购买债券超过 10468 分，其中教师为 8194 分，学生为 2274 分③。后为便利师生购债，特在出纳所设立代办所，在 19 日当日就售出 2000 余分。

　　医疗系统的职员不甘示弱，也纷纷加入到认购公债的大军中来。由黄振民医师主办，位于上海市浙江南路的 155 号劳动诊疗所，为全市职工弟兄热烈认购公债的行为所打动，遂于 1950 年 1 月 8 日自发决定将一个月的工资认购公债，以表示对祖国的热爱之情；该所第二及第五两个服务站，听到总所员工发动购债消息，在华征及李霖两医师号召下，也纷纷把

---

①　《上海市推销人民胜利折实公债史料》，《档案与史学》1999 年第 3 期，第 15—21 页。

②　同上。

③　《交大师生员工购债超过了一万二千分》，《文汇报》1950 年 1 月 21 日第 3 版。

一个月的工资拿出来购买公债，向其他五个服务站挑战①。

至于财经系统，比较典型的有闸北水电公司；事实上，该公司的全体职员早在蒋介石实施"二六轰炸"前就曾认购公债达10000多分，后遭遇敌机轰炸，虽然经济困难，但仍然遵从"舍小家，为大家"的美德，倾囊缴纳公债款，截至1950年3月27日，缴款已达11389分②。

广大职员群体不仅主动响应祖国号召，积极认购公债，而且自觉充当起了党的积极分子，加入劝购公债的大军中。如：1950年2月3日，全市青年与师生、员工共计2万余人走上街头，分区广泛进行宣传；4日师生员工分会继续宣传，队伍也由两万余人增加到3万余人③。现将3日宣传的基本情况简介如下（见表4-2）。

表 4-2 　　　　　　上海市部分学校师生劝购债券情况一览
（1950 年 2 月 3 日）

区域	宣传主体	宣传方式
中区	育才、道中、格致、大光、上女、新建等40余所中小学师生共计4600余人	写标语；画漫画；扭秧歌；打腰鼓；演出活报；打起莲湘；演讲等
嵩山区	比乐、明德、上海法政学院、生生助产、震旦、惠中、浦东高桥中学（50人）、民治新专等30余学校，共计2000余人	贴标语、窗贴；理论宣传等
静常区	乐远中学、浦东中学、上实分校、南洋中学仪韵女中、东南中学等70所中小学，师生共计4800余人	漫画标语；方言话剧、歌曲；演讲；设立测字摊；化装成工人、农民、商人和殷实富户；通俗小调；改编词句等
北虹、沪北两区	复兴、虹口、光华大学、光华附中、东吴、市北、南洋女中、十五区中心小学等50余所学校共2500多人	理论宣传；方言开会；扮成烟纸店老板、小贩、宣传员上台表演；连续喊口号等
沪南区	敬业、中联、清心、糖业等24单位，约3000人	漫画标语；打莲湘；双簧等
徐长区	青年团工委会、教联、大夏大学、兴国学校、教员寒假学习班（140余人）、西区青年师生（1000余人）	小调；演讲；连环书；秧歌；腰鼓；大补缸等

① 《劳动诊疗所员工以一月工资认购》，《文汇报》1950年1月9日第4版。
② 《闸电全体员工踊跃缴纳债款》，《文汇报》1950年3月28日第2版。
③ 《激发群众购债热忱　师生员工街头宣传》，《文汇报》1950年2月4日第3版；《师生员工三万余人分区继续宣传购债》，《文汇报》1950年2月5日第4版。

续表

区域	宣传主体	宣传方式
东区	麦伦、澄衷、缉槼、申培、高工、斯高、念华、沪东、竟成等学校共计1000多人及中机三个厂、中纺十二厂、正泰、怡和、中华烟厂以及沪东职工文工团、中机三厂70余人、青年界口琴队（100余人）、国民青年支会（61人）	秧歌；腰鼓；通俗的对话讲解；漫画；地图；演唱；口琴；踏高跷等

资料来源：本表根据《激发群众购债热忱　师生员工街头宣传》，《文汇报》1950年2月4日第3版内容编制。

由表4-2可以看出，在推销公债的宣传活动中，广大师生积极主动，热情高涨，充分利用了演讲、标语、漫画、腰鼓、秧歌、话剧、歌曲、测字、双簧、小调、演唱、口琴、踏高跷等多种生动活泼的形式宣传和普及公债知识。宣传人员忘我工作，很好地调动起了市民的购买热情，认购公债任务顺利完成。原定于1950年起分两期，在全国范围内发行总额为2万万分公债的计划，进展顺利，超额完成，达到原定两期发行总额的70.4%。与此同时，国家财政形势也基本好转，故第二期公债未再发行①。

从对政治抱以"超然"或冷漠态度，到积极认购公债，可以看出，广大职员群体已经初步信任并开始接受共产党的领导，而化身为积极分子，参与到劝购公债活动中，则使他们更进一步走近共产党，拥护新生政权。

第二，参加土改：阶级斗争实践中思想感情变化。

为完成新民主主义革命未竟的任务，废除封建土地所有制，实现耕者有其田，解放农村劳动生产力，进而为新中国的工业化开辟道路，从根本上改变中华民族积贫积弱的局面，共产党决定于1950年起，在全国范围内陆续推进土地改革运动，在此背景下，《中华人民共和国土地改革法》《中央人民政务院关于划分农村阶级成分的决定》等关于土地改革的文件相继出台，其中对富农政策、土改总路线、中央土改委员会的成员、农民协会、富裕中农和富农的区别等问题做出了详细规定和说明。在上述文件的指导之下，全国各级人民政府相继成立起了各地土改委员会。

① 第一期在1950年1—3月间发行，参见孙业礼《陈云与共和国第一期公债的发行》，《党的文献》1996年第2期，第66页。

如：华东土地改革委员会，主任设 1 人，由谭震林担任；副主任有 28 人，分别由刘瑞龙、牛树才、毛起农、朱俊欣、朱富胜、朱履先、艾楚南、余亚农、吴月波、吴藻溪、李昌、李云鹤、邢子陶、马天水、张彦、张维城、梅子明、章蕴、陈萌南、曾镜冰、贺致平、黄岩、杨纯、万众一、欧洋惠林、邓吴明、龙跃、谭启龙等担任[①]。

在各地土改委员会的领导之下，轰轰烈烈的土改运动稳步开展起来。然而，土改干部的严重缺乏显然无法满足该运动的猛烈发展势头，为了确保土改工作顺利有效推进，中央决定积极吸纳知识分子，尤其是旧职员加入土改大军。1950 年 8 月 13 日，《关于各民主党派参加土地改革工作的指示》出台。随后，毛泽东积极号召广大知识分子，尤其是旧职员深入农村，参加土改，改造自我。在他的号召之下，数十万知识分子（其中多为旧职员），积极投入到这场伟大的革命洪流之中。知识分子参与土地改革，始于北京，尔后发展至天津、华东、华南一带，最后波及全国。然而，如何才能使这些很少有机会接触农民，且并不了解农村生活的知识分子们愿意参加，且很好地完成该项任务呢？对其进行必要的训练和教育成了当务之急。为此，中共中央及各级党委根据土改干部的实际情况，对其进行了严格的训练和培训，具体而言，训练内容主要由政策学习和整风两部分组成。

整风计划是各地党委于《土地改革法》颁布后，在中共中央和中央局的要求下所制定，其目的在于反对官僚主义和命令主义，其形式主要有训练班、党校、工作队集训三种形式。而政策学习，则主要围绕《中华人民共和国土地改革法》，刘少奇关于土地改革的报告，中共中央和各中央局关于土地改革的各项指示、工作方法与步骤、纪律要求而展开。一般而言，对知识分子，尤其是广大旧职员而言，着重进行政治立场，群众观念教育；对于来自革命老区的老干部们，以批判其固有的狭隘经验主义等思想为主；而对从农民中涌现出来的积极分子和农村基层干部来讲，阶级觉悟教育、大公无私教育则是需要考虑的重点[②]。

通过整风和政策学习，土改干部基本认清了土地改革的重要性和必要性，了解了土改总路线、政策等，掌握了土改的具体方法、步骤，这为他

---

① 白希：《开国大土改》，中共党史出版社 2009 年版，第 296 页。

② 同上书，第 301 页。

们接下来深入农村开展工作奠定了重要的思想基础和组织基础。据统计，在新中国成立初期中共所发动的三年土改运动期间，全国每年选派的工作队人员多达 30 万人以上①。

作为旧职员的聚集重地，上海也积极投入到这场伟大的运动中。1950年 7 月 14 日，饶漱石在华东军政委员会第二次全体委员会议上做了题为"为完成华东土地改革而奋斗"的重要报告，报告对华东土地改革的大体计划、土改具体实践办法、区别对待地主阶级、健全农民协会组织和建立农村中广泛的反封建统一战线、对不同地区的不同方针、组织领导等问题做了详细阐释；尔后，《华东军政委员会关于土地改革宣传的指示》《关于干部在进行土地改革工作时的八项纪律》分别于 1950 年 7 月 14 日和 7月 22 日出台。在科学理论的指导之下，华东土地改革委员会带领土改干部投入到紧张而有序的土改运动中②。

当时上海究竟有多少旧职员参与到土改运动之中，已无从考证。仅以上海市郊的土改运动为例，除了来自北京的 29 人土改参观团外，前前后后共有 3 万多人下乡参观土改，1010 人直接参加了此次活动，这些人中，既有大学教授、中小学教师，又有文艺界、科技界、工商界的人士，还有民主党派、少数民族、宗教界人士③。

如：来自市各大专院校的 122 名教师（其中教授占 80%，讲师、助教占 20%），组成了"上海市大学教师土改工作队"，于 1951 年 4 月 2 日分赴本市郊区及宁波等地参加土改工作，预定下乡工作时间 3—4 周；全部经费由教育部和教育工会市委会负担。工作队全体 120 人，共分 11 小队，其中 108 人参加近郊龙华、新市、洋泾、高桥、江湾、新泾、真如等区土改工作，分组 10 个小队，由陈大变、李炳焕、钟俊麟、卓如、金吉伦、曹汉奇、雍文远、姚舜钦、钟伟成、蔡尚思等 10 人分任队长，另外14 人组成一小队，暂由刘笃担任队长，参加宁波土改工作。各队除队长外，另有组织生活干事各一人，负责组织、联络、生活、医药等事宜。工作队本部设在南京西路 1288 号教育工会市委会内，队本部由冯契、曹未风、王子成、汪旭庄、朱懋庸等组成，冯契担任总队长，朱懋庸担任副总

---

① 白希：《开国大土改》，中共党史出版社 2009 年版，第 302 页。
② 王志毅编《华东土改参考资料》，宝用出版社 1950 年版，第 1—13 页。
③ 《上海市郊区土地改革总结》，上海市档案馆，资料号：B14-1-21-28。

队长。出发之前，全体工作人员进行了严格的培训①。同年 9 月 25 日，来自复旦大学的 656 名师生在本校历史系主任周予同、经济系教授朱伯康和经济系教师于开祥的组织和带领下，也赶往安徽五河、灵璧两县开展土改工作②。

除了高校教师，土改干部的另一个重要来源即是民主人士。如：1950 年 10 月 15 日，北京各民主党派人士参加华东区土地改革，一行 40 人抵达上海后，其中 19 人参加了苏南区的土改工作，由民主同盟中委张云川领导，分赴各县下乡工作，直到土改完成，始行返京。其中民盟有张云川、张雯汾、施恩懋、周其相、尹志纯、李武伟、李士林，民革为郭友交、李遇之、刘贵声、张威，尚有农工民主党及无党派等数人。③

解决干部不足，是共产党发动知识分子参加土改的一个重要原因，但借此机会教育他们，争取他们对土地改革运动的理解与支持，从而减少社会震荡，稳固新生政权则是共产党更为深层的用意所在。正如毛泽东所言："民主人士及大学教授愿意去看土改的，应放手让他们去看，不要事先布置，让他们随意去看，不要只让他们看好的，也要让他们看些坏的，这样来教育他们"④；对旧职员而言，积极响应中央号召，踊跃参与土改，除了在一定程度上受制于外在压力之外，主要还是与他们内心深处所存有的"落伍感""原罪"意识有关，因此，积极配合国家政策，力图了解、融入新政权就成了旧职员最真切的想法。

实践证明，从教育旧职员这个角度而言，土改运动的效果远远超出了发动者的期望：知识分子来到乡下后，大都态度积极、热情高涨、废寝忘食，为土改的顺利完成做了大量工作。他们发挥自己的聪明才智，利用戏剧（越剧、沪剧、话剧、舞剧等）、小说（《太阳照在桑干河上》《暴风骤雨》等）、歌曲（《土改花鼓》《长工谣》《组织起来斗地主》《挖去千年老穷根》《民兵组织好》《平成分》《分田乐》《庆翻身》《大家努力来生产》《我侭江山万年长》《毛主席与农民》《红花绿叶两相当》《翻身秧

---

① 《大学教师 122 人下乡参加土改工作》，《文汇报》1951 年 3 月 29 日第 3 版。

② 崔晓麟：《重塑与思考——1951 年前后高校知识分子思想改造运动研究》，中共党史出版社 2005 年版，第 116 页。

③ 《民主人士抵锡参加苏南土改》，《新民晚报》1950 年 10 月 15 日第 1 版。

④ 《建国以来毛泽东文稿》（第二册），中央文献出版社 1988 年版，第 173 页。

歌》）等①多种方式宣传党的土改方针政策，深入群众开展调查研究，了解访问农户家庭情况，而且注意把握村干部的思想、心理变化过程；此外，在开展诸如划分阶级成分、群众诉苦等各类大会时，他们还积极协助布置会场、维持秩序等；经历了与基层干部睡土炕、吃糙米、走村串户、发动群众、召开控诉大会、斗地主、定成分、分田地等一系列规定动作之后，成长于优越环境，从高等学府和政府大院里走出来的旧职员们，逐渐看清了乡村的落后，民间的疾苦，封建土地制度的危害，地主对农民的罪恶盘剥，以及中农面对土改时的摇摆不定和贫农觉醒后的伟大；兴奋、雀跃、激动、痛苦、惶恐、忐忑、内疚、愤懑、怜惜……各种错综复杂情感交织相伴，成为这支队伍特有的心理特征。

正是在复杂的现实与激烈的内心斗争中，他们获得了共产党所期望的政治觉悟，即通过对旧制度的憎恶与鞭挞而认识到了土改的必要性与迫切性，进而对共产党产生了由衷敬佩与认同。恰如某教授所言："以前我只是认识地主阶级封建的土地所有制必须废除，今天我才真正从情感上懂得了阶级仇恨，我完全拥护土地改革。"②谭其骧教授也说道："淮北农民生活之苦，世界上恐怕少有。"在他看来，这一切应归咎于地主阶级的剥削压迫和落后的生产关系"，他痛恨地主阶级，对党的阶级路线和土改政策坚信不疑，希望土改给农民带来新生活；非党非团的他，自第二期土改中被提升至副组长，单独负责一个联防村的工作，说明领导上对他第一期的表现是满意的；回到学校后，他的总结被推为历史系的典型提纲，证明他在土改中的表现得到了肯定，被认为是一位要求进步的教授③。

由此可见，新中国成立之初，以参与者与被改造者双重身份加入土改大军的旧职员，通过实践，体验到了民间疾苦，认识到了土改的必要性、重要性以及共产党的宽容与正义；土改在触及他们内心深处柔软情感的同时，涤荡了其固有的、落后的思想，并使其阶级立场转变，阶级情感转向工农大众。经过土改，不仅是农民，旧职员也深切地感受到了农民翻身做主人的喜悦，以及中国农村生机勃勃的新气象。从这个意义上来讲，新中国成立初期的土改运动对于促进知识分子，尤其是旧职员思想改造，认同

①　刘雪厂：《挖去千年老穷根》（土改歌曲），教育书店出版、联营书店发行 1951 年版。
②　《上海市郊区土地改革总结》，上海市档案馆，资料号：B14-1-21-28。
③　葛剑雄：《悠悠长水：谭其骧前传》，华东师范大学出版社 1997 年版，第 178—179 页。

新生政权，拥护共产党的领导，接受马列主义来讲，具有非比寻常的重要作用；最为关键的是，共产党在此过程中政策运用谨慎、得当，方式温和，因此，所获取的认同完全是心悦诚服的钦佩和认同。

三 支持与拥护（1952—1956）

旧职员们亲眼目睹了新中国成立初期祖国所发生的巨大变化后，在震撼与兴奋之余，也以更加热情饱满的姿态投身于国民经济的恢复，以及社会主义建设的伟业中来，不仅是上层职员，中、下层职员也是如此。

第一，上层职员积极拥护。

上层职员中，积极拥护共产党和社会主义建设事业的，首推有过7天上海市代理市长经验的赵祖康。作为一名市政工程、公路专家，自1945年起，他开始担任上海市工务局局长，新中国成立前夕，他被陈良任命为上海市代理市长。担任代理市长的7天里，他深明大义，积极配合，为接管工作的顺利完成、社会秩序的安定有序立下了汗马功劳。刚刚任职，恰逢台风暴雨袭沪，浦东20多处海塘决口，市区大量积水，78600多亩农地被毁，75000多人受灾，损失极其惨重①；尽管困难重重，但在赵祖康等人的努力之下，护岸终获成功。不久，他又负责上海市棚户区整修、规划、环境改造以及公路扩建工作，为密切西北工业区和东北的联系，新建长寿桥、天目路；辟建西藏北路和河南南路，沟通了南北交通。1954年，他升至上海市规划建筑管理局局长，1957—1983年连续26年任上海市副市长。

除赵祖康外，徐以枋也是一位极力支持中共，拥护社会主义建设的上层职员。他是我国土木工程专家，曾任职于杭州市工务局、上海特别市工务局、南京全国经济委员会公路处等，同时兼任复旦大学桥梁学教授，解放前夕，升至上海市工务局副局长。徐以枋自认为是技术人员，不必卷入政治旋涡，因而，对共产党知之甚少。上海解放前夕，他虽在强烈的爱国热情驱使下，留在上海，迎接解放，但对如何迎接，心中却存有疑虑。然而，解放军的秋毫无犯，不入民宅、老上司赵祖康的继续留任以及陈毅的讲话却令他深受鼓舞。新中国成立后，他担任了上海市人民政府工务局副

---

① 周林：《接管上海大事记实》，载于中共上海市委党史研究室、上海市档案馆编《接管上海》（下卷），中国广播电视出版社1993年版，第89页。

局长。自 1951 年开始，兼任工务局技术处处长，从此积极领导，身体力行，为新上海的市政建设、国防工程建设等做出了巨大贡献。如：龙华飞机场修建，空军飞机跑道扩建、虹桥机场新修，江湾和大场机场改建、重庆长江大桥设计等。对于参与新中国国防建设的经历，徐以枋万分感慨："这样重要的国防工程，肖副部长不但信任我们，让我们放手干，而且在施工中遇到困难也大力帮助解决。在工程上我们都坦率交流，他对我们驻工地技术人员的生活也很关心，使大家感到温暖。"①

类似赵祖康、徐以枋这样的上层职员还有很多，如：中、英文俱佳，国内第一个翻译列宁著作，曾在银行、金融界服务多年，并在国民政府身居要职的金宝国；拥有德国柏林工业大学工学博士学位，曾任同济大学化学系主任、教授等职务的顾敬心等。他们在新社会的感召下，回到了党和人民的怀抱，成为新中国建设道路上，各行各业涌现出的功臣和重要力量。

第二，中、下层职员爱国热情迸发。

促使广大中、下层职员爱国热情迸发的一个重要诱因，是中国人民志愿军在朝鲜战争中的胜利。当朝鲜内战爆发，中国出兵援助时，国内各界人士更多流露出的还是怀疑、担忧、不安甚至是恐惧。如：在医疗系统，个别医务人员在背后造谣："这次是参军，一去不回来"②，上海中德医院的一名护士，更是在公开场合声称："美国唇膏可是很好，盒子不褪色，抗美援朝，还是抗朝援美吧！"③ 在工商业系统，也有人发出"凭什么去同美国作战"④ 的疑问。当我志愿军战士同朝鲜人民军密切配合，"首战两水洞、激战云山城、会战清川江、鏖战长津湖"⑤，经过 5 次战役，将敌军由鸭绿江、图们江边赶回到"三八线"附近时，国内民众开始重新审视共产党。与此同时，他们亦被杨根思、邱少云、黄继光等战斗英雄的

---

① 石鸿熙：《接管上海亲历记》，上海市政协文史资料编辑部 1997 年版，第 74 页。

② 《上海市抗美援朝志愿医疗手术队工作总结》（1953），载于上海市档案馆编《抗美援朝期间上海医务工作者支前档案史料》，第 405 页。

③ 《上海市抗美援朝志愿医疗手术队工作总结》（1951 年 3 月 14 日），载于上海市档案馆编《抗美援朝期间上海医务工作者支前档案史料》，第 390 页。

④ 侯松涛：《全能政治：抗美援朝运动中的社会动员》，中央文献出版社 2012 年版，第 50 页。

⑤ 习近平：《在纪念中国人民志愿军抗美援朝出国作战 60 周年座谈会上的讲话》，《人民日报》2010 年 10 月 26 日。

英勇壮举深深震撼。

直至 1953 年 7 月 27 日上午 10 时，《朝鲜停战协定》在板门店签订，国内各界人士沸腾了。民众欢欣雀跃，以各种形式表达自己内心难以掩饰的激动心情。叶圣陶在《朝鲜停战协定》签署的当天于日记中写道："今得此消息，我人固感兴奋，世界各国人民亦必欣慰无极，都云今日盖有历史意义之日子也。"[①] 上海的旧职员也不例外，纷纷尽自己所能，表达自己对英雄及其家人的一份敬仰与爱戴之情。如：铁路管理局自 1954 年 3 月起，指示全线二等以上的车站在候车室备置座位，悬挂"烈属军属旅客候车"标志，专供烈属军属候车休息；同时，在各二等以上站及各次列车上组织"烈属军属旅客服务小组"，许多烈属军属旅客都感到旅行中的安全和方便，纷纷写信表扬路局员工的服务精神[②]。

的确，无论政治信仰、价值观念如何，爱国主义一直都是中华儿女共同的期许和奋斗目标。美国不可战胜的神话被共产党打破，这无疑极大地提升了中国在国际舞台上的政治声望，也直接推动了国内各界民众，尤其是旧职员对新政权的支持与拥护，对他们来讲，抗美援朝的胜利，着实是非常了不起的壮举。在抗美援朝精神的感召与鼓舞之下，中国人民的凝聚力、向心力越来越强，爱国热情达到顶峰，民众的主人翁意识得以确立，工作热情也被充分激发出来。

第三，积极投身社会主义改造和建设伟业。

1949 年 10 月 1 日，中华人民共和国成立，经过两年的恢复和休整，我国的经济状况有了明显好转，到 1952 年，"工农业总产值比 1949 年增加了 77.5%，其中农业增加 48.5%，轻工业增加 114.6%，重工业增加 229.7%"[③]。与此同时，为涤荡社会风气，净化社会环境，共产党采取强硬措施禁娼、戒赌、除毒，不良道德风气得以纠正，社会秩序趋于井然，政局逐渐稳固，国家的发展也开始步入正轨。为捍卫民族独立，保卫革命之胜利果实，进而实现国富民强，进入到共产主义社会的目标，建立社会

---

① 叶至善、叶至美、叶至诚编《叶圣陶集》（第二十三卷），江苏教育出版社 2004 年版，第 12 页。

② 《铁路员工为烈属军属服务》，《解放日报》1954 年 6 月 2 日。

③ 孙健：《20 世纪的中国——走向现代化的历程》（经济卷·1949—2000），人民出版社 2010 年版，第 154 页。

主义制度成了此时的首要任务。

从 1952 年 9 月 24 日毛泽东在中央书记处会议上提到"我们现在就要开始用 10 年到 15 年的时间基本上完成到社会主义的过渡，而不是 10 年或者以后才开始过渡"[①]，到 1953 年 12 月过渡时期总路线被完整提出，这标志着中共对如何建设社会主义这一问题探索的不断成熟，同时三大改造的序幕亦被拉开。胸怀着对执政党的认同和对新生政权的美好憧憬，旧职员们奋力投身到这场伟大的社会变革之中。宣传过渡时期总路线时，他们发挥自身优势，自觉争当积极分子、担当起党的宣传员和报告员，深入农村、工厂、资本家当中积极宣讲，破除民众顾虑，使之理解、认同过渡时期总路线；三大改造开展得轰轰烈烈、热火朝天时，旧职员们更是广泛深入社会各行各业、各个阶层，与农民、工人、资本主义工商业者打成一片。在社会主义建设高潮的鼓舞下，各行各业的员工自发团结起来，齐心协力，为顺利完成社会主义改造，促进经济社会快速发展贡献出自己的一份力量。正是因为全国民众万众一心，至 1956 年年底，三大改造顺利完成，国家的经济状况更进一步好转，政治愈趋稳定，社会运转也更加有序。

在初步接受新生政权的情况下，旧职员同广大民众一起，主动或被动地结合起来，团结互助，凝聚力量，为国民经济的恢复和发展贡献出自己的一份力量；当国民经济得以恢复，政治局面趋于安定，社会秩序良好运行时，旧职员内心深处所蕴藏的自豪感和自信心被一瞬间激发出来，喷薄欲出，势不可当，这种自信心促使他们更加自觉地团结在社会主义新中国的红旗下，奋发图强，勇猛直上，在此过程中他们对新生政权的认同感亦得到强化和稳固。

客观来讲，我们可以将旧职员政治认同的心路变迁，看作在社会发展客观规律的不断作用下，转变主体思想，内化国家主流意识形态的过程，它是旧职员在不断参与社会实践，面对外界环境做出各种反应和调适的过程。从新中国成立之日至社会主义改造完成这 7 年，上海的旧职员群体对新政权和共产党的态度，大体经历了观望与彷徨、接受与认同、支持与拥护三个阶段，与此相对应地，他们的政治角色也自觉或非自觉地发生着变化，即：由"超越政治"到"介入政治"再到"世俗政治"。这标志着

[①] 薄一波：《若干重大决策与事件的回顾》（上卷），中共中央党校出版社 1991 年版，第 213 页。

共产党构建政治认同的目标得以实现，在此过程中，我党科学的意识形态教育和社会建设的累累硕果，成为了贯穿过程始终的一条主线，它确保了旧职员在各种角色间得以顺利过渡和转化；当然，与此相对应的则是旧职员爱国主义、民族精神以及经世致用品格的体现。

第二节　改造与抗拒之间：旧职员自杀事件分析

中国共产党代表工人阶级和全国各族人民的利益，自诞生之日，就以拯救劳苦大众为己任。1949 年成功夺取政权后，便开始有步骤、有计划地在政治、经济、社会、文化等领域开展一系列声势浩大的改革运动，以帮助长期以来遭受三座大山压迫和剥削的兄弟姐妹们脱离苦海。而对旧职员的接收、安置，乃至教育和改造，就是其中重要一环。共产党将这些生活濒临崩溃边缘，又惨遭国民党抛弃的旧职员原封不动接收下来，并妥善安置；尽管是"三个人饭五个人食"，但他们终究是有了归宿，这似乎正是共产党将其拯救劳苦大众之誓言付诸行动的表现。然而，被拯救的各位兄弟姐妹又是如何看待共产党的营救行动呢？在此过程中，他们是如何回应，自我调适的呢？

虽然作为弱势群体，旧职员没有实质性的发言权，但倘若换个角度，我们依然能够倾听到他们独特、响亮的声音。实际上，在共产党改造旧职员，力图将其塑造成新型政治认同体的过程中，他们并非是一个悄无声息的群体，而是随时随刻以各种特殊的方式宣布着自己的存在，很多时候，甚至是在以付出生命的代价来宣泄心中的愤懑与不满，来与当权者抗争。本节通过旧职员改造过程中的若干特殊性事件，来展现作为"弱者"的他们如何言说与倾诉自我，以及其中诸多纷繁复杂的关系。

一　新中国成立初期上海旧职员自杀概况

所谓自杀，是指"任何由死者自己完成并知道会产生这种结果的某种积极或消极的行动直接或间接地引起的死亡"[①]。新中国成立之初，自杀的发生率较高，既有因贫穷、疾病、婚姻、家庭问题引发的自杀，亦有社会运动引起的自杀，更有政治风暴带来的自杀行为。从自杀的主体来

---

① ［法］埃米尔·迪尔凯姆：《自杀论》，冯韵文译，商务印书馆 2001 年版，第 11 页。

看，范围非常广泛：从底层民众，如无业游民、妓女，到普通百姓，如家庭妇女、工人、职员，再到昔日上流社会的活跃分子，如资本家等概莫能外。共产党在改造旧职员，将其塑造成新型政治认同体的过程中，也有自杀现象发生，尤其是在"三反""五反"运动中，自杀行为更是达到了高潮。

据统计，在上海，自"三反"运动开始至1952年7月，有763人企图自杀，其中323人身亡，440人未遂[①]；但根据档案资料，笔者估计真实数据要大于这一统计。据纺管局所属各厂和工业部所属11个工厂粗略统计，因贪污问题畏罪自杀者有66人[②]；另据水上区公安局的调查，该区有90人因"三反"而自杀[③]。1952年3月正值"三反""打虎"高潮之时，上海在仅仅3月13—23日11天时日里，即有60人自杀；四川江津地区有58人自杀；西北地区自杀者有9人，3人毙命，其中跳楼1人，吊颈5人，刀割3人；在青岛，自杀与被打死的人达到172人[④]。"五反"运动时，上海1月只有3人自杀；而到了2月，人数急剧上升，仅2月12—15日4天时间，就有22人自杀，整个2月共73人自杀身亡[⑤]，"整个'五反'运动期间，上海共发生446起自杀事件，死亡人数206人。"[⑥]

如何看待这些自杀行为？广大旧职员为何以如此极端的方式结束自己的生命？下文尝试略做探讨，冀以窥斑见豹。

二　个案呈现

1. 刘大杰跳黄浦江自杀事件

刘大杰，男，1904年生于岳阳县十步乡庙升塘，我国著名的作家、

---

① 《上海增产节约委员会关于上海基本情况统计》，上海市档案馆，资料号：B13-1-44。
② 《在"三反"运动中，贪污分子自杀，享受劳动保险待遇的几项规定》，上海市档案馆，资料号：B26-2-882-9。
③ 《上海市水上区人民政府关于上海市水上自杀案件统计表》，资料号：B59-1-17-69。
④ 杨奎松：《毛泽东与"三反"运动》，《史林》2006年第4期，第65—66页。
⑤ 《上海市工商行政管理局关于上海市1953—1957年社会商品零售计划草案（私营部分）》，上海市档案馆，资料号：B182-1-573，第3、144页。
⑥ 熊月之主编，陈祖恩等著：《上海通史》第11卷当代政治，人民出版社1999年版，第72页。

翻译家、文史学家。曾任上海大东书局编辑、安徽大学教授、四川大学中文系主任、上海临时大学文法科主任、暨南大学文学院院长以及复旦大学中文系主任。他早年研究和翻译欧洲文学，后开始致力于古代文学研究，并尝试运用西方社会学、进化论的观点来解释中国古代文学的相关问题，代表作品有《德国文学概论》《托尔斯泰研究》《易卜生研究》等。

"三反"运动之时，刘大杰正是复旦大学的一名教授，兼任中文系主任。作为沪上知名教授，风流倜傥、极富浪漫主义性格的他，在突如其来的政治风暴面前，完全没有意识到这场运动的猛烈，依然保持着平时讲话的习惯：虚虚实实、喜欢夸张。有过小说创作经历的刘大杰不仅研究过西洋文学，还写过评论表现主义的专著，因此，对欧洲的情况，尤其是德国和法国的情况非常熟悉，于是，在与学生神侃之时，他装出了一副有过欧洲游历经验的派头，大谈特谈柏林风光与巴黎名胜古迹。

待进入检查阶段，学生开始揪他的小辫子，质问他在欧洲有何作为，干过什么勾当。由于刘大杰只是东渡日本，从未到过欧洲，当然不知如何交代。极爱面子的他，被当众拆穿之后，自觉羞愧难当，下不来台，一时想不开，便奋力一跃，跳入了黄浦江。所幸他跳江之时正值白天，河段位置人流量较多，立刻被人打捞了上来。刘大杰跳江事件，已成为复旦一大逸闻，但凡老人们谈起新中国成立之初的思想改造运动，必然要提及此事①。

2. 殷纪常自杀事件

殷纪常，国民政府统治时期曾任金城银行上海分行经理一职（权力仅次于周作民），上海解放时，留在了大陆。共产党号召公私合营时，他积极响应共产党号召，与政府合作，在当时中国最大的脚踏车零件厂，首推公私合营制度。为配合共产党在上海银行界开展工作，他率先邀请当时任新华总社总编辑的范长江来行向职工发表演讲，"五反"运动时，因承受不了工作组和职工们车轮战式的询问，而选择了自杀②。

3. 陆逸智自杀事件

陆逸智，曾有过赴美留学经历，解放后任上海铁路管理局材料处计划科科长一职，"三反"运动时，被检举有过贪污罪行，1952年1月16日，

---

① 吴中杰：《复旦往事》，复旦大学出版社2012年版，第11—12页。
② 华明：《三反五反的剖视》，友联出版社1952年版，第68页。

陈逸智情绪很不稳定，副局长吴良珂与政委谭光启与其谈话，向其讲解"坦白从宽"的道理，并说明，可以只向个别负责同志坦白，并非必须要在全体群众中"承认错误"。陆听后极为感动，但回到宿舍后，依然坐立不安，在万般焦灼的情况下，服用 DDT 自杀，但所幸被同事发现，经急救后保住了性命。①

三　共产党的应对之举

面对日益增多的自杀事件，共产党在采取紧急措施的同时，广泛开展宣传教育活动，以达到杜绝自杀行为、树立威信的目的。

1. 出台紧急措施

据香港人华明在《三反五反的剖视》中的记录，面对日益增多的自杀行为，共产党很快出台措施，防止自杀事件继续蔓延，产生更多不良后果。

A. 公园及僻静之区，均派兵检巡，不准行游之人逗留。B. 黄浦江岸偏僻之处，筑上竹笆，要××之地，均有解放军站岗防守，黄昏以后即不准人行进江边。C. 各马路高楼顶上站岗防守，又因有从四层以上楼窗跳下者，乃发令三层以上之楼窗均装置木栏与铁丝网。D. 凡以自杀逃避"五反"运动者之公司行号器物财产一律充公，丝毫不留，借以胁迫其家属为之监测。除此，更加紧发动群众，鼓动员工，一面积极予以训练，一面督令严密防范，凡重要目标，派人跟陪，寸步不离，虽寝食便漱，亦不放松。②

尽管我们无法考察上述材料是否完全属实，但可以肯定的一点是：毛泽东等党的领导人已经意识到了自杀事件的增多，不利于中共政治威信的树立和构建旧职员政治认同目标的顺利实现，因此，有必要调整正在推行的政策，以便更好地进行旧职员改造工作。

---

① 《上海二期失业登记中发生自杀事件四起》，1952 年 1 月 16 日，第 118 页。转引自谢泳《1949—1976 年间中国知识分子及其它阶层的自杀问题》，香港大学中国研究服务中心（http://www.usc.cuhk.edu.hk/PaperCollection/Details.aspx? id=1347）。

② 华明：《三反五反的剖视》，友联出版社 1952 年版，第 67 页。

2. 开展宣传教育活动

宣传教育的内容以党的宽大政策与政府的宽容胸怀为主，具体形式以典型教育法居多。以"五反"运动期间，上海市政府的宣传教育工作为例：

在上海，"五反"运动开始后，市委宣传部积极行动，制订了详细周密的工作计划，对"五反"宣传工作的要求、宣传队伍构成、宣传工作的步骤、组织领导机构、纪律等方面进行了统一部署①。对于宣传步骤，明确分为"三步走"战略。第一步即"第一战役"时期，宣传工作主要以组训队伍、准备材料、重点突击为主；具体做法是召开市、区两级宣传会议，组建宣传队伍，制订计划，确定宣传内容、步骤、方法等具体要求，并准备各种宣传材料。第二阶段则开始全面出击，具体做法是：充分利用报纸、广播等媒介以及口头宣传教育的方式，揭露资本家的罪行。第三阶段则重点宣传共产党处置反动分子的结果，宣讲共产党政策之伟大，政府宽容大量，以及资本家本人坦白罪行，感谢拥戴政府的心得体会等，以此达到教育群众，争取群众的目的②。

通过梳理"五反"运动期间的《人民日报》《解放日报》《文汇报》与《新民晚报》可以发现，这一时期关于资本家罪行及其自杀性事件的报道非常密集，完全可以用触目惊心、连篇累牍等字眼来形容。以当时刊登于《文汇报》和《解放日报》的两则材料为例。

材料一：没勇气重新做人 特务吴子山自杀

上海铁路局自开展反动党团特务分子的登记工作后，大多数反动党团特务分子均能体念政府宽大政策，抛掉顾虑，纷纷报到登记。但也有少数执迷不悟的反动分子迟迟不登记，进行造谣破坏，或恐吓同伙自首。路局上海电力机械厂钳工帮匠吴子山本为中统特务组织的主要爪牙，在这次申请登记过程中，自知罪大恶极，而又不敢坦白悔过，并受特务威吓不敢检举，因此没有勇气重新做人，于本月五日下午在家畏罪服毒自杀，可耻地自绝于人民。

吴子山曾任该厂伪党十九区分部委员，伪正气社干事及伪黄色工

---

① 何永红：《"五反"运动研究》，中共党史出版社 2006 年版，第 133—134 页。
② 同上书，第 134—135 页。

会委员等职。在反动派时代，作威作福，危害、压迫、剥削该厂员工；写黑名单，恐吓陷害，包下北站的红帽子拿回佣，强占伪工会会费，无恶不作。工友们说："那时，谁不怕他？动不动就发火骂人，连洗脚水，都是叫学徒去倒的。"上海解放时，两路特务头子王大光临走开秘密会议作潜伏布置，吴子山就参加了这个会议。

这次登记法令公布后，他坐卧不安，不敢登记。朋友们劝他自新，他却说："你们全是假面具！"根据他老婆事后反映说："他曾几次说登记要交证件，还是一死了之。"又说："最近好像有人钉牢我！"这是说明了一个缺乏勇气悔过的人，屈于特务的威吓而又不敢检举的心理。五日上午，吴子山终于向登记处报到，但不肯交证件给组织。登记处人员劝他"回去好好考虑，只要坦白，政府会宽大待你的"。在回家后二小时，吴即服酸钠自杀。他妻子说：在离登记处后，他就遇到匪特的威胁："吴子山你坦白了？好！好！好！"就这样，吴子山背着肮脏的政治包袱，走上了自绝于人民的道路①。

材料二：奸商苏锦芳勾结警士行窃　企图灭口竟怂恿同谋者自杀

本市西藏南路三五三弄廿一号奸商苏锦芳（又名苏阿银），解放后勾结水上公安分局留用警士黄养泉，先后将分局查获的鸦片六十两、白粉三十两，以假换真，偷盗了去。"五反"运动展开以来，黄养泉畏罪，就去问苏锦芳："究竟坦白呢还是隐瞒？"苏即果断地说："无论如何不能坦白，如果坦白了，不但我俩不能活，也害了很多旁的人。""不坦白又怎么办呢？"黄养泉想来想去没有出路，他即决意自杀。苏锦芳看到黄要自杀，暗暗自喜。因为只要黄死了，他的罪恶再也无人揭发，再也不会受到惩办。因而他就很快地设法找到一包毒药，交给黄养泉去吃。吃毒药是一件痛苦的事情，黄考虑了几天，终于渐渐地觉悟到奸商苏锦芳的阴谋，又加上分局领导反复动员坦白、立功自赎，他就把这件事情向领导坦白了。就此，他俩的"攻守同盟"就不攻自破了。奸商苏锦芳现已被逮捕法办。

从这件事情可以看出：不法商人是如何的阴险毒辣，他为了隐藏自己的罪责，狠心把别人置之死地。我们必须从这一事件中接受教

---

① 《没勇气重新做人　特务吴子山自杀》，《文汇报》1950年12月11日第3版。

训，深刻认识奸商损人利己的本质。

本市十六铺水上分局江阳①

材料一刻画了吴子山这样一位没有勇气自首，由于"对自己没信心"（在笔者看来，更多地是对新政权没信心，对个人的前途和命运感到希望渺茫），最终走上不归路的旧职员。材料二则通过旧警员与资本家两个角色之间的互动，揭示了资本家的丑恶，以及旧警员迷途知返，走上正途，获得新生的过程。两则材料虽然内容不尽相同，但实质是一样的，他们都具有很强的暗示意义，成功传递了执政党的基本立场和要求：其一是坦白从宽，抗拒从严；其二是跟党走是最为明智的选择。

事实上，类似这样的报道还有很多。在笔者看来，这是共产党战略战术的一种考虑：通过铺天盖地的报道负面事件，让整个社会处于一种高度紧张的氛围当中，不仅是未被揭发出来的资本家，甚至是普通职员也都在强烈的政治压力下开始反观自我。与此同时，又反复宣传党的宽大政策，这在无形中就树立起了共产党的政治威信，从根本上来讲，这有利于中共获取社会成员，尤其是旧职员的政治认同目标的顺利实现。

四　对自杀事件的几点认识

"自杀是一种特殊的社会现象，它跟种族、遗传因素、个人素质、心理状态、精神病、自然条件、气候变化无重大关系，而跟社会环境，其中包括经济危机、政治危机、社会动荡、改朝换代、工作变迁、生活变化等密切相关"②。实际上，从疯狂到绝望只有一步，自杀，就是脆弱到了极致。无论是发展中国家，还是发达国家，无论是在新中国成立之初，还是民国时期，甚至是现在，自杀行为一直都存在。就新中国成立初期旧职员的自杀行为而言，可以从以下方面来认识。

1. 它是现代社会的急遽转型所产生的负面效应

国内学者忻平认为："向现代化的急遽转型，使得上海在伴随着进步与发展的同时而产生出一系列以社会抗拒为主题的社会问题。无论在西方

<hr />

① 《奸商苏锦芳勾结警士行窃　企图灭口竟怂恿同谋者自杀》，《解放日报》1951 年 12 月 21 日。

② ［法］埃米尔·迪尔凯姆：《自杀论》，冯韵文译，商务印书馆 2001 年版，第 2 页。

还是东方，这是一种普遍现象，它根源于社会总结构的变化。"① 社会结构的变迁、转型、分化、解体，所造成的最一般负面效应就是社会问题数量的增加与领域的扩大。

社会问题，也被称作社会失调或社会反常行为，它往往发生于特殊的时空背景下，与个人生活环境的变化密切相关。而自杀行为即是社会转型之际所发生的一种社会失调现象。一旦有威胁到社会成员价值观的认同、切身利益的保障与生存条件时，"个人烦恼"很容易就演变为"社会烦恼"。一般而言，社会转型总要付出一定的代价，而这种代价最初往往由社会成员所承担，但当社会成员无力承担这种代价时，就会由内心深处滋生出一种抗拒行为，事实上，这是一种本能的、无奈的抗拒行为，也即社会转型期的阵痛，作为政府，其责任就在于减少阵痛与伤害。

1949年，旧制度趋于灭亡，新政权刚刚建立，处于新旧交替之际的旧职员，个体的适应能力和心理承受能力不尽相同，因此，在遭遇来自外界压力的强烈冲击时，他们的应对方式也就不尽一致。"物竞天择，适者生存"，能够积极调适自我、适应新生政权的职员，在经历了新中国成立初期共产党所开展的各项教育、改造活动之后，迅速成长，实现蜕变，走上了社会主义道路，成为社会主义制度下的光荣劳动者；然而，那些心理承受能力差，无法调适自我适应新生政权，或是对国家未来的发展道路和方向，以及社会主义制度不抱信心的人，则在激烈变动的社会中惨遭淘汰，逐渐被边缘化，甚至脱离了社会发展的正常轨道。对于那些以死了断自我的旧职员而言，即是如此。

2. 它是"制度"与"生活"相互作用的一种结果

在此，"制度"是指"国家及其代理人所构建的各种社会管理制度"，而"生活"则是指"社会人的日常的生产生活以及在这个过程中所产生出来的互动空间"②。"虽然国家层面的制度同日常社会生活相距遥远，但是，制度和生活之间始终是相互渗透的，没有不受生活影响而完全独立运作的制度，同样也不存在不受制度作用而纯粹自发和自然的生活，生活领

---

① 忻平：《从上海发现历史：现代化进程中的上海人及其社会生活》（1927—1937），上海人民出版社1996年版，第554页。

② 李友梅、黄晓春、张虎祥等：《从弥散到秩序"制度与生活"视野下的中国社会变迁》（1921—2011），中国大百科全书出版社2001年版，第10页。

域所形成的非正式制度在某些时候会转化为正式制度的内容，反之亦然"①。

对于初为执政党的中国共产党而言，加强组织和制度建设，整合趋于"弥散"社会生活，进而巩固新生政权，是其面临的紧迫任务。于是，1949—1956 年，共产党积极利用其掌控的各种资源，不断加强对社会的整合和管理，力图将各种散漫的社会生活纳入统一、有序的轨道之中。由此，经济、政治、社会、文化等各个领域内翻天覆地、全方位、多种形式的改造接踵而来。总体而言，共产党建立起了适应生产力发展要求的制度框架，成功安排处于社会生活中各类群体的生活。但在此过程中，制度失效的情况亦有发生，如上文所提旧职员自杀性事件。

对于拥有技术，业务能力强的旧职员群体，共产党非常重视，长久以来将积极争取与利用他们作为自己各项工作的出发点，然而，由于他们自身的小资产阶级性质，使中共不得不对其开展各种形式的思想教育与改造活动，"三反""五反"便是其中一种，当然，这是一种方式较为激进、猛烈的制度安排。作为改造者而言，国家的主观愿望当然是将旧职员改造成顺应自身统治需求，认同和拥护自己的社会主义劳动者，但面对比较激烈的制度安排，作为被改造者的旧职员，并非只是简单地顺应制度，而是出现了"当外来的制度把自身的逻辑强加于地方性生活上，企图改变其运行逻辑时，必然引起后者的激烈反抗，改变甚至消解这些制度"② 的情况。因此，对于处于弱势地位的旧职员而言，他们便采取了自杀这种非常极端的反抗方式。

第三节 一体化与多样性：思想政治教育与政治认同

思想政治教育与政治认同之间存在着极为密切的关系，一方面，政治认同是思想政治教育的重要目标取向；另一方面，思想政治教育是实现政治认同的重要途径。新中国成立初期，中共在改造旧职员，将其塑造成新型政治认同体的过程中，始终不忘对该群体进行思想政治教育，无论是在

---

① 李友梅、黄晓春、张虎祥等：《从弥散到秩序 "制度与生活" 视野下的中国社会变迁》(1921—2011)，中国大百科全书出版社 2001 年版，第 10 页。

② 同上书，第 10、13 页。

政权初建，抑或是社会主义总路线的宣传、教育，甚至是社会主义改造时期，都是如此。1956 年社会主义改造顺利完成，标志着旧职员赖以存在的社会根基不复存在，中共在客观上已然成功获取了该群体的政治认同。然而，根基的铲除，并不意味着对该群体思想政治教育工作就此结束，社会主义制度确立后，共产党对该群体进行思想政治教育的工作依然存在，只是内容和重点发生了变化，此时的中共已将工作重心放在了如何帮助他们树立正确世界观、人生观以及价值观等问题上。

一　思想政治教育与政治认同间的关系

思想政治教育与政治认同之间存在极为密切的关系，主要体现在以下两方面。

第一，政治认同：思想政治教育的重要目标取向。

政治认同是社会成员对现存政治体系的一种正向度的情感、态度和行为，关乎到政权的稳固和政党政治的发展。它是政治体系凝聚力的基础，是政治体系获得无条件支持的力量源泉，更是"重要的社会黏合剂，哪怕时局艰难，内讧纷起，它也能使政治系统保持自我集聚"①。作为一项政治实践活动，政治认同受到社会多种因素的影响，具有不同的表现状态和价值特征。

思想政治教育是指"一定的阶级、政党、社会群体用一定的思想观念、政治观点、道德规范，对其成员施加有目的、有计划、有组织的影响，使他们形成符合一定社会、一定阶级所需要的思想品德的社会实践活动"②。从内容来看，它包括思想教育、政治教育、道德教育、心理教育等，其中思想教育是先导，政治教育是核心，道德教育是重点，心理教育是基础③。

从总体上而言，思想政治教育的价值在于促进社会和人的全面发展，但它并非是包治百病的灵丹妙药，在现实生活中，它的存在和功能的发挥有着一定的边界范围。因此，尽管思想政治教育承担着多项使命，具有多

---

① R. 道森、普鲁伊特·K. 森：《政治系统和政治社会化》，《世界经济与政治论坛》1988 年第 3 期，第 35 页。

② 张耀灿等：《现代思想政治教育学》，人民出版社 2001 年版，第 6 页。

③ 同上书，第 179—181 页。

样社会价值，但由于政治教育在其中居于核心地位，这就决定了思想政治教育的根本目标和任务是传播政治理论，普及政治价值观念，让受教育者在接受教育的过程中，建立起坚定的政治信念、政治价值观以及相应的行为规范，提高社会成员对现存政治体系的认同情感，成为统治阶级所需要的"政治人"。从这个意义上来讲，政治认同就是思想政治教育的重要目标取向。

第二，思想政治教育：实现政治认同的重要途径。

思想政治教育具有强大的政治社会化功能，是实现政治认同的重要途径。简言之，政治社会化即人在政治生活中的社会化，其含义是指社会中的个体通过学习政治理念、政治文化，培养政治情感、政治立场，形成一定政治意识和政治行为能力的过程。实际上，政治社会化是一个个体和社会互动的过程①。

从个体层面来看，政治社会化考察的是个体由"自然人"转变为"政治人"的过程，即个体如何接受政治文化，转变政治态度，树立政治观念，培育政治行为的过程；从社会角度来看，主要是研究统治者如何传播政治文化、进行政治教化、通过各种途径将其信奉的政治价值、政治取向、政治行为模式等传递、推介给社会成员，使其很好接受，并力求在此过程中获取社会成员的支持和拥护②。

思想政治教育具有重要的政治功能，即政治社会化的功能。其含义是指在某一特定社会系统内，社会成员由自然人、社会人转变为政治人的过程中，思想政治教育所发挥的实际作用。"思想政治教育在传承政治文化、习得政治知识、塑造政治人格、构建政治价值、维系政治系统等方面的作用和重要影响"③。如在政治社会化的过程中，思想政治教育能为个体提供政治信息、传授政治知识，保证公民个体政治社会化的方向，促使公民个体形成政治价值观念等。

作为整合社会意识、规范社会成员政治行为的实践活动，思想政治教

---

① 马振清：《中国公民政治社会化问题研究》，黑龙江人民出版社 2001 年版，第 8 页。

② 方旭光：《政治认同：思想政治教育的目标取向》，《思想理论教育》2006 年第 1 期，第 7 页。

③ 储著斌：《思想政治教育的政治社会化功能研究》，硕士学位论文，武汉大学，2005 年，第 8 页。

育是任何一个政治系统得以维持而不可或缺的重要基础。新中国成立初期，在构建旧职员政治认同的全部历程中，共产党始终坚持思想政治教育，无论是在工作顺利有序开展，还是遭遇困难与波折的时期，思想政治教育始终发挥着强大的、不可替代的功效。

二　社会主义改造铲除根基前后的思想政治教育

（一）广泛深入宣传和学习党在过渡时期的总路线

经过全国人民的努力，至 1952 年年底，我国完成了国民经济恢复的伟大任务。为了适应历史发展的新形势，1953 年 6 月 15 日，毛泽东提出了党在过渡时期的总路线和任务，后经中央多次讨论，当年 12 月形成了对社会主义总路线的完整表述，即"从中华人民共和国成立，到社会主义改造基本完成，这是一个过渡时期。党在这个过渡时期的总路线和总任务，是要在一个相当长的时期内，逐步实现国家的社会主义工业化，并逐步实现国家对农业、对手工业和对资本主义工商业的社会主义改造"[1]。与此同时，毛泽东还强调，"这条总路线是照耀我们各项工作的灯塔，各项工作离开它，就要犯右倾或'左'倾的错误"。[2]

总路线提出后，党中央首先针对党内高级领导干部开展了宣传教育活动，于是，全国财经工作会议、全国组织工作会议等相继召开，在会上中央传达和讨论了如何很好地执行总路线，并将其贯彻到底等问题。一系列会议的召开强化了领导干部对总路线的重视程度。接下来，广大基层干部相继投入到学习和宣传总路线的活动中，最后宣传活动逐步在广大群众中普遍展开，全国各地、各行各业掀起了学习和宣传社会主义总路线的热潮，参与其中的很多人都是旧职员。

如在上海，市委、市政府高度重视，广泛号召与领导了各行各业的民众开展了宣传学习活动，这不仅有效提升了广大群众尤其是旧职员的政治觉悟和理论修养，更重要的则是为正在进行的社会主义改造事业的顺利推行，奠定了坚实的群众基础和思想保障。为了更真切地了解社会主义总路线的宣传和学习情况，以及在此过程中广大旧职员的心理变化，现以华东化工学院为例，对该问题做一简要分析和说明（见表4-3）。

---

① 《毛泽东文集》（第六卷），人民出版社 1999 年版，第 316 页。
② 同上。

表 4-3　　　　　　华东化工学院教职工学习过渡时期总路线基本
情况一览（1953）

时间	人数	学习方法
1953 年 10 月 20 日 至 12 月 6 日	251 人，占教师总数（262 人） 的 95.8%	听报告、自学、小组漫谈等

资料来源：本表根据《华东化工学院教职员对〈中国革命史〉第六单元——过渡时期的总路线总任务学习总结报告》编制，上海市档案馆，资料号：A26-2-217。

第一，学习基本情况。

华东化工学院于 1953 年 10 月 20 日起，针对本校教职工展开了"过渡时期的总路线"宣传教育活动，本次学习共持续了 7 周，至 12 月 6 日结束。全院教职员共计 262 人，自愿报名参加者有 251 人，占教职工总数的 95.8%[①]。

在组织领导方面，总的来讲，以党委为核心，同时还吸收了院行政、工会、系主任与教授代表等 17 人组成了院学习委员会，以张江树院长、余仁同志为正副主任委员，下设办公室负责具体工作。除此之外，还聘请了教师中的党、团员 6 人为学习委员办公室干事，以负责各个小组的具体学习工作，如思想和组织动员、向上级汇报学习基本情况等[②]。

关于学习方法，有听报告、自学以及小组漫谈等形式，主要以听报告和小组漫谈为主，在共计 7 周的学习期间里，赴市里听报告有四次（教授、讲师四次，助教三次），自学阅读文件一周半，小组漫谈讨论三周半（每周 3 小时）[③]。

关于学员的学习态度。总体来讲，广大学员表现较为积极，参与热情很高。如吴志高教授除了坚持参加教师学习活动以外，还积极听取该校为学生组织的报告，有时甚至站在教室外面旁听；每逢有去市里听报告的机会时，讲师和助教都热情高涨，积极争取。当然，也有少数人态度比较冷淡。如有的教师抱怨首长所做报告时间太长；有的教师无法正视政治与业务学习的关系，一味地强调业务学习，而轻视政治学习的重要性[④]。

---

① 《华东化工学院教职员对〈中国革命史〉第六单元——过渡时期的总路线总任务学习总结报告》，上海市档案馆，资料号：A26-2-217。

② 同上。

③ 同上。

④ 同上。

　　第二，学习初期广大教师思想上的困惑。

　　以陈毅市长的第二次报告为界，7 周的学习大体可以分为两个阶段：第一阶段以领会精神和暴露思想为主；第二阶段的重点则是深化了解政策和解决思想问题。

　　在第一阶段，对于自我批评以个人暴露思想的做法，很多人表示出了极大的顾虑，不敢发言，尤其是在关于农民问题的认识上。如物化教研组有的先生听了陈毅的报告后说："陈市长对梁漱溟的批判好像是对我们谈的。"无机系小组有的先生在发言时再三声明，"我对农民生活问题的看法不对"。各小组组长发现这一问题后，即刻召开了会议，经过研究，调整了工作思路，引导大家积极发言，袒露心声，在共产党宣传干事的循循善诱之下，广大教师开始自我坦白，较好地暴露了个人思想上的困惑，主要体现在以下三个方面。

　　其一是个人利益与国家利益、短期利益与长远利益的关系。

　　学习初始阶段，大多数人都承认社会主义工业化是对的，而且也承认工业化的道路，首先应该是重工业，然而当讨论到计划供应问题时，就产生了很多问题。如有的教师提出："我国的经济建设是为了提高人民的生活水平，且《人民日报》社论上也说：人民的生活一年比一年上升，而事实上现在人民吃标准米、标准面，有些食品受限制，这是否与社论有矛盾呢？"有的说："总路线在理论上虽搞通了，但在具体问题上还有些距离的，要贪图生活上的享受，有时不免要发发牢骚。"甚至有的说："假如标准米有缺点，吃了对身体有害，耽误了工作不是得不偿失吗？"还有不少人对首先发展重工业还是轻工业的问题发生了怀疑，指出"为了避免吃标准米、标准面，不致使生活紧缩，何不先发展几年轻工业，让大家生活过得好一点，再发展重工业，这不是两全其美吗？"①

　　其二是对于社会主义与资本主义的界限认识不清。不少教授站在资产阶级的立场上说话。如李世瑞教授说："我有时与资本家谈天，资本家则说现在社会主义改造不改造都一样，虽然说私营工商业有合法利润，但生产出来的利润又不能拿到手，仅是在纸面上打圈子。"顾振军则说："某次我遇到资产阶级朋友——电机厂老板愁眉苦脸地告诉我：厂太小了，公

_____

① 《华东化工学院教职员对〈中国革命史〉第六单元——过渡时期的总路线总任务学习总结报告》，上海市档案馆，资料号：A26-2-217。

私合营国家大概不会要我们的，厂里的职工最近在学习'如果厂公私合营了自己应做什么准备'的问题，许多职工表示也不愿公私合营，怕减薪水。职工说：若厂要进行公私合营，我们就立即离开厂。因此说公私合营的主要阻碍不是老板而是职工。"在第一次学习中，顾振军还说："中华人民共和国成立时曾说五种经济同时存在，为什么现在要取消私人资本?"①

其三是不明确总路线与教育工作者的关系问题。如张震旦先生说："总路线的学习对我们没有什么关系，这主要是搞资产阶级的思想，因总路线与我们没有什么矛盾。"有的人甚至将资本主义工商业的社会主义改造与文教界的思想改造混为一谈。如陶延桥先生说："对资产阶级的改造想起来是马马虎虎的，一定不会像教育界的'三反'思想改造那样厉害，最近医生思想改造就很马虎。"②

第三，学习结束，迷惑思想廓清，社会主义觉悟逐步提升。

鉴于广大教师思想上存在的以上迷惑，华东理工学院党委组织领导班子，认真研究，积极探索，寻找造成上述问题出现的原因，并有针对性地加强了宣传教育的力度。待学习结束之时，不仅全院教职员的理论认知水平有所提升，其对教学工作的热情和责任感也被大大调动起来。这为总路线的贯彻和社会主义改造事业的有序推进奠定了坚实的基础。

其一是通过总路线的学习开阔了教职员的眼界，鼓舞了其前进的信心。如有机教研组梁世懿说："过去眼光短，看的范围小，通过这次学习，才知道已进行社会主义革命。"接着批判自己解放后进步太慢，并表示今后绝不应当让党拖着走，而应参加进去。有机工业系陆静荪先生说："学习了总路线，对今后的道路更明确了。"朱正莘先生说："在学习总路线之前，对为什么说总路线是灯塔不明确，现在认识到它是一条光明大路，指出了我们的任务和努力的方向。总路线和我们高等教育的关系也已明确，因此对教书感到更愉快，更能积极地去工作，自己的责任心也提高了。"③

---

① 《华东化工学院教职员对〈中国革命史〉第六单元——过渡时期的总路线总任务学习总结报告》，上海市档案馆，资料号：A26-2-217。

② 同上。

③ 同上。

　　其二是对社会主义工业化道路有了比较正确的认识。如分析教研组的教师说："资本主义是建立在对外的掠夺，对内的剥削基础上的，是从发展轻工业开始，它的目的是为了追求利润，实行经济上的垄断，工业化的结果是造成人民生活的更加贫困，这条道路显然对我们是行不通的。"化工原理教研组丁健椿先生说："帝国主义存在，它也不允许一个半殖民地的国家发展成资本主义的国家，为了国家经济的独立，国防的巩固，更快地实现工业化，我们必须走社会主义工业化的道路。"①

　　其三是个人的工作责任心和积极性被极大地调动起来。如物理教研组周昌寿先生说："目前建设人才非常缺乏，培养重化工人才就是我们的任务，所以必须钻研苏联教材提高自己的业务，加强政治理论学习，并经常了解同学学习情况，研究与改进教学方法和内容，为培养符合规格的建设人才而努力。"有机工业系小组陆静荪先生在讨论时说："过去对同学前途不够关心，现在要能保证同学的质量。"无机教研组有的先生表示："必须努力学习俄文，做到不掉队，在寒假期间并保证每天学会四十个生字。"并说："通过学习觉得过去没有做什么事情，而现在快到社会主义了，应当多做些事情。"另外像马列主义教研组有的先生通过学习后也表示今后备课时应做充分准备，加强讲课的战斗性和思想性，更好地培养国家干部。②

　　其四是对精简节约服从国家计划的思想大大地提高了一步。如物化教研组陈之霖教授说："本来我感到校舍、实验室太小，现在觉得还不错；在教研组的购买仪器方面，经过计算后我们就能节约八千万元，今后我们对实验室必须实行定期检查，避免浪费。"很多人表示为了实现社会主义，生活上再苦一点儿也高兴。如有机教研组汪巩先生说："过去只想提高生活水平，至于将来如何则不明确，为了保证长远利益和将来的更好生活，所以目前就必须艰苦一些。"还有人对国家发行的1954年国家经济建设公债表示积极拥护，另外教学实习科诸葛濂先生在学习中表示愿意减去自己薪水过高的部分。③

<hr>

　　① 《华东化工学院教职员对〈中国革命史〉第六单元——过渡时期的总路线总任务学习总结报告》，上海市档案馆，资料号：A26-2-217。

　　② 同上。

　　③ 同上。

从以上案例可以看出，当共产党大张旗鼓，轰轰烈烈推进社会主义改造伟业时，广大教师对执政党的政策和意志是不了解，也不明确的，连接受过良好教育的教授尚且如此，何况是普通百姓呢？因此，作为执政党的中共，迫切需要展开大规模的宣传动员工作，将自身的意志转化为民众所能接受、且认同的共识，唯有如此，社会主义改造事业才可以顺利推行，其稳固自身的社会基础才可能形成。中国共产党人不负众望，发挥了其思想政治教育的极大优势，促成了这些教师接受与认同党的政策，不仅如此，这些接受了共产党意志的教师们，还在随后开展的社会主义改造事业中，充当起了积极分子，时刻奔赴在宣传总路线的最前线，充当起了社会主义总路线宣传的急先锋，为社会主义改造的顺利完成及社会主义制度在我国的确立立下了汗马功劳。

（二）在三大改造中提高旧职员的社会主义觉悟

根据党所颁布的社会主义总路线，从 1953 年起，我国开始对农业、手工业以及资本主义工商业进行社会主义改造。在此过程中，思想政治教育工作发挥了巨大作用，取得了显著成效。对于昔日的经贸、商业中心上海而言，其资本主义工商业改造任务最为繁重，因此，下文仅以资本主义工商业改造为例，探讨改造过程中思想政治教育的独特作用方式及其效果。

第一，将人的改造同企业的改造相结合。

在资本主义工商业改造中，共产党将马克思主义的普遍原理同中国具体实际相结合，发展了马克思主义，其最具代表性的成果即是将企业的改造与人的改造有机结合。"我们承认总的历史发展中是物质的东西决定着精神的东西，是社会的存在决定着社会的意识；但同时又承认而且必须承认精神的东西的反作用，社会意识对社会存在的反作用，上层建筑对经济基础的反作用。"[1] 正是遵循了马克思主义基本原理，共产党在对私营工商业进行改造时，将企业与人的改造结合了起来。

对于这一做法，许多人起初表示不理解，但经过共产党人反复细致的思想教育后，人们的认识逐渐开始发生转变。如在搪瓷工业合营厂，很多高级职员[2]对此表示可以理解，在他们看来："个人一定要跟着企业一起

---

[1] 《毛泽东选集》（第一卷），人民出版社 1991 年版，第 326 页。

[2] 档案中的资方代理人，如经理、副经理等，在笔者关于旧职员的界定中，他们属于旧职员群体中的高级职员。

获得逐步的改造，个人不改造对企业改造有损差，企业不改造，个人改造不容易，要有人结合社会主义前途来读这个问题。"高级职员华业、林正建说："资本家本质不劳而获，不以自己劳动而依人家生存，到了社会主义时期就不行，所以先要养成劳动观点。"闻瑞昌（泰学）说："企业改造已经成为社会主义的企业了，那么我们资产阶级仍然是一个资产阶级，存在着乘便船思想，即使带过去了，但是身首无处。资产阶级的改造主要是工作上、思想上、作风上，用同舟共济的劳动态度来渡过风浪的袭击而到达彼岸。"袁文源（中华原）说："思想不改造是不可能的，否则跟不上企业，个人改造是思想改造。"资方代理人李雄（新生厂）也说："个人改造应积极搞好生产，这样个人同企业可以同时进入社会主义"。立整（小型厂）资方代理人金沛年说："企业改造结合个人改造搞好企业，要端正自己思想认识的国家利益，勤勤恳恳，搞好工作。"①

第二，分层分类、针对不同群体开展形式不同的思想政治教育工作。

面对共产党所推行的资本主义工商业改造，每个被改造者的思想和态度是不同的。总体来讲，有以下四种。

一是先进分子。他们大都拥护党的政策，愿意接受改造。如荣毅仁等；二是落后分子，他们对资本主义改造态度冷淡，甚至不太情愿；三是坚决抵制改造者；四是中间等待、彷徨观望者，这种类型的人数最多。面对这一实际情况，共产党在坚持"团结、教育、改造"基本原则的基础上，分层、分类，采取不同政策和方法对他们进行教育。

首先，对愿意接受改造的先进分子。共产党大力赞扬，总结典型，广泛宣传，充分发挥其典型示范作用，以带动中间及落后分子。如对于红色资本家荣毅仁带头接受的改造之举，不仅是各类媒体、而且中共领导人讲话中多次被提及。他在改造中所讲"对于我，失去的是我个人的一些剥削所得，得到的却是一个人人富裕的、繁荣富强的社会主义国家。对于我，失去的是剥削阶级人与人之间的尔虞我诈、互不信任，得到的是作为劳动人民的人与人之间的友爱和信任，而这是用金钱买不到的"②，更是被作为光荣典范广泛宣传。其次，对于中间分子和落后分子。共产党对其

---

① 《上海市搪瓷工业同业公会搪瓷工业合营厂资方及资方代理人座谈会》（1955年8月19日），上海市档案馆，资料号：S71-4-162。

② 徐中尼：《访上海资本家荣毅仁》，《新华半月刊》1956年第4期。

采取了积极争取的办法。最后，对于顽固不化的坚决抵制者，共产党采取了分化和孤立政策。

总的来讲，共产党坚持了灵活多样的方式，既团结又斗争，批评与自我批评并用，充分调动起了被改造者的积极性，社会主义改造顺利完成。在此过程中，普通民众，尤其是广大旧职员接受了一次极其深刻的社会主义教育，他们的社会主义觉悟和热情被激发了出来，这使社会主义制度建立后，大力发展经济事业和促进社会文明进步有了更多精神动力和智力支持。

1956 年社会主义三大改造完成，标志着我国正式进入了社会主义阶段，至此，旧职员赖以存在的根基已被铲除。然而，根基的铲除并不意味着其思想被铲除，因为"改造旧的思想意识比改造旧的生产关系更困难些，更需要时间"①；正如毛泽东在七届二中全会上所言："知识分子的改造，特别是他们的世界观的改变，要有一个长时期的过程。我们的同志一定要懂得，思想改造的工作是长期的、耐心的、细致的工作，不能企图上几次课，开几次会，就把人家在几十年生活中间形成的思想意识改变过来。"②

人的思想改造不是一朝一夕所能完成之事，这也就决定了针对旧职员的思想政治教育工作的长期性和复杂性。

---

① 《刘少奇选集》（下卷），人民出版社 1985 年版，第 240 页。
② 《毛泽东文集》（第七卷），人民出版社 1999 年版，第 279 页。

结论　走向社会主义，共产党政策
与旧职员政治认同

　　近代生产力的大发展和社会分工的不断细化，使得职员阶层在我国这样一个二元经济结构特征明显的国度萌生并逐步发展壮大，现代化程度较高的上海更是以其得天独厚的优势成为了该群体适宜成长的温床。经历了二十世纪二三十年代的黄金发展期，一个庞大的中产阶级群体步入了人们的视线，并成为影响社会稳定，推动经济发展，促进社会文明进步的重要角色。新旧社会交替之际，如何才能使这一受过良好教育，掌握专门知识和技能，但小资产阶级特征明显，依附性、动摇性、妥协性突出，政治态度温和，又向往安定生活的社会中间阶层抛弃落后腐朽思想，支持、拥护新生政权？这是共产党亟待解决的现实问题。

　　为此，共产党刚柔并济，采取了一系列灵活方式与手段以获取旧职员的政治认同，在此过程中，旧职员也由最初的彷徨与观望、接受与认同，到最后开始支持与拥护新生政权和共产党，走上了社会主义道路，成为光荣的工人阶级一员。通过多视角、全方位考察这一历程，可得出如下结论。

　　第一，对于共产党而言，坚定不移地从新民主主义向社会主义迈进是其矢志不渝的目标，在此过程中，尽可能贴近旧职员需求，使其政策更具针对性、有效性。

　　从宏观来看，可将共产党为获取旧职员的政治认同所开展的一系列活动大致归入"接管"与"改造"两个密切联系且相互交织的阶段；"接管"时期共产党重点关注的是国民党、国民政府体制内以及官僚资本主义企业中的职员，获取其政治认同时，除了宣传教育与强权作用外，中共更倾向于通过满足旧职员现实利益的方式来开展工作。从根本上来看，这与新中国成立初期错综复杂的国际、国内形势以及中共所面临的紧迫任务是密不可分的。而到了"改造"时期，除了继续对上述群体进行教育，引导其走上社会主义道路之外，民族资本主义企业、私营机构（学校、企业等）中的职员也陆续进入了共产党的关注领域。这一时期，中共构建政治认同的方式更为多样化，除了柔性思想政治教育外，大规模的群众运动，政策、法令、制度等刚性手段被越来越频繁采用。

究其原因，笔者认为，这除了与中共初步在全社会树立起了政治权威、执政效力得以彰显以外，还与国内外形势逐渐发生变化密不可分。正是在刚柔并济，既包括政策、法令、暴风骤雨式的政治运动又不乏春风化雨般劝慰说服等多种方式思想政治教育的共同作用之下，获取旧职员政治认同的目标成为现实。

第二，对于旧职员而言，其政治态度、情感、政治行为等方面发生转变最为根本的因素是其现实利益的满足程度。从某种角度可以说，旧职员对新政权及共产党政治认同的形成是他们在生存理性的支配下，与政治权力互动、博弈的过程。在此过程中彰显出的一个显著特征即是：无论职位高低、从事行业，是否认同新政权及认同程度如何，旧职员内心各种情绪的变化和波动，始终是与他们自身利益诉求和生存需要是否得到了满足，以及这种满足程度的大小保持一致的。利益的获取程度是支配他们对政治权力做出回应的一个关键性决定因素。

当利益得到满足时，他们就开始认同执政党和现存政权，具体表现为支持和拥护现存政权；反之，当他们的既得利益受到威胁或是产生严重的被剥夺和被抛弃感时，他们则会怀疑、排斥，甚至是以非常极端的方式与现存政权抗争，从学理的意义上来剖析，这是旧职员对共产党政治认同程度降低的现实表征。

第三，1949—1956年，旧职员群体对共产党的认同或抗争是一个极为复杂的过程，除了党的政策、旧职员的现实利益外，新中国成立初期的政治、经济、社会、文化背景及相关要素也在很大程度上影响到旧职员群体与共产党之间的关系。具体而言，有以下几方面。

首先，旧职员对共产党认同情感的滋生与变化，在本质上是旧职员与共产党所拥有的政治权力之间互相交换、相互作用，甚至是展开博弈的过程。政治社会存在的重要前提即是政治权力。政治权力通过国家、政府等组织制定并执行政策、方针，确立政治秩序，贯彻政治规范，体现政治价值，进而彰显自己的存在。新中国成立之初，共产党通过手中所掌握的权力和集结的资源，运用各种手段和方式向旧职员提出种种要求，实施各种改造，其目的是为了将其塑造成拥护和支持现存政治体系的合格劳动者。面对来自执政党的各种强大作用力，旧职员群体理性或非理性地对其做出各种反馈与应答，具体则表现为他们对执政党所确立的法律法规、社会改造以及意识形态灌输手段的认可与接受、支持与服从。

其次，在旧职员与执政党所掌握的政治权力之间展开互动的过程中，政治权力位于主导地位，是自变量；旧职员的政治认同是因变量，是旧职员针对共产党所执行各种方针、政策的主动或被动，理性或非理性的回应。他们之间关系的作用方式取决于执政党的施政方针是否满足了旧职员的现实需求，当旧职员的切身利益，如生存权等得到保护时，他们对共产党的认同感会油然而生；反之，当他们感受到执政党的施政策略潜在或现实地威胁到其切身利益时，这种认同程度就会下降，非常情况下，他们还会采取理性或非理性的方式予以抗争。此时，为了维护自身的合法性统治，执政党可能会通过暴力手段或强制控制的方式给旧职员施加压力，这正是新中国成立之初共和国政治运动不断，甚至伴随粗暴手段的重要原因。

最后，旧职员群体政治认同程度下降过程中所发生的抗争性行为属于"服从性的反抗"。所谓"服从性反抗"，意指旧职员群体所采取极端的、非理性抗争行为的真实意图是为了维护其基本的生存权利或改善其现实境遇，而并非在于推翻现存统治，破坏现有政治秩序。对旧职员而言，他们没有过多的"政治野心"，并未想过取代共产党，颠覆现存社会制度，因此，其抗争对象层次较低，常为具体制度、政策执行者，而不是执政党、政治体系，很多时候，他们的抗争行为仅仅以"弱者的武器"形式呈现。

从某种意义上来讲，旧职员的这种"服从性反抗"具有一定的积极作用。正是通过这种抗争与反抗，统治者开始自我反省，重新审视施政方针、政策是否科学、合乎实际，在此基础上，不断调适政策、制度，使之趋于合理、完善。因此，我们可将旧职员的这种抗争行为视为现代化进程中，检验政治、经济、社会等各项制度的"纠错器"，正是在不断犯错与纠错的过程中，人类社会才实现了发展和进步，旧职员才在共产党的带领和指引下由旧时的小资产阶级蜕变为社会主义制度下的光荣劳动者，成功步入工人阶级之列。

主要参考文献

一 经典著作

《邓小平文选》（第 1 卷），人民出版社 1994 年版。

《邓小平文选》（第 2 卷），人民出版社 1994 年版。

《邓小平文选》（第 3 卷），人民出版社 1993 年版。

《江泽民文选》（1—3 卷）人民出版社 2006 年版。

《列宁选集》（1—4 卷），人民出版社 1995 年版。

《马克思恩格斯选集》（1—4 卷），人民出版社 1995 年版。

《毛泽东选集》（1—4 卷），人民出版社 1991 年版。

二 国内著作

《毛泽东年谱》（第 5 卷），中央文献出版社 2013 年版。

《中国大百科全书·政治学》，中国大百科全书出版社 1992 年版。

边燕杰：《市场转型与社会分层——美国社会学者分析中国》，生活·读书·新知三联书店 2002 年版。

陈义平：《分化与组合——中国中产阶层研究》，广东人民出版社 2006 年版。

崔晓麟：《重塑与思考：1951 年前后高校知识分子思想改造运动研究》，中共党史出版社 2005 年版。

江文君：《近代上海职员生活史》，上海辞书出版社 2011 年版。

李春玲：《比较视野下的中产阶级形成：过程、影响以及社会经济后果》，社会科学文献出版社 2009 年版。

李立志：《变迁与重建：1949—1956 年的中国社会》，江西人民出版社 2002 年版。

李培林等：《社会冲突与阶级意识——当代中国社会矛盾问题研究》，

社会科学文献出版社 2005 年版。

　　连连：《萌生：1949 年前的上海中产阶级———一项历史社会学的考察》，中国大百科全书出版社 2009 年版。

　　刘爱玉：《选择：国企变革与工人生存行动》，社会科学文献出版社 2005 年版。

　　马宝成：《政治合法性研究》，中国社会出版社 2003 年版。

　　马振清：《中国公民政治社会化问题研究》，黑龙江人民出版社 2001 年版。

　　闵琦：《中国政治文化——民主政治难产的社会心理因素》，云南人民出版社 1989 年版。

　　彭正德：《生存政治：国家整合中的农民认同》，中国社会科学出版社 2010 年版。

　　沈亚平：《社会秩序及其转型研究》，河北大学出版社 2002 年版。

　　师吉金：《构建与嬗变——中国共产党与当代中国社会之变迁》（1949—1957），济南出版社 2003 年版。

　　孙立平：《断裂：20 世纪 90 年代以来的中国社会》，社会科学文献出版社 2003 年版。

　　孙永芬：《中国社会各阶层政治心态研究》，中央编译出版社 2007 年版。

　　王庆兵：《发展中国家政党认同比较研究》，中国经济出版社 2007 年版。

　　忻平：《从上海发现历史：现代化进程中的上海人及其社会生活》（1927—1937），上海人民出版社 1996 年版。

　　熊月之：《上海通史》第 13 卷《当代社会》，上海人民出版社 1999 年版。

　　熊月之：《上海通史》第 9 卷《民国社会》，上海人民出版社 1999 年版。

　　于建嵘：《底层立场》，上海三联书店 2011 年版。

　　虞维华、张洪根：《社会转型时期的合法性研究》，中国科学技术大学出版社 2004 年版。

　　张明澍：《中国“政治人”——中国公民政治素质调查报告》，中国社会科学出版社 2000 年版。

张耀灿、陈万柏：《思想政治教育学原理》，高等教育出版社 2001 年版。

张仲礼：《近代上海城市研究》，上海人民出版社 1990 年版。

周晓虹：《中国中产阶层调查》，社会科学文献出版社 2005 年版。

邹依仁：《旧上海人口变迁的研究》，上海人民出版社 1980 年版。

三　国外著作

［德］哈贝马斯：《交往与社会进化》，张博树译，重庆出版社 1989 年版。

［法］让-马克·夸克：《合法性与政治》，佟心平等译，中央编译出版社 2002 年版。

［法］涂尔干：《社会分工论》，渠东译，生活·读书·新知三联书店 2000 年版。

［古希腊］亚里士多德：《政治学》，吴寿彭译，商务印书馆 1996 年版。

［美］戴维·伊斯顿：《政治生活的系统分析》，王浦劬译，华夏出版社 1999 年版。

［美］加布里埃尔·A. 阿尔蒙德、小 G. 宾厄姆·鲍威尔等：《比较政治学：体系、过程和政策》，曹沛霖、郑世平、公婷译，东方出版社 2007 年版。

［美］加布里埃尔·阿尔蒙德、西尼·维巴：《公民文化——五国的政治态度和民主》，马殿军、阎花江、郑孝华、黄素娟译，梦熊校译，浙江人民出版社 1989 年版。

［美］李普塞特：《政治人：政治的社会基础》，张绍宗译，上海人民出版社 2011 年版。

［美］罗森邦：《政治文化》，陈鸿瑜译，桂冠图书股份有限公司 1984 年版。

［美］曼纽尔·卡斯特卡斯：《认同的力量》，社会科学文献出版社 2006 年版。

［美］萨缪尔·亨廷顿：《文明的冲突与世界秩序的重建》，新华出版社 1998 年版。

［美］徐小群：《民国时期的国家与社会——自由职业团体在上海的

兴起（1912—1937）》，新星出版社 2007 年版。

［日］大前研一：《M 型社会：中产阶级消失的危机与商机》，刘锦秀、江裕真译，中信出版社 2007 年版。

［日］小浜正子：《近代上海的公共性与国家》，葛涛译，上海古籍出版社 2003 年版。

［英］安东尼·吉登斯：《资本主义与现代社会理论：马克思、涂尔干、韦伯著作的分析》，郭忠华、潘华凌译，上海译文出版社 2007 年版。

［英］迈克尔·曼：《社会权利的来源》第二卷（下），陈海宏译，上海人民出版社 2007 年版。

四　学位论文

方旭光：《政治认同的基础理论研究》，博士学位论文，复旦大学，2006 年。

郭谦：《民国时期统治者对城市下层社会的社会调控——以山东为例》，博士学位论文，山东大学，2007 年。

黄利新：《共和国初期北京城区基层政权建设研究（1949—1954）》，博士学位论文，首都师范大学，2008 年。

孔德永：《当代中国社会转型时期的政治认同问题研究》，博士学位论文，山东大学，2006 年。

李素华：《对政治认同的功能和资源分析》，博士学位论文，复旦大学，2005 年。

廖胜平：《北京游民改造研究（1949—1953）》，博士学位论文，中共中央党校，2010 年。

任冬梅：《解放初期上海市军事管制委员会研究（1949—1953）》，硕士学位论文，华东师范大学，2010 年。

阮清华：《上海游民改造研究（1949—1958）》，博士学位论文，复旦大学，2008 年。

王波：《政治认同理论研究》，博士学位论文，国际关系学院，2006 年。

王健：《建国初期中国共产党获取新解放区农民政治认同的方法——以沪郊土地改革为视角的观察（1949—1952）》，硕士学位论文，华东师范大学，2011 年。

吴金花：《解放初期上海对旧人员的接收与安置研究》，硕士学位论文，华东师范大学，2010年。

薛中国：《当代中国政治认同心理机制研究》，博士学位论文，吉林大学，2007年。

杨丽萍：《从非单位到单位——上海非单位人群组织化研究（1949—1962）》，博士学位论文，华东师范大学，2006年。

五　期刊论文

白钢：《论政治合法性原理》，《天津社会科学》2002年第4期。

董雅华：《政治认同：合法性与思想政治教育》，《思想理论教育》2002年第3期。

范小方、常清煜：《新中国建立前后对旧政权公务人员的安置——以南京、上海为例》，《当代中国史研究》2009年第6期。

郝先中：《一九四九年新中国建立前后上海对旧人员的接收与安置》，《中共党史研究》2004年第1期。

胡建：《公民政治认同：社会主义核心价值体系建设的关键》，《毛泽东思想研究》2010年第6期。

胡伟：《合法性问题研究：政治学研究新视角》，《政治学研究》1996年第1期。

胡元梓：《民主转型与政治冲突：以政治认同为视角》，《学术界》（双月刊）2007年第5期。

黄相怀：《当代中国中间阶层的政治学解读》，《科学社会主义》2003年第2期。

黄宗智：《中国的小资产阶级和中间阶层：悖论的社会形态》，《领导者》（双月刊）2008年第3期。

孔德永：《政治认同的逻辑》，《山东大学学报》（哲学社会科学版）2007年第1期。

李良玉：《建国前后接管城市的政策》，《江苏大学学报》（社会科学版）2002年第3期。

李沛、文红玉：《建国初知识分子政治认同的积极转变——以1949—1956年的知识分子为对象》，《理论导刊》2011年第9期。

梁丽萍、卫丽萍：《党外知识分子群体的政治认同与政治参与》，《中州学刊》2005 年第 3 期。

　　梁丽萍：《政治认同的理论发展》，《浙江学刊》2012 年第 1 期。

　　林超超：《新国家与旧工人：1952 年上海私营工厂的民主改革运动》，《社会学研究》2010 年第 2 期。

　　彭勃：《自我、集体与政权："政治认同"的层次及其影响》，《上海交通大学学报》（哲学社会科学版）2010 年第 1 期。

　　彭正德：《土改中的诉苦：农民政治认同形成的一种心理机制——以湖南省醴陵县为个案》，《中共党史研究》2009 年第 6 期。

　　彭正德：《新中国成立以来农民政治认同的研究述评》，《政治学研究》2010 年第 5 期。

　　邱柏生：《浅析我国政治心理学研究的现状》，《复旦学报》（社会科学版）1996 年第 4 期。

　　任勇：《从嵌入到断裂：中国社会认同的轨迹变迁》，《内蒙古社会科学》（汉文版）2009 年第 4 期。

　　史献芝、刘建明：《建国以来农民政治认同内在生发机制谱系的梳理及启示》，《当代世界与社会主义》（双月刊）2011 年第 3 期。

　　王东：《新中国接收政策浅析》，《党史研究与教学》1988 年第 5 期。

　　王增收、张飞：《公民政治行为能力：思想政治教育与政治认同的连接点》，《湖北社会科学》2007 年第 3 期。

　　文红玉、李沛：《建国初妇女解放视阈下的政治认同浅析》，《中国特色社会主义研究》2011 年第 2 期。

　　吴继平：《当代中国第一次普选运动中的积极分子评析——以北京市为个案（1953—1954）》，《党史研究与教学》2007 年第 5 期。

　　杨华、吴素雄：《政治认同的社会基础：从权力结构均衡考察》，《浙江学刊》2010 年第 6 期。

　　杨菁：《建国初期城市行政队伍建设研究》，《安徽大学学报》（哲学社会科学版）2008 年第 2 期。

　　张浩：《新中国成立前后共产党接管城市旧政权的政策与实践——以北京市为个案》，《经济与社会发展》2010 年第 2 期。

　　朱健刚：《国家、权力与街区空间——当代中国街区权力研究导论》（上），《中国社会科学季刊》1999 年夏季号。

六　英文文献

Anne Norton, Baltimore, *Reflection of Political Identity*, M. D. : The Johns Hopkins University Press, 1988.

Chantal Mouffe, Citizenshipand PoliticalIdentity, *The Identityin Question*, October, Vol. 61 (Summer, 1992) .

Elizabeth Perry, *Shanghai on Strik*, *the Politics of Chinese Labor*, Stanford University Press, 1933.

Emilyhoning, *Sisters and Strangers*: *Women in the Shanghai Cotton Mills*, *1919—1949*. Stanford university Press, 1986.

Ernest O. Hauser, *Shanghai*: *City for Sale*. Harcourt, Brace and Company, New Yord, 1940.

Granovetter, Mark, The Strength of Weak Ties, *American Journal of Sociology*, 1973.

Leonie Huddy, From Social to Political Identity: A Critical Examination of SocialIdentity, *Political Psychology*, Vol. 22, No. 1 (Mar. 2001) .

Ling-ling Lien, "*Searching for the 'New Womanhood'*: *Career Women in Shanghai, 1912—1945* ", Ph. D. dis-sertation, University of California, Irvine, 2001.

Martha A. Ackelsberg, Identity Politics, Political Identities: Thoughts toward a Multicultural Politics, *Frontiers*: *A Jounal of Women Studies*, Vol. 16, No. 1 (1996) .

Max Weber, *Economy and Society*: An Outline of Interpretive Socioloy. Vol. 1 (Bedminster Press, 1968).

Olga Lang, *Chinese Family and Society*, New Haven: Yale University Press, 1946.

S. N. Eisenstadt, *Revolution and the Transformation of Societies*: *A Comparative Study of Civilizations*. Free Press, 1978.

Wen-hsin Yeh, "Corporate Space, Communal Time: Everyday Life in Shanghai's Bank of China," *The American Historical Review*, Feb. 1995.

后　　记

　　本书是在我的博士论文基础上修改而成的。在本研究进行的过程中，自始至终得到了恩师忻平教授的悉心指导和帮助。攻读博士学位期间很多老师和同学也给予我极大关心和支持，在此，首先对他们表示最诚挚的谢意！

　　在本书写作和修改过程中，得到了海南大学马克思主义学院领导和诸多同事的帮助，院长李德芳教授更是在百忙之中，为本书的顺利出版做了大量工作。上海市档案馆、上海市图书馆、海南大学图书馆和马克思主义学院资料室给我的研究提供了不少便利。中国社会科学出版社为本书的出版付出了许多辛劳。硕士研究生导师许信胜教授也对本书的写作和出版一直默默关心和支持。在此一并表示衷心感谢！

　　感谢牙牙学语、蹒跚学步的爱女。整理书稿每逢感到困顿、疲劳之时，你的俏皮可爱、顽皮捣蛋总能令我心情明媚，幸福满满。感谢父母、感谢先生，你们坚定的支持是我勇往直前的源源动力！

　　虽然在写作之初预设了理想的研究目标，但由于课题本身具有相当的难度和挑战性。再加上时间紧迫和作者水平等原因，难免有所疏漏，一些章节和问题的论述也没有充分展开，有些分析也难免存在偏颇之处。在此，欢迎广大专家学者、读者不吝赐教。《诗》云："嘤其鸣矣，求其友声。"任何批评意见，对我而言都是一份"友声"，更是一份荣幸。

崔　丹

2017 年 9 月 15 日